本书为国家自然科学基金面上项目"延迟退休的影响因素、作用效果及引导政策：基于企业员工层面的研究"（批准号：72174066）的阶段性成果

Analysis of China's
Elderly Policy

中国老年政策论析

阳义南 ◎著

图书在版编目(CIP)数据

中国老年政策论析 / 阳义南著. -- 北京：北京大学出版社, 2024.12. -- ISBN 978-7-301-35880-1

Ⅰ. D669.6

中国国家版本馆 CIP 数据核字第 2025WV9917 号

书　　　名	中国老年政策论析 ZHONGGUO LAONIAN ZHENGCE LUNXI
著作责任者	阳义南　著
责任编辑	杨丽明
标准书号	ISBN 978-7-301-35880-1
出版发行	北京大学出版社
地　　　址	北京市海淀区成府路 205 号　100871
网　　　址	http://www.pup.cn　新浪微博：@北京大学出版社
电子邮箱	zpup@pup.cn
电　　　话	邮购部 010-62752015　发行部 010-62750672　编辑部 021-62071998
印 刷 者	北京虎彩文化传播有限公司
经 销 者	新华书店
	730 毫米×1020 毫米　16 开本　18 印张　304 千字 2024 年 12 月第 1 版　2024 年 12 月第 1 次印刷
定　　　价	68.00 元

未经许可，不得以任何方式复制或抄袭本书之部分或全部内容。
版权所有，侵权必究
举报电话：010-62752024　电子邮箱：fd@pup.cn
图书如有印装质量问题，请与出版部联系，电话：010-62756370

序
积极应对人口老龄化应该高度重视老年政策研究

改革开放40多年来,我国在社会保障领域出台了一系列重要政策,社会保障制度的体系框架已经构建完成。但是,社会保障的许多政策仍然处在初步实施阶段,我们希望这些政策能够尽快完善并通过更高层面的立法来定型。在此之前,我们必须对现行政策进行科学的、全面的、清晰的评价。如果没有对现行政策进行科学的评价,就在想当然的基础上盲目推进,可能欲速而不达,反而延误社会保障制度的完善。阳义南教授的这本书就是对我国目前涉及老年人的公共政策所进行的深入、细致的研究评价,对下一步完善相关政策有很高的参考价值。

我国已经进入中度老龄化社会,并且今后几十年老龄化程度将迅速提高。预计在2050年前后,我国65岁及以上人口将达到总人口的30%以上,进入深度老龄化社会。更重要的是,这一比重将持续到本世纪末。因此,我国将面临的不是人口老龄化"高峰",而是人口老龄化"高原"。我在2017年发表的一篇论文中指出了这个现象。高原不同于高峰,如果是老龄化高峰,也就是说深度老龄化的时间很短,那么我们可以集中各方面的力量,克服短期难题。但是,如果深度老龄化是一个几十年的现象,那就不是短期集中力量所能够解决的问题,而必须集中全社会的智慧和力量才行。这就是党中央把积极应对人口老龄化挑战作为国家战略提出的一个重要背景。

老年政策涉及养老金制度、医疗照护、老年服务、老年就业等,是一个全方位的针对老龄社会中所有老人设计的政策。这些政策不仅影响现在的老人,更重要的是,会影响今后的老人。人们会根据政策形成预期,根据预期做相应的准备。科学的政策,让人们产生正确的预期,做好相应的准备;而模糊甚至混乱的政策,会让人们产生模糊甚至混乱的预期,使人们无所适从,甚至做出错误的决策。所以,当前的政策到底产生了哪些效果?对人们的预期形成了哪些影响?这就成为一个重要的亟待研究的问题。阳义南教授的这本书就是在努力回答这个问题。

阳义南教授的这本书有两个特点,一是形成了一个完整的框架,从多个方面对我国主要的老年政策进行了评价;二是把原有的一些学术研究论文纳入书中。这些研究非常规范,经过专家的评审后发表在了学术期刊上,填补了很多研究中的空白。正是由于这两个特点,一是全面,二是深入,形成了对老年政策问题研究的广度与深度的结合。因此对研究老年政策、研究社会保障政策的读者来说,这是非常值得阅读的一本专著。

阳义南教授长期关注对社会保障领域问题的研究。作为中青年学者,他带了一个好头,就是在研究方法上下功夫。他认真学习了发达国家和其他成熟学科在研究方法上的先进经验,在问题假设、方法选择、模型设立、数据处理等方面结合我国的实际做出了很多有益的探索。特别是在我国老年政策领域对实证研究、数据收集和运用重视不够、规范不足等情况下,能千方百计从现有数据中进行挖掘,发现老年问题的本质规律,并做出有说服力的研究是非常可贵的。

现阶段,需要一些宏观的理论,需要指出社会保障的原则、理念和战略,但更需要在现实中对已有政策进行精细化的解剖。因为只有进行精细化的解剖,才能真正看到政策中存在的问题,才能看得深,看得透;才能把问题的原因真正找出来,才能有的放矢地进行改进。脱离实际的空话是没有用的,这些空话可以让人们一时很兴奋,但是如果空话太多,却无法落实,人们就会产生更大的失望。所以,我非常欣慰,像阳义南教授这样的中青年一代越来越重视实证研究,而这种实证研究也需要得到更广泛的应用和支持。

数字化时代如何支持学者进行实证研究?关键是在数据方面提供更多的便利。在大数据时代,再要求学者亲自去做各种问卷设计和问卷调查已经落伍了,国家应该在这方面提供支持,为学者搭建好数据的平台。我们讲治理现代化,其中最重要的一点是重视数据的收集与整理。管理学界有个说法,"管理就是数字,有数字才有管理"。同样,在公共管理及社会保障领域要实现治理现代化,就离不开数据基础。通过对数据的分析,才能让我们更好地把握社会现实,看清楚政策的效果,最终验证治理理念是否合适。众所周知,目前学者在研究中,特别是在政策评估的研究中,最缺乏的就是高质量的数据。这种现象有些源于在现实中对有关数据的收集和整理重视不足,有些源于已经收集的数据还未能提供给学者,不能公开使用。这些都给研究造成了一定的困难,实际上对政策的完善也不利。希望这种状况能够尽快得到改善,以帮助更多的学者取得更好的政策研究成果,以帮助国家尽快完善老年政策和社会保障政策,助推积极应对人口老龄化国家战略的顺利实施。

是为序。

中国养老金融50人论坛秘书长
董克用
2024年4月6日

前言

2021年,我国65岁及以上人口超过2亿,占全国总人口的14.2%,标志着"十四五"开局我国即已进入中度老龄化阶段。2022年末,65岁及以上人口占到了14.9%。人口老龄化本质上是一个伴随经济和社会发展而来的问题,将是贯穿21世纪的长期趋势。人口老龄化问题主要包括老龄问题与老年人问题两大方面。我国早已认识到必须未雨绸缪,一直关注老龄带来的经济社会后果,认真研究解决人口老龄化问题的政策措施。党的十六届五中全会就提出"十一五"期间要"认真研究制定应对人口老龄化的政策措施"。

相比老龄政策偏重于解决宏观的人口老龄化问题,老年政策(也称为老年人政策)则是直接针对老年人各项基本需求的微观政策,指向老年人的社会保障和权益保护(麻宝斌,2017)。相比老龄政策,老年政策出台得更早。中华人民共和国成立后不久,我国就出台了老年救助、劳动保险、公费医疗、农村五保、合作医疗等基本覆盖老年人经济保障的政策,但老年服务、老年健康、老年就业、老年社会参与等更全面的老年公共政策则几乎空缺。正如我在著作《中国老年经济学透视》中指出的,并不是一有老年人、一存在老年经济问题就会出现老年经济学。只有当一国人口年龄结构进入顶部老龄化进程之后,老年人在收入、消费、储蓄等方面行为特殊性的潜在经济影响,由于老年人口规模的增长而被释放和扩大,才会产生老年经济学。对应地,我国老年问题引起关注和重视、纳入政府议程、形成公共政策,以及政策的不断丰富完善也是如此发展的。1985年,卫生部出台了第一部专门针对老年人健康的政策《关于加强我国老年医疗卫生工作的意见》。直到1999年我国正式进入老龄化社会之前,老年政策在国家公共政策中占的分量并不算大。

2000年之后,我国老年政策的数量开始大幅增加。2006年,我国发布了

第一部针对养老服务的文件《关于加快发展养老服务业意见的通知》，标志着我国老年政策从长期关注"钱"的问题转向关注服务等"物"的问题。2011年《国务院关于印发中国老龄事业发展"十二五"规划的通知》提出了"老年人力资源"的概念，并支持"老年人以适当方式参与经济发展和社会公益活动"。同年，《国务院关于印发国家人口发展"十二五"规划的通知》要求"提高老年人口的素质和技能，充分开发老年人力资源，鼓励老年人参与经济社会活动"。这标志着我国老年政策的再一次升格，从关注"钱"发展到关注"物"，再进一步对焦"老年人"。

党的十九大以来，党和政府空前地高度重视老龄工作和老龄事业发展，高频出台并完善包括养老保障、医疗保障、长护保障、福利救助、优抚等方面的老年社会保障政策。老年服务、老年健康、老年就业和社会参与等老年政策也在加速出台。经此，我国老年公共政策的制度框架已然确立，内容体系基本完备。这代表我国不再依靠一个一个的"对策""短策"来解决老年人的问题，而是将具有普遍性的问题纳入公共事务议程，通过制定公共政策、执行公共政策的方式解决问题，并凭借"政策"提高解决问题的公信力。2019年，中共中央、国务院印发《国家积极应对人口老龄化中长期规划》，表明我国开始统筹规划应对人口老龄化的"总策""长策"。我国老年政策开始切入"系统集成、协同高效"的新轨道。2020年，党的十九届五中全会将积极应对人口老龄化上升为国家战略，标志着我国老年政策从规划层次迈入国家战略的最高层次。

老年政策林林总总，可谓"上面千条线、下面一根针"，影响我国千千万万的老年人及家庭。本书将我国老年政策的发展目标或实施方略概括为"颐养、优护、良医、延长工作、积极参与"。针对老年人群体，让健康但无就业意愿或能力的老年人得到康养、颐养；让患病的老年人得到及时、有效的诊治，尽量康复；让失能、半失能的老年人得到优质的照护服务及保障；让健康且有就业意愿和能力、就业需要的老年人（或称为高龄劳动者、临退休职工、年长职工、大龄员工、老年员工）实现更长久的工作或再就业，实现人力资源的充分利用。此外，鼓励并支持有条件、身体功能合适的老年人积极参与社会活动，为社会做出贡献。由此，得以实现"老有所养、老有所医、老有所为、老有所学、老有所乐、老有所教、老有所依、老有所安"等目标，提高老年生活质量，最终实现老年"美好生活"。

为实现老年人或年长职工的"颐养、优护、良医、延长工作、积极参与"等目标,需要保障和服务两个体系及相关政策作为支撑,包括老年人养老的养老服务和养老保障体系,促进健康老龄化的健康服务和健康保障体系,失能老人的照护服务和照护保障体系,以及实现年长职工延长工作的就业服务和失业保障体系。简言之,未来我国老年政策应基于积极老龄化的政策框架,以健康为基础、以就业为前引、以保障和服务为支撑,总体的体系框架、实施路径如图 0-1 所示。

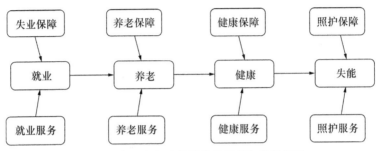

图 0-1 我国老年政策的体系框架与施行路径

进入 21 世纪以来,我国老年人需求结构已从生存型转向发展型、享受型,并呈现出多样化、多层次等新特征。相比老年人欲望的多样化且近乎无限性,我国现有的生产能力仍不足以满足老年人的欲望和需求,尤其是高品质的健康养老生活需求。这就决定了我国老年公共政策的重要目标是更高效地利用有限资源。这些稀缺资源不仅包括现存的社会经济资源,还包括潜在的可作为长寿红利予以开发的老年人力资源。相比之下,目前我国老年政策体系的最主要问题在于,尚未构造基于生命周期的系统性解决老年人问题、连续性满足老年人需求的总体架构,还没有形成"系统集成、协同高效"的工作机制和运行模式,有待走上资源高效配置使用、事业产业高质量协同发展的道路。

针对上述总体问题,本书的研究主题为:运用经济学理论和方法,聚焦于"我国作为一个快速老龄化的国家,市场机制和政府的老年公共政策如何有效配置稀缺的资源以生产有价值的商品(包括产品和服务),并将它们在不同的老年人个体、群体之间进行分配";重点探究我国老年政策对稀缺养老资源的组织利用,包括资源投入与增加、资源整合与衔接、资源配置与使用、潜在资源充分利用等过程及节点。

本书内容具体沿着两条路线展开：第一，研究如何通过单一老年政策的创新或改革，提高养老经济资源、老年人力资源等的使用效率，提升经济效益或健康绩效；第二，研究各项老年政策之间如何协同配合，整合并优化经济资源、服务资源、老年人力资源等的配置效率、使用效果，并衔接、驱动就业市场、养老服务、医疗服务、照护服务等服务供给。同时，通过对养老经济资源、服务资源、人力资源等稀缺资源的优化、重组、整合、衔接和更充分利用，保证老龄社会以最有效率的生产方式组织生产出更多更优质的产品和服务，产生最优的经济价值和效果，从而为通过经济手段和市场机制发展老年产业，激活壮大银发市场，推动银发经济发展和整个宏观经济增长奠定微观层面的经济基础。

相比以往研究，本书将更多关注我国市场经济条件下老年政策面临的不确定性及与之相生相容的公平性。同时，矫正老年政策中的低效率与不公平，解决养老、医疗、照护、就业、参与等老年人问题，解决中国老年政策总体上的结构不平衡、发展不充分问题，以及在政策执行层面的"不适老"、不衔接问题，从而最大程度发挥我国老年政策的经济作用和社会功能。

在本书的研究、写作、投审稿、发表过程中，得到了很多专家、同行、审稿人、编辑老师的悉心指导和宝贵意见。在此特别感谢他们的辛勤工作和热心帮助。也特别感谢我的研究团队的高效工作与大力支持，尤其是我的研究生李思华、高娜、胡晓蕙、梁上聪、黄诗桐、方烨，为本书的研究工作和编辑出版做出了很多贡献。

由于水平有限，如果书中有遗漏或错误之处，敬请批评指正。请将您的宝贵意见和真知灼见发到我的邮箱：yangynan@hnu.edu.cn。

阳义南

2024年于长沙

目录 | Contents

第一部分 老年保障

导读 ·· 003

第1章 社会保障制度"适老化"升维 ·· 006
  第1节 我国老年社会保障政策 ·· 006
    （一）养老保险 ·· 006
    （二）医疗保险 ·· 008
    （三）长期护理保险 ·· 008
    （四）老年福利 ·· 009
    （五）老年救助 ·· 009
  第2节 我国社会保障政策需要"适老化"升维 ······································ 010
    （一）我国社会保障制度已进入成熟期 ·· 010
    （二）我国社会保障制度的"不适老"症结 ·· 012
  第3节 我国社会保障制度"适老化"改革的政策方向 ························· 013

第2章 医疗保险制度"适老化"改革 ·· 016
  第1节 引言 ··· 016
  第2节 文献回顾 ·· 017
  第3节 我国医疗保险制度"为老"及"不适老"问题 ························· 019

（一）我国现行医疗保险制度的"为老"政策 …………… 019
　　（二）当前医疗保险制度主要的"不适老"症结 …………… 020
　第4节　发达国家老年医疗保险制度的典型模式及经验 …………… 022
　　（一）独立型：美国老年医疗保险制度 …………… 022
　　（二）板块型：日本老年医疗保险制度 …………… 024
　　（三）联保型：德国老年医疗保险制度 …………… 026
　　（四）储蓄型：新加坡老年医疗保险制度 …………… 028
　第5节　中国医疗保险制度"适老化"改革对策 …………… 030
　　（一）更新老龄健康理念，发挥国家医疗保障预防为主、功能
　　　　促进、健康管理等更积极主动的引导作用 …………… 030
　　（二）建立相对独立的老年人医疗保险制度或制定专门的
　　　　老年人医保政策 …………… 031
　　（三）构建适应老龄化挑战的多元筹资机制 …………… 031
　　（四）推广对医保起互补作用的长期护理保险 …………… 032

第3章　长期照护制度筹资开源与服务连接 …………… 033
　第1节　引言 …………… 033
　第2节　我国长期照护的筹资"开源" …………… 034
　　（一）我国长期照护的筹资来源 …………… 034
　　（二）长期照护筹资"开源"及其困阻 …………… 035
　第3节　长期照护保障如何连接照护服务 …………… 037
　第4节　结论与政策建议 …………… 040

第二部分　老　年　服　务

导读 …………… 045

第4章　社区居家医养结合的社会保障支持衔接 …………… 050
　第1节　发展医养结合的重点在城市基层社区 …………… 051
　第2节　社区居家医养结合存在的主要问题 …………… 052
　第3节　社区居家医养结合的社会保障支持衔接 …………… 054

第4节 社区居家医养结合的基层社会治理路径 …… 055

第5章 机构医养结合的社会保障支持衔接 …… 058
第1节 引言 …… 058
第2节 文献回顾 …… 059
第3节 社会保障衔接机构型医养结合服务的主要"梗阻" …… 061
 （一）基本养老金收入并不足以支撑老年人购买机构养老服务 …… 061
 （二）医养结合型机构的医保定点、定级分类、报销项目等仍存阻碍或脱节情况 …… 062
 （三）迫切需要长期护理险，以解决住院老年人严重"压床"现象 …… 064
 （四）社会福利、社会救助的覆盖面窄、项目少，支持作用极为有限 …… 065
 （五）社保对接"互联网＋智慧养老平台"仍处于探索、尝试阶段 …… 065

第4节 社会保障衔接机构型医养结合服务的政策建议 …… 066
 （一）稳步提高基本养老金给付水平，引导老年人养老储蓄和养老消费观念 …… 066
 （二）降低医保隐形门槛，出台"养办医""医办养"的专门支持性政策 …… 067
 （三）建立长期护理保险制度，对接机构护理服务 …… 068
 （四）积极引导社会福利、救助与机构型医养结合更有效衔接 …… 068
 （五）尽早明确"互联网＋智慧养老平台"提供医养结合服务的社保对接措施 …… 069

第6章 社区养老服务购买者的甄别与归因 …… 070
第1节 引言 …… 070
第2节 文献回顾 …… 071
第3节 研究设计 …… 073

（一）数据来源 ·· 073
　　（二）主要变量 ·· 074
　　（三）实证模型 ·· 076
　第4节　实证结果分析 ·· 079
　　（一）泊松回归估计结果 ·· 079
　　（二）有限混合泊松回归模型估计结果 ···························· 081
　第5节　结论与政策建议 ·· 084

第7章　机构养老意愿者的甄别与归因 ································ 086
　第1节　引言 ·· 086
　第2节　文献回顾 ·· 087
　第3节　研究设计 ·· 090
　　（一）理论模型 ·· 090
　　（二）样本数据来源 ·· 090
　　（三）主要变量及其测度 ·· 091
　　（四）模型 ·· 092
　第4节　实证结果分析 ·· 093
　　（一）描述性统计结果分析 ······································ 093
　　（二）潜类别模型估计结果 ······································ 095
　　（三）混合回归模型估计结果 ···································· 097
　第5节　结论与政策建议 ·· 102

第三部分　老　年　健　康

导读 ·· 107

第8章　养老金差距、日常生活支出与老年人健康 ······················ 110
　第1节　引言 ·· 110
　第2节　文献综述 ·· 111
　第3节　研究设计 ·· 112
　　（一）样本数据来源 ·· 112

  （二）主要变量说明 …………………………………………………… 113
  （三）计量模型 ……………………………………………………… 115
 第 4 节 实证结果分析 ……………………………………………………… 116
  （一）差异显著性检验 ……………………………………………… 116
  （二）控制变量平衡性检验 ………………………………………… 116
  （三）养老金差距对老年人健康的影响 …………………………… 118
  （四）养老金差距影响老年人健康的路径检验——日常生活
     支出 …………………………………………………………… 120
 第 5 节 结论与政策建议 …………………………………………………… 122

第 9 章 社区精神慰藉养老服务对老年人心理健康的影响 …… 124
 第 1 节 引言 ………………………………………………………………… 124
 第 2 节 文献综述与假设 …………………………………………………… 125
  （一）心理健康的定义 ……………………………………………… 125
  （二）心理健康的测量 ……………………………………………… 126
  （三）老年人心理健康的影响因素 ………………………………… 126
  （四）研究假设 ……………………………………………………… 127
 第 3 节 研究设计 …………………………………………………………… 128
  （一）样本数据来源 ………………………………………………… 128
  （二）变量选择与测量 ……………………………………………… 128
  （三）实证模型 ……………………………………………………… 129
 第 4 节 实证结果分析 ……………………………………………………… 130
  （一）描述性统计结果 ……………………………………………… 130
  （二）MIMIC 模型估计结果 ………………………………………… 132
  （三）稳健性检验 …………………………………………………… 134
  （四）异质性分析 …………………………………………………… 136
 第 5 节 结论与政策建议 …………………………………………………… 138

第 10 章 我国老年人健康变化趋势分析 ……………………………… 140
 第 1 节 引言 ………………………………………………………………… 140
 第 2 节 文献回顾 …………………………………………………………… 141

第 3 节　研究设计 …… 144
　（一）样本数据来源 …… 144
　（二）测量维度与指标 …… 144
　（三）潜剖面模型 …… 146
第 4 节　实证结果分析 …… 147
　（一）潜剖面模型估计结果 …… 147
　（二）老人健康类型的识别结果 …… 149
　（三）样本选择问题 …… 151
第 5 节　结论与政策建议 …… 153

第 11 章　我国老年健康政策发展取向 …… 154
第 1 节　引言 …… 154
第 2 节　资料选取与方法 …… 155
　（一）资料选取 …… 155
　（二）政策文本编码 …… 155
　（三）老年健康政策三维分析框架 …… 155
第 3 节　政策工具分析 …… 158
　（一）单维度分析 …… 158
　（二）双维度交叉分析 …… 162
第 4 节　结论与政策建议 …… 167

第四部分　老　年　就　业

导读 …… 171

第 12 章　我国积极开发老年人力资源政策分析 …… 174
第 1 节　引言 …… 174
第 2 节　理论框架 …… 175
第 3 节　我国积极开发老年人力资源的政策演进 …… 176
第 4 节　政策体制视角的变迁逻辑与驱动机制 …… 181
　（一）范式转变 …… 181

（二）驱动机制 …… 183
　第 5 节　结论与政策建议 …… 186

第 13 章　老年人力资源测度、析因与分类开发 …… 188
　第 1 节　引言 …… 188
　第 2 节　文献回顾 …… 189
　第 3 节　研究设计 …… 192
　　　（一）样本数据来源 …… 192
　　　（二）变量及其描述性统计结果 …… 192
　　　（三）计量模型 …… 195
　第 4 节　实证结果分析 …… 197
　　　（一）线性回归模型估计结果 …… 197
　　　（二）有限混合回归模型估计结果 …… 200
　　　（三）进一步讨论 …… 204
　第 5 节　结论与政策建议 …… 206

第 14 章　老年人就业参与意愿及行为 …… 208
　第 1 节　引言 …… 208
　第 2 节　文献回顾 …… 209
　第 3 节　研究设计 …… 212
　　　（一）理论框架 …… 212
　　　（二）数据来源 …… 213
　　　（三）变量选择及测量 …… 213
　　　（四）结构方程模型 …… 216
　第 4 节　实证结果分析 …… 217
　　　（一）基本估计结果 …… 217
　　　（二）多组比较结果 …… 221
　第 5 节　结论与政策建议 …… 224

第 15 章　老年职工就业促进政策与企业管理制度变革 …… 226
　第 1 节　引言 …… 226
　第 2 节　年长职工的就业市场 …… 227

		（一）打造"年龄友好"型就业市场 …………………… 227
		（二）拓宽年长职工的就业渠道 …………………… 228
		（三）开发适合年长职工的就业岗位 ……………… 229
		（四）采用灵活多样的就业形式 …………………… 231
	第3节　年长职工的工作环境 ……………………………… 232
		（一）打造"适老化"与无障碍工作环境 …………… 233
		（二）实施人机交互的培训策略 …………………… 233
		（三）采取弹性工作制与休假制度 ………………… 234
	第4节　年长职工的薪酬福利与职业生涯退出 …………… 235
		（一）适合年长职工的薪酬福利政策 ……………… 235
		（二）完善年长职工的职业生涯退出 ……………… 237
	第5节　结论与政策建议 …………………………………… 238

第16章　结论与展望：走向老年政策科学研究 …………… 240
	第1节　我国老年政策研究的主要问题 …………………… 241
	第2节　我国老年政策研究的未来取向 …………………… 242

参考文献 ……………………………………………………… 246

第一部分
老 年 保 障

导读

老年保障有狭义和广义之分。狭义主要是指对老年人的经济保障,广义则可分为经济保障、服务保障、精神支持、医疗卫生保障等全方位、多层次的老年人保障。本书中的老年保障采用狭义的概念,是老年政策中为老年人提供收入来源或经济支持的公共项目,核心是政府的老年社会保障制度。当然,老年人经济来源还包括财产性收入、劳动性收入、亲属资助等。

退休养老是劳动者生命周期中的行为或一个阶段。养老保障经历过最先的地方济贫法制度、国家公务员(军人)养老保障制度,最后才是全国性的社会养老保险制度。养老金(养老保险)使老年人得以在退休之后维持一定的生活水平(王爱珠,1996),故而是劳动者退休的必要条件。

在养老保险制度创立之前,老年人的生活保障仅仅被看作一个济贫问题(魏加宁、田小宝和李绍光,2001)。即使在正式的养老保险制度建立之后,由于工作时间不够长或从来没有工作过,或养老保险缴费不足或没有缴费记录,或在临近退休年龄才进入某个国家,或耗尽了有资格领取的养老金,或受通货膨胀侵蚀,也会导致养老金不能满足老年人基本生活需要(如住房、医疗、护理等),这些老人可能变成社会困难群体,需要得到社会救助。因此,评价一个国家社会养老保障水平时,还需要将该国的社会救助问题也考虑进来。二战之后,许多国家为贫困老人提供了维持最低生活的救济或补贴,也具有了"养老金"的性质。

养老金不是老年人需要解决的唯一问题。健康支出、医疗费用、长期照护支出是许多老年人需要面对的更大难题。一个人一生的大额医疗费用大多发生在生命的最后 6 个月。英国大约有 20% 的老人需要 2 年或更长时间的照护,费用与每年的收入持平。相比日常生活支出,医疗、照料或护理的费用更为昂贵。老年保障还包括为老年人获得医疗服务筹资的医疗保险制度，以及为老年人获得长期照料或护理服务筹资的护理保险制度。

我国老年政策就是从老年社会保障发端的。中华人民共和国成立后不久，就实施了针对城市"三无"或农村"五保"的老年救助制度、城市国有和集体单位的退休金制度、城市的公费医疗和劳保医疗、农村合作医疗等政策。迄今为止，我国老年政策依然以老年社会保障政策为主体，包括养老保险、医疗保险、照护保险、社会救助、社会福利、优待抚恤等。

随着老年人口数量迅速增长且态势不断加剧，作为高占比老年人口的副产品，老年人贫困、医疗缺失、护理困难、精神贫瘠等形势越发严峻，对我国老年社会保障政策提出了更高的要求。须统筹考虑所有养老经济资源，包括公共和私人养老金、收入和资产，在不同的退休收入来源之间分散风险。更大的挑战在于提高这些收入在使用时的支出效率（成本效益），并将其用于满足最紧迫的老年人需求，尤其是减少失能依赖的时间和慢性病照护时间。

目前更大的问题是，养老社会保障体系与养老服务体系处于各自管理、分别发展、分散化供给、断裂不相连的状态，"管钱的不管服务，管服务的不管钱"，使得这些老年社保资金是否真正用于老年人和养老消费，实际使用效果如何、绩效高低并不清楚，遑论提高资源配置效率和使用效果，以及进一步的整合协同。

总体而言，现代社会保障制度的构建逻辑是基于工业时代的大规模集中生产组织模式，对准以工薪收入为主要来源的劳动人群，以服务于职工就业为核心，并且整个人口结构处于年轻阶段。当前，整个人口结构已经从年轻型迈入中度和深度老龄化阶段，高龄化、高龄女性化、失能化、慢性病等贯穿整个老龄化阶段。本部分提出我国社会保障制度已进入"成熟期"的论断，指出社会保障制度开始从过去着力于框架体系搭建转向政策措施"精细化、定制化"，服务对象从就业参保人群为主转向退休受益人群为主，从收入管理、长期负债管理转向支出管理、投资和流动性管理，待遇从资金给付型向资金给付与服务保障并重型迈进，对整个社会保障制度的"适老化"升级进行了分析。

本部分还具体分析了医疗保险制度的"适老化"改革。当前的医疗保险制度是针对整个国民人口设计的，也是基于年轻型人口结构的现收现付制，并且采取针对急症治疗模式的财务报销方式。而老年人更多是慢病、虚弱、衰竭等,且不可康复,与非老年人群的基于急症模式的医保制度设计并不吻合,导致对老年人的保障水平、保障范围、保障方式等存在较突出的问题。本部分研究指出,医疗保险须尽早、全方位考虑人口老龄化系统性风险及其带来的冲击,相应进行"适老化"升维,这样才能精准对焦,满足老年人健康需求,更好地迎应人口老龄化挑战。

针对老年人高龄化、失能化日益加重的趋势,本部分还探讨了构建我国长期照护制度须破解的主要难题,包括筹资来源、匹配连接照护服务、增拓服务供给路径等,尤其是重点探讨了如何整合并利用现有的养老金、医保、福利救助等养老保障资金,以及如何连接并提升照护服务供给能力与通道,以破解当下筹资匮乏、与服务割裂、供给单一等困境,实现长期照护的制度闭环。

第 1 章
社会保障制度"适老化"升维*

第 1 节　我国老年社会保障政策

（一）养老保险

从 20 世纪 80 年代开始，我国采取试点先行、由远及近、分类推进的方式，先在部分地区进行养老保险制度改革的探索，进而在国家机关、国有企业全面推开，并逐渐覆盖到其他各类所有制企业、灵活就业人员、城乡居民等。以《国务院关于建立统一的企业职工基本养老保险制度的决定》（国发〔1997〕26号）和《国务院关于完善企业职工基本养老保险制度的决定》（国发〔2005〕38号）为标志，将统一的企业职工养老保险制度政策扩展至全国，将"统账结合"定型为基本养老保险的普遍模式。2009 年，试点地区农民开始享有三方缴费的新型农村社会养老保险，我国老年社会保障得到了进一步的完善。2010 年颁布的《社会保险法》，从法律层面明确了政府在社会保险中的责任，是老年社会保障走向法治化、规范化的标志。至此，我国基本养老保险制度实现了有法可依。2011 年，城镇居民社会养老保险开始试点。2014 年，合并实施新农保和城居保，建立了统一的城乡居民基本养老保险制度。2015 年实行"并轨"，"双轨制"正式退出历史舞台。"国家—企业保险"彻底转向"社会保险"，意味着养老风险得以在全社会范围内分散。这不仅促进了我国市场经济转型，而且促进了不同所有制企业的发展，同时还有利于财务制度的长期稳定、劳动力流动和减轻政府财政风险。

1991 年，我国发布的《国务院关于企业职工养老保险制度改革的决定》（国发〔1991〕33 号）首次提出养老保险的"多层次"发展思路。正式提出发展

---

* 原文发表于《中国人力资源社会保障》2023 年第 5 期、《社会科学报》2022 年 3 月 3 日第二版。

"多层次、多支柱养老保险体系"则是在2020年党的十九届五中全会通过的《中共中央关于制定国民经济和社会发展第十四个五年规划和二〇三五年远景目标的建议》中。2021年2月26日,习近平总书记在中共中央政治局第二十八次集体学习时强调:"要加快发展多层次、多支柱养老保险体系,更好满足人民群众多样化需求。"2022年10月,党的二十大报告提出:"完善基本养老保险全国统筹制度,发展多层次、多支柱养老保险体系。"经过30余年改革探索,我国养老保险体系的发展方向被明确为"多层次、多支柱",展现了"系统集成、协同高效"的总体部署和高质量发展的改革思路。

目前,我国第一支柱为公共养老金,包括城镇职工基本养老保险、城乡居民基本养老保险两大项目,基本已实现从多片化走向统一、稳定实施,并基本实现了适龄参保人员的全覆盖。截至2022年底,我国基本养老保险参保人数达10.53亿人,参保缴费的职工有36711万人,参保缴费的居民有38488万人;有1.36亿离退休人员,人均养老金为3606元/月;有1.65亿人领取城乡居民基本养老金,人均为205元/月。① 基金收入达68933亿元,支出63079亿元,累计结余69851亿元。

第二支柱为职业养老金,包括企业的企业年金和机关事业单位的职业年金。截至2022年末,全国有12.8万家企业建立企业年金,参加职工3010万人。参加企业年金和职业年金的职工合计有7200万人。这些职工有望在退休后领取第二份养老金。

第三支柱为个人养老金。截至2023年3月,有3038万人开立个人养老金账户,其中900多万人完成了资金储存,储存总额182亿元,人均储存2022元。这些人在达到退休年龄后可以领取第三份养老金。

从多层次的角度看,第一支柱公共养老金可以满足老年人第一层次需求,使之达到社会基本生活水平,第一、第二支柱养老金一起可以满足老年人第二层次需求,使老年人达到社会平均生活水平,第一、第二、第三支柱养老金一起可以满足老年人第三层次需求,实现较高档的社会生活水平。

从使用的角度看,第二、第三支柱养老金都属于对一支柱的补充养老保险,可以迭次进阶使用,也可以单独使用,发挥对第一支柱公共养老金的补充保障作用,即单位提供的靠职业养老金,单位不提供的靠个人养老金。

---

① 数据来源:根据《2022年度人力资源和社会保障事业发展统计公报》中的基金支出、领取人数计算得出。

（二）医疗保险

目前，我国没有为老年人设立单独的医疗保障制度，而是将老年人医疗保障纳入整个全民医保制度之中。1998年，国务院颁发《关于建立城镇职工基本医疗保险制度的决定》，为城镇职工群体建立医疗保险制度。此后，我国逐步完善医疗保险制度，经过不断的探索与发展，从公费医疗、劳保医疗转型，目前已形成以基本医疗保险制度为基础，以医疗救助为重要补充，有商业医疗保险参与的多层次医疗保障体系。

老年社会保障的医疗保障可以分为两部分，一是基本医疗保险制度，二是医疗救助制度。基本医疗保险制度又分为城镇职工基本医疗保险制度、城镇居民基本医疗保险制度和新型农村合作医疗制度（两者已合并为城乡居民基本医疗保险），广泛覆盖了所有类型的老年人群体。截至2022年底，我国基本医疗保险参保人数达13.46亿人，有9636万退休职工参加职工医保，近1.8亿老年人参加城乡居民医保。

除了上述两个层次的医疗保障制度，老年人医疗保障还包括大病医保、惠民保等商业医疗保险，形成了多层次的医疗保障制度。大病医保是在基本医疗保障的基础上，对大病患者发生的高额医疗费用给予进一步保障的制度安排，可进一步放大保障效用，是基本医疗保障制度的拓展延伸和有益补充。惠民保等是普惠性质的商业健康险，能有效降低居民医保目录内和目录外高额医疗负担，为参保人提供更高层次的医疗费用报销，对超过65岁的老年人群具有较强的保障作用。

（三）长期护理保险

老龄化程度的加剧大大增加了对老年护理的需求。根据第四次中国城乡老年人生活状况抽样调查，目前我国不同程度的失能老人数量已增至4000万人，失能老人的护理成为老年社会保障体系面临的严峻问题。2015年，"十三五"规划明确提出"探索建立长期护理保险制度，开展长期护理保险试点"，2016年6月，《关于开展长期护理保险制度试点的指导意见》分别就长护险制度试点的指导思想、原则、目标、任务、政策要求及管理服务等方面做了布局，全国15个城市成为长护险试点，拉开了探索发展长护险的序幕。从经济发展程度来看，既有经济高度发达的上海、广州，也有经济发展水平一般的石河子等。由此可见,在试点城市选择方面很好地代表了我国大部分地区。4年的时间里,各试点城市以国家的指导意见为蓝本,参考各自不同的实际情况,制定并实施了具有较强针对性的地方性细则。2020年新增了14个城市为长护险试点城市,拟在更大范围检验试点成果,进一步探索适应我国国情的长护险制度框架。

截至2019年6月底,15个试点城市和2个重点联系省的长护险参保人数达8854万人,享受待遇人数42.6万人,年人均基金支付9200多元。截至2021年底,全国49个试点城市长护险参保人数14460.7万人,享受待遇人数108.7万人。2022年,49个试点城市中参加长护险人数共16990.2万人,享受待遇人数120.8万人;基金收入240.8亿元,基金支出104.4亿元;长护险定点服务机构7679个,护理服务人员33.1万人。[1]

(四)老年福利

2021年,国家发展和改革委员会等21个部门联合印发《国家基本公共服务标准(2021年版)》,明确老年人福利补贴等养老助老服务的具体保障范围和质量要求。

截至2021年末,全国共有3994.7万老年人享受老年人补贴,其中享受高龄补贴3246.6万人,享受护理补贴90.3万人,享受养老服务补贴573.6万人,享受综合补贴84.2万人;全国共支出老年福利资金386.2亿元,养老服务资金144.9亿元。截至2022年底,全国共有4143万老年人享受老年人补贴,其中享受高龄补贴3406.4万人,享受护理补贴94.4万人,享受养老服务补贴574.9万人,享受综合补贴67.4万人;全国共支出老年福利资金423亿元,养老服务资金170.1亿元。[2]

(五)老年救助

经济方面的老年救助主要包括生活救助和医疗救助,通过现金补助来满足贫困线之下或遭受灾难、因病致贫等老年人的基本生活需求,资金主要来源于政府财政和社会捐助,不需要受助者履行缴费义务,只要符合条件即可领用。老年社会救助密织民生安全网,对减少贫困人口、降低贫困率起着至

---

[1] 数据来源:《2022年全国医疗保障事业发展统计公报》。
[2] 数据来源:《2022年民政事业发展统计公报》。

关重要的作用。20世纪90年代以来,在党和政府的高度重视下,我国先后建立起农村五保供养、城市"三无"人员救济和福利院供养制度,1997年和2007年分别出台法规建立了城市居民最低生活保障制度和农村最低生活保障制度,城乡特困人员基本生活得到了保障。2014年,国务院公布施行了《社会救助暂行办法》,将城乡"三无"人员保障制度统一为特困人员供养制度,包括特困老年人在内,我国城乡特困救助工作进入新的发展阶段。中国家庭金融调查(CHFS)数据显示,我国老年人口贫困率已由2014年的17.7%下降至2018年的14.5%。

截至2021年末,全国城市最低生活保障对象737.8万人,其中60周岁及以上老年人139.5万人;全国城市最低生活保障平均标准为每人每月711元,比上年增长5%。全国农村最低生活保障对象3474.5万人,其中60周岁及以上老年人1284.7万人;全国农村最低生活保障平均标准为每人每月530元,比上年增长6.7%。全国城市特困人员救助供养32.8万人,其中60周岁及以上老年人21.6万人;全国农村特困人员救助供养437.3万人,其中60周岁及以上老年人353.2万人。①

第2节 我国社会保障政策需要"适老化"升维

随着我国人口整体进入中度和深度老龄化阶段,党的十九届五中全会提出要"实施积极应对人口老龄化国家战略"。同时,随着经济发展水平的提高,老年群体的消费意愿和能力得到增长,对养老生活质量提出了更高的要求。老年社会保障的发展要适应老年群体的需求变化,从满足老年人对高质量、多样性养老待遇和服务的要求出发,提供公平、有尊严、可持续的老年社会保障,从"兜底""保基本"稳步升级为实现"满足美好生活需要"。作为应对人口老龄化的主要社会财富储备机制,社会保障制度要相应进行战略性、系统性的"适老化"升维。这将是"十四五"及之后时期的重要改革方向和任务。

(一)我国社会保障制度已进入成熟期

1994年,世界银行在《防止老龄危机》一书中指出,社会保障制度的发展

---

① 数据来源:《2021年度国家老龄事业发展公报》。

存在一个逐渐"成熟"的过程。"成熟"的标志就是制度赡养率逼近人口赡养率,直至所有参保老年人都领取养老金。学者研究也指出,社会保障制度存在产生期、成长期、成熟期、衰退期这一生命周期。按此生命周期视角,我国社会保障制度在经历了产生期、成长期之后,目前已进入一个运行时间相对较长的成熟期。

从社会保险单个险种来看,早在2019年,企业职工基本养老保险的"制度赡养率"为37.7%,超过了3∶1的国际警戒线。2020年底,整个基本养老保险参保人数接近10亿人,领取养老金的退休职工和城乡老年居民共计2.88亿人。2020年,基本养老保险基金收入49229亿元,基金支出54656亿元,当年制度整体进入收不抵支阶段,开始消耗历年积累的基金结余。2021年,领取养老金的退休职工和城乡老年居民共计2.94亿人,当年我国60岁以上老年人为2.64亿人。这些数据表明,养老保险的制度赡养率超过了人口赡养率。

2017年中国医保研究会一项抽样调查数据显示,60—69岁、70岁及以上两个年龄段的医保人口仅占10.4%和6.9%,但由基本医疗保险报销的住院医疗费用却分别占23.7%和29.6%;加上门诊医疗费用,60岁及以上老年人的总费用占比接近50%,其中退休职工费用占比超70%。社会救助、福利等支出项目上也明显向老年人群倾斜。2020年,全国支出老年人福利经费517亿元。城市低保对象中,老年人占比18.3%,农村低保对象中,老年人占比37%。全国城市特困人员救助供养31.1万人,其中60周岁及以上老年人21.3万人,占比达68.5%。全国农村特困人员救助供养446.5万人,其中60周岁及以上老年人366.3万人,占比达82%。

从宏观指标来看,2018年基本养老保险、失业保险、工伤保险三项社会保险基金收入合计57089亿元,比上年增加8509亿元,增长17.5%;基金支出合计49208亿元,比上年增加7228亿元,增长17.2%,收支基本持平。此后各年的社会保险支出增速超过收入增速成为常态。据各年度统计年鉴数据,社会保障支出呈逐年递增趋势,由2010年的9130.62亿元上升到2018年的32568.51亿元,占总财政支出的比例从10.16%上升至13.26%,占GDP比重从2.22%上升至3.21%。民生支出增幅持续超过同期财政支出增幅,民生支出占中央财政支出的比例保持在2/3以上。

进入成熟期后,社保制度的政策供给开始走向精细化、定制化、强管理。

养老保险从扩面、提待、保发放等面上工作向全国统筹、延迟退休等深层次改革挺进，并向多层次、多支柱养老保险体系纵深拓展。针对传统工业制造业、服务业就业职工的普遍性扩面工作基本结束，重点参保人群转向平台经济等灵活就业人群。2021年，广东省以个人身份参保缴费的有405万人，占全省缴费人群的10.8%。医疗保险DRG/DIP支付方式改革全面推开，倒逼医院提质控费增效。"三医联动"不断推进，促进国家组织药品和耗材集中带量采购改革。同时，医保诚信体系建设深入推进，医保监管从"机构"延伸至"人员"，参保者的合法权益得到全方位保障。2020年，试点城市长期护理保险参保人数1.08亿人，享受待遇136万人，标志着我国社会保险制度从传统"资金给付型"转向养老"服务保障"型。社会救助从制度覆盖到精准扶贫，把"被动申请"变为"主动发现"，在贫困和特困老年人的脱贫攻坚战中构筑了强力的"兜底网"。社会福利上，老年福利服务不断增项、提标、扩面，多措并举推动老年社会福利服务与经济社会发展水平实现同频共进。

综合来看，中国社会保障制度整体上已进入成熟期，从过去着力于框架体系搭建转向政策措施"精细化、定制化、强管理"，服务对象从就业参保人群为主转向退休受益人群为主，从收入管理、长期负债管理转向支出管理、投资管理和流动性管理，待遇从资金给付型向资金给付与服务保障并重型迈进。社会保障经办工作也开始注意涉老服务事项的"适老化"、人性化，避免"银发一族"在互联网数字"快时代"变成"慢人群"。

（二）我国社会保障制度的"不适老"症结

社会保障制度进入成熟期之后，显现出各种"不适老"症结。主要表现为：

第一，基本养老保险制度"不适老"的主要症结表现在，长期关注养老金是否按时足额发放，而不关心这些养老金的实际使用去处，没有关注这些养老金是否真正用于老人自身的生活开支、养老服务等基本需求。在社会保障制度中，医疗保险制度连接的是医疗服务，长期护理保险制度连接的是护理服务，而养老金只是资金给付，并未有直接指定的连接服务。考虑到"以养促护""以养节医"等重要的促进、预防作用，应重视、保障或指定养老金用于老年人的日常生活和养老服务等消费支出，尤其是其中由财政支付的养老金部分。此外，城乡居民的养老金支付水平偏低，难以起到对基本养老生活的保障作用，更遑论医疗自付费用、失能护理费用或养老服务消费支出。

第二,基本医疗保险制度"不适老"的主要症结表现在,整体上采取的是针对"病有所医"的急症治愈模式,而老年人主要患的是慢性病等非传染性疾病,表现为虚弱、功能衰退,无法治愈,很多也无法诊断为某种疾病。在保障水平上,针对的是全体国民的平均医疗支出,只能在平均水平上削减老年人医疗负担,不能提供充足保障,使得老年群体相比其他人群的实际医疗负担更重,因病致贫、返贫的风险更高。

第三,长期护理保险制度"不适老"的主要症结表现在,老年人失能比例高,但长护险覆盖人群仅1.7亿人,试点城市只有49个,享受待遇的仅限于120.8万重度失能老人,且护理服务人员尤为短缺;并且缺乏稳定、持续的筹资渠道,难以支付昂贵、长久的护理费用,难以扩大到所有城市、应保人群。

第四,目前老年社会福利主要包括高龄津贴、护理补贴、养老服务补贴三项,但仅覆盖高龄、失能、独居等少数重点老年人群,补贴发放种类有限且保障水平较低。此外,大多数城市和地区未能针对老年人急需购买、租用的康复器具需求发放相应补贴。

更重要的是,当前用于应对老龄化的各项资金资源,包括养老金、医疗金、护理金、福利金、救助金等都在各做各事,都只是针对某个方面的老年"问题"去解决、发挥作用,而不是根据整个老龄化问题、全生命周期的整体解决方案去配置使用资金资源,未做到协同高效。

第3节 我国社会保障制度"适老化"改革的政策方向

我国进入中度老龄化阶段之后,种种"不适老"症结敦促社会保障制度进行"适老化"改革,是"十四五"时期的一项重要任务。

第一,社会保障制度的整体"适老化"升维。当前以社会保险为核心的社会保障制度的建立基于人口增长快、人口年龄结构为年轻型等条件,主要针对劳动就业者设计的思路和框架,而当前人口已经负增长、老年人口加速增长,这些变化并不在最初制度设计者的预期之内。这些风险的冲击是整体式、长期的,对社保制度的影响是巨大的。故此,必须适时对整个制度进行"适老化"的结构性变革,而不能仅限于"头疼医头"甚至"头疼医脚"的外科手术式的修补。不仅如此,"十四五"时期及之后,我国社会主要矛盾的变化也对社会保障制度提出了整体转型升级的新要求。随着经济发展水平的提高,老年群体的消费意识和消费能力都在增长,对养老质量、老年生活提出了更高要求,不仅关心资金给付水平,更看重实际的服务获得、消费体验。需要根据社保制度各个险种发挥出来的功能性质("保什么")、作用大小("保多少")、先后次序("先保后保")等提出针对老龄化问题的整体式解决方案,调整优化支出结构,合理安排资金配置规模、使用次序,尤其注重资金给付之后的使用去处及效果效率,实现由单纯的资金给付型向服务连接支付型转变,最大程度提升老年人的健康、幸福等保障效果,从"兜底、保基本"稳步助推为实现"美好生活"保驾护航。

第二,社会保险各个险种的"适老化"改革。养老保险要改善制度内与制度间的待遇公平性,注重跟踪养老金的使用效果,提高对养老服务的衔接密度和支持力度,更好发挥"以养节医""以养促护"的良好功效,提高领取者的生活质量和获得感、幸福感;医疗保险"适老化"改革的根本出路在于向健康保障转变,在健康保障综合框架下,发挥国家医疗保障的预防为主、功能促进、健康管理等更积极的作用。可参考美国老年和残障健康保险(Medicare)制度建立专门针对65岁及以上老人等的医疗保障制度,或参考日本在整个医保制度内制定一个针对老人、相对独立的药品目录、诊疗目录和设施标准目录。失业保险要综合考虑延迟退休改革、老年人就业参与提高等新变化,发挥促进年长职工的职业介绍、就业能力培训、工作适应等积极作用,并将退休再就业后的职工也纳入失业保险的保障之内,促进更高效利用老年人力资源,尽可能收获长寿红利。社会救助、社会福利需要考虑老年人日常生活的安全性、便利性与舒适性,通过"一网统管"等精准救助场景的开发应用,精准识别"沉默的少数",同时开展面向老年人的社区、居家环境的"适老化"改造以及养老服务和设施的投放。

第三,社会保险经办服务的"适老化"。伴随年龄增长,老年人将面临生理机能、认知功能下降等困扰,导致信息处理速度减慢、记忆力衰退、注意力不易集中以及听觉、触觉、嗅觉等感觉接收迟缓等。相应地,老年人需要以便捷、适老等方式获取社会保险经办服务。经办服务的适老情况、个性化程度将直接关联老年人对社会保险的使用体验和满意度,也会影响年轻参保人员对社会保险制度的整体评价。只有做好经办服务的"适老化"改革,才能正向推动服务对象对社会保险的认同感和获得感。2023年7月,国务院第11次常务会议通过了《社会保险经办条例》,标志着我国社会保险经办服务开始规范化、成熟化,并逐渐向"适老化"、数字化、智能化等方向发展。

当前,数字化趋势锐不可当,社保经办服务必将向数智化升级。在数字化时代下合理交汇"传统"和"智能",处理好"老龄化"和"数字化"之间的关系,为认知能力不断下降的老年人提供便捷服务,增强老年群体的幸福感,是经办服务"适老化"升级的要点。要坚持传统与智能相结合、线上与线下相结合的服务模式,逐步实现从传统型到数字型的转变;加强智能服务运用宣传,增强老年群体对智能化服务的了解和应用,通过长期的社区走访宣传活动来帮助老年人接近和适应数字化时代,保证老年人有能力和精力学习使用智能化设备;利用创新科技助力经办服务,数字化时代赋予社保经办服务更多的创造性和可能性,区块链、5G 技术、云计算、人工智能、VR 等新兴技术都有可能与人社服务碰撞出火花,产生更便捷、高效的经办服务方式。同时,通过整合各方资源优势,强化先进技术在人社领域创新应用研究,探索社保经办信息化创新服务方式,为"适老化"改革注入新的生命力。

综上,我国社会保障制度已进入一个时间相对较长的成熟期。从理念到行动实现"适老化"转型,提升社会保障制度体系的"适老化"水平,形成与人口老龄化、老龄人口相契合的制度模式,不仅关乎保障对象的切身利益,与制度发展也息息相关。"适老化"改革可以延长社会保障制度运行平顺期,是防止制度早衰的必要选择,目的在于创造一个高质量的人口全生命周期发展环境,打造一个共建共治共享的全龄友好型社会。

第 2 章
医疗保险制度"适老化"改革*

第 1 节 引　　言

第七次全国人口普查数据显示,我国 60 岁及以上老年人口比 2010 年增加了 8637 万人,增长 48.62%,占总人口比重由 13.26% 增至 18.70%。人口老龄化将呈加速态势,达到峰值后将长期处于老龄人口"高原"(何文炯,2021)。"备豫不虞,为国常道。"党的十九届五中全会正式将积极应对人口老龄化上升为国家战略。应对老龄化的逻辑起点是要把老龄化当作"普遍""常态""长远"问题看待,构建全社会的"适老化"理念与行动。"适老化"原指改造迎合老年人的住宅、生活环境、公共建筑等硬件设施。近几年,老龄化遇到数字化,"适老化"进一步向数字科技、服务、制度、政策等软件延展(原新和金牛,2020)。因此,应将"适老化"融入老龄社会治理的全过程,构建一个老年友好型社会。

医疗保险是应对老龄化的主要经济保障制度之一。老龄化程度加深将给我国医保制度可持续发展带来更大挑战。医疗保险中老年参保人的占比越来越高,老年期又是医疗费用高发阶段,而且老年人慢性病患病率也在加速增长,大部分医保基金将被用于老年参保人。2017 年,中国医疗保险研究会抽样数据显示,60—69 岁、70 岁及以上两个年龄段的医保人口占比仅有 10.4% 和 6.9%,但由基本医疗保险报销的住院医疗费用却分别高达 23.7% 和 29.6%;加上门诊医疗费用,60 岁及以上老年人的总费用占比接近 50%,其中退休职工费用占比超 70%。不难预知,这种趋势会越来越明显。同时,医保制度对退休职工仍执行不缴费政策。这些因素叠加会造成医疗保险基金的巨额隐性债务,给医保基金带来极大负担(郑秉文,2021)。

---

* 原文发表于《西安财经大学学报》2022 年第 1 期,此处略有修改。

同存的另一挑战是老年人口的健康需求与保障水平不匹配的矛盾。我国老年人的整体健康状况不容乐观,"带病生存"是普遍现象,且失能、半失能老年人数量众多。同时,贫困、高龄等脆弱老年人群体所能获得的医疗资源更加有限,面临更高的健康风险和保障需求。然而,当前我国基本医疗保险目录内用药、诊疗、服务设施针对的是全体国民,并不完全契合老年人的就医行为、医疗费用分布等特征,且保障的是居民平均水平的医疗支出,并未专门考虑非老年人群与老年人群在医疗卫生服务需求及利用等方面的差异。"医疗保险"而非"健康保障"的制度设计也未跟上老龄化的发展趋势、疾病谱变化。种种"不适老"会加重政府财政负担、医疗保险基金负担和老年人经济负担,不利于全民医保制度的可持续发展。

作为我国老年健康保障的重要筹资机制,医疗保险须尽早、全方位考虑人口老龄化风险及其带来的系统性冲击,相应进行"适老化"升维。这样才能更精准对焦,满足老年人健康需求,更好地迎应人口老龄化挑战。目前,我国医疗保险制度中存在哪些"不适老"问题?可从哪些路径出发对医疗保险进行"适老化"升格?发达国家在老年医疗保障制度建设方面起步较早,积累了很多经验,应如何借鉴其经验,并结合中国情境,探索我国医疗保险制度"适老化"改革的升维路径?这些是"十四五"期间我国改革和完善医疗保障制度值得审思的重要问题。

第 2 节 文 献 回 顾

自 20 世纪 70 年代起,国外学者就全面展开了对人口老龄化与医疗保险制度的研究。研究主要涉及三个方面内容,一是人口老龄化与医疗费用支出的关联。大部分学者的研究发现人口老龄化会增加医疗费用支出。经济学家维克托·福克斯(Victor Fuchs)在《谁将生存? 健康、经济学和社会选择》一书中指出,美国 65 岁以上老年人的卫生医疗支出是其他年龄人口总和的 3 倍,其中 80 岁以上老年人的医疗支出又占老年人医疗卫生支出的 3/4 以上。Fisher(1980)发现,美国老年人口的医疗费用支出分别是青年人的 7 倍、中年人的 3 倍。二是医疗保险支出与年龄的关系。Holly 等(1998)通过研究瑞士的医疗保险发现,年龄对住院服务以及医疗保费支出有显著的影响。三是医疗保险制度有效应对老龄化的对策。岛添悟亨(2010)基于后期老年医疗保险的视角,提出了日本医疗保险制度应对超高龄化社会的改革方向。近年来,国外学者对人口老龄化背景下医疗保险制度改革讨论较多的热点还有老年人的长期护理、国家间医疗保障模式的比较和相互借鉴、新形势下老年人医疗卫生费用支出的管控,以及如何建立和完善老年医疗保障制度等问题。

随着我国老龄化程度不断加深以及国家对医疗保险改革和健康老龄化的重视,老年医疗保险领域的研究也日益增多。现有关于医疗保险制度"适老化"改革的研究中,绝大部分是从医疗费用、就医行为、健康需求等角度探讨如何进一步提升老年人保障水平。薛伟玲和陆杰华(2012)、李乐乐和杜天天(2021)提出了对现有医疗保险制度进行参量式改革。部分学者则通过国别差异提出改革发展路径。朱波和周卓儒(2010)借鉴美国、日本医疗保险制度改革的经验,提出建立政府主导、针对不同层次老年人的护理医疗保险制度和以社区为中心的老人医疗保障制度。林森和张军涛(2013)总结了发达国家医疗保险制度应对人口老龄化所作出的政策性优化改革。申曙光和马颖颖(2014)则从老年人需求出发提出医疗保障制度改革的总体设计,认为应建立独立的老年人医疗保障制度以应对老龄化。

迄今为止,我国在探讨是否应为老年人建立专门的医疗保险制度上仍存在不同观点。早期部分学者认为我国提高老年人保障水平的第一步应是实现全民医保,而不是建立独立的老年医疗保险制度。但随着全民医保的实现、人口老龄化速度的加快以及老年人医疗保障需求的日益增强,不少学者认为应在现有医疗保险制度的基础上尽快完善我国老年人医疗保障体系,建立包括基本医疗保险、退休职工大病医疗保险以及互助基金等多层次的老年人医疗保险制度,从而更好地为老年人提供保障。仇雨临(2005)指出,人口老龄化会导致医保基金支出增加,建议国家加大老年人医疗保障事业的资金投入,鼓励发展以社区为中心的老年人医疗保险制度,通过扩大保障范围、扩充基金来源以及推广"预防为主"的医疗保健观念等使我国医疗保险制度与医药卫生体制改革相配套。该提议的"成本—效益"以及可行性较高,得到了众多学者的认可。随后,张媛(2006)、马颖颖和申曙光(2014)、李舒曼等(2017)也提出了类似的政策建议,认为应建立相对独立的老年人医疗保险制度,提高老年人口的保障水平,但关于制度建立的可行性、理论框架及总体实施方案等内容则有待进一步研究。还有一些学者对人口老龄化背景下老年医疗保险制度的筹资改革提出了建议。景日泽等(2016)、郑秉文(2021)提出,退休职工医疗保险缴费是一个现实可行的选择,为老年医疗保险制度提供了多元的筹资渠道。老年护理保险制度的研究也逐步细化。吕国营和韩丽(2014)、宋全成和孙敬华(2020)等学者呼吁加快建立以老人为中心的护理保险制度。

我国全民医疗保险制度的建立已有多年。在"十四五"时期,我国医疗保险制度已经进入改革的深水区。下一阶段面临的主要挑战是,在人口老龄化这一不可逆转的大背景下,对我国医疗保险制度进行"适老化"的深度改革,保证医疗保险基金的长期平稳运行。既有研究对人口老龄化背景下我国医疗保险"适老化"改革具有重要的参考价值和意义,但仍有必要进一步拓展和优化。目前,从"不适老"角度系统解剖我国医疗保险制度症结的文献较少,也缺乏对各国医疗保险制度"适老化"改革的经验总结。为化解我国医疗保险制度的"不适老"弊病,本章将问诊当前我国医疗保险制度的"不适老"问题,重点梳理和借鉴发达国家在老年医疗保险制度构建、运行等方面的先进经验,进而提出可用于我国医疗保险制度"适老化"改革的升维路径。

第3节 我国医疗保险制度"为老"及"不适老"问题

(一) 我国现行医疗保险制度的"为老"政策

我国一直比较重视老年人的医疗保障问题,积极改革和完善有关老年人的医疗保险制度。2016年出台的《"健康中国2030"规划纲要》就提出解决好老年人等重点人群的健康问题。2018年最新修订的《中华人民共和国老年人权益保障法》第三章第29条规定,有关部门制定医疗保险办法应当对老年人给予照顾。目前,我国暂没有建立专门针对老年人的医疗保障制度。老年人享有的医疗保障政策主要内嵌于城镇职工或城乡居民基本医疗保险制度、城乡医疗救助制度,以及部分地区实行的老人就医优待政策。

一是基本医疗保险制度。我国城镇职工或城乡居民基本医疗保险,以及一些地方性的医疗保险制度包含了老年人基本的医疗保障。其中,我国基本医疗保险制度的筹资、报销待遇等政策设置了对老年人的特殊优惠和照顾内容。比如,参保补助逐年提升(城乡居民医保人均补助由2018年的490元提至2023年的640元);退休职工无须缴纳职工医疗保险费,并对退休职工个人账户的计入方式和个人负担的比例给予适当倾斜,而且将一些慢性病的门诊医疗费用、家庭病床医疗服务项目等纳入支付范围并提高报销比例。部分地区还实施了一些专门针对老年人口的医疗保险制度,如城镇老年人口的大病医疗保险政策。此外,国家已经开始探索、试点建立长期护理保险制度,并已经开展了第二批城市试点。

二是医疗救助制度。医疗救助基金资助包括老年人在内的低保、特困人员以及农村建档立卡贫困人口。此外还对其就医费用给予补助,减轻老年人尤其是贫困老年人的医疗支出负担。

三是老年人优待制度。当前部分省市实施了老年人医疗优待制度,主要涉及老年人群的医疗和保健政策(薛伟玲和陆杰华,2012)。如医疗机构为行动不便的老年人免费提供担架、推车等医疗辅助工具。社区医疗服务机构为社区内老年人建立健康档案,全面开展保健活动;减免部分老年人门诊挂号费和家庭病床出诊费等。老年人优待制度方便了老人就医,减轻了老人的医疗负担。但关于老年人的优待政策总体还是偏少,甚至存在对老年人不利的制度规定。例如,我国城镇居民基本医疗保险制度设定了最高的报销限额,老年人由于患病率高且医疗需求大,在超过医疗费报销限额的人中占据了大多数。这就容易导致不少老年人为了不超过最高报销限额,在患一般小病的时候选择不去就诊。类似的医疗保险制度规定往往对老年人的疾病预防与康复治疗产生较大的负面作用。

(二)当前医疗保险制度主要的"不适老"症结

现行医疗保障政策虽能在较大程度上解决老年人看病难题,也取得了较好的保障效果,但它保障的目标群体是所有国民,强调的是"无疾病"或"病有所医"的急症治愈模式。而老年人主要患慢性病等非传染性疾病,无法完全治愈,且很多无法诊断为某种疾病,而是虚弱、功能衰退。相比苛求"无疾病",维持老年人正常生活所需的功能发挥更为重要。针对全体人群的普惠型医疗保险制度尚未能充分匹配老年人的医疗支出与健康需求。当前,我国医疗保险制度在保障水平、报销项目、保障形式、筹资机制等方面均存在不适应、不对称,未能充分考虑老年人特征,尚未适应老龄化、高龄化、高龄女性化、失能化等长期变化趋势。

(1)保障水平与老年群体的实际医疗支出负担不匹配。这是目前我国医疗保险制度最大的"不适老"问题。相比其他年龄段人口，老年人具有患病率高、住院率高、失能率高等特征，是医疗费用支出的主要人群。据统计，65岁及以上人口的人均医疗费用大约是65岁以下人口的3—5倍（申曙光和马颖颖，2014），而且老人的药品消费在各年龄段中也是最多的，医疗负担较大。医疗费用较高意味着老年人对医疗保险的保障水平要求也较高。而现行医疗保险政策中，起付标准、报销比例以及保障内容尚未向医药花费更高的老年人群倾斜，只能在平均水平上减轻老年人的医疗负担，无法提供充分保障。这导致老年群体相比其他人群的实际医疗负担更重，因病致贫、返贫的风险更高。

（2）保障项目不符合老年群体的医治行为、疾病谱特征。目前，基本医疗保险报销范围内的药品、诊疗项目、服务设施都是针对全体人群的，缺乏专门针对老年人口的保障倾斜。尤其在疾病预防、日常保健、定期体检、病后康复、护理等方面的保障更为缺失。从费用特征来看，老年群体的医疗服务很多都是基本医疗保险和医疗救助的未覆盖项目，如疾病的早期诊断和预防、老人保健服务、康复性器具的使用以及长期护理等项目，甚至一些老年常见疾病也未包含在医保报销范围之内。目前，我国60岁以上老年人口中患有慢性病的超1.8亿人，患病比例高达75%，失能老年人约4000万人，预估2050年将接近1亿人。随着失能失智老年人数量不断增多，护理服务逐渐成为老年人的刚性需求。失能失智老年人由于平日缺乏护理，拖延至产生疾病才去医院治疗，导致医疗资源更多使用、浪费严重（阳义南，2021）。对此，现行基本医疗保险的报销项目非常有限，并没有专门针对老年人的疾病预防和保健措施。尤其是护理和康复项目等预防性和保健性的诊疗服务项目严重缺乏，难以发挥预防为主、健康管理等积极作用。对疾病预防和保健的轻视，会导致患病人数增加，从而给医疗保险基金给付带来本可缓解的压力，造成恶性循环。因此，增强老年人疾病预防和康复保健的保障作用，是医疗保险制度"适老化"改革的一个重要发展方向。

（3）保障形式未跟上老年人的多元化健康需求变化。现有医疗保险制度的保障形式主要是财务支付，仅对老年人的医疗费用给予报销或补偿，很少出现针对其他服务的保障。随着老年人生理机能衰退、变得虚弱以及保健意识增强，老年人的健康需求已由疾病治疗逐渐发展为疾病预防、保健和康复护理、失能照护等以维护健康为目的的服务需求。调查数据表明，我国50%

以上的老年人都存在定期体检的需求,需要医生出诊或上门巡诊服务、日常生活照料以及长期护理服务的老年人也占很大比重(Johnston and Teasdale, 1999)。很显然,传统针对疾病诊治的经济补偿方式难以满足老人日益多样化的健康需求。此外,目前,医疗保险报销限于已签约的定点医疗(药)机构,较少支持社区、居家、智慧平台、养老机构等其他非医疗机构或非定点机构的费用支出。我国养老服务体系的发展方向明确为"居家为基础,社区为依托,机构为支撑或补充",医疗保险与老年人分散就地养老模式的支持衔接明显不够。

(4) 筹资机制难以应对老龄化系统风险。由于政策规定退休老人无须缴纳保费,会产生缴费人群缩小而享受人群不断扩大的"老龄化"系统风险(何文炯等,2009);并且还曾对老年人个人账户的计入金额予以适当照顾,在实际运行过程中,并不利于老年人个人账户的基金积累,而且由于当前政策没有专门针对老年人的医疗保障,致使老年人的医疗费用倾斜政策灵活性有余而韧性不足。随着人口老龄化程度加深,要确保退休人员待遇不降低,必然会加重在职人员的缴费负担或国家财政负担。近年来,基本医疗保险政策虽采取多种控费措施,但部分地区的医保基金已经亮"红灯"。针对老龄化改革医疗保障制度的筹资机制已是刻不容缓。

第4节　发达国家老年医疗保险制度的典型模式及经验

发达国家的老龄化进程较早。相比我国的"内嵌型"做法,发达国家老年医疗保险制度可归为四种模式:独立型、板块型、联保型和储蓄型。独立型以美国的 Medicare 制度为代表;板块型以日本社会医疗保险制度中的老年人专门板块为代表;联保型以德国家庭成员联保模式为代表;储蓄型则以新加坡的保健储蓄计划为代表。

(一) 独立型:美国老年医疗保险制度

美国于1965年建立了专门针对老年人的医疗保障制度 Medicare。参保对象是65岁以上的老年人和一些残疾人、终末期肾病患者。根据美国社保机构提供的数据,Medicare 的覆盖人数由1966年的1900万人增加至目前的6000多万人,几乎所有老年人都有医保。

就保障内容而言,当前美国 Medicare 包括 A、B、C、D 四大部分(见图 2-1)。首先通过 A、B 部分建立老年人的基本医疗保障。老年人参加 A 部分的住院保险一般不需要付费,报销部分住院费用,比如紧急医疗治疗、专业护理(但不包括长期照护和监护),以及临终关怀等服务费用。B 部分负责报销必要的医疗服务费用,同时保障 A 部分不覆盖的一部分服务,如门诊、专科医生紧急服务、物理治疗以及长期照护等服务费用。参加 B 部分的老年人需按月支付保险费,以上一年度支出情况为基础每年进行调整。若没有及时参保 B 部分就需支付罚金,保险费会逐年增加 10%。

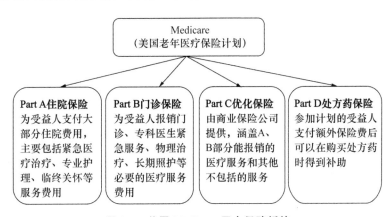

图 2-1 美国 Medicare 四大保障板块

资料来源:笔者根据相关资料整理。

此外,美国还发挥商业健康保险市场化运作的优势,通过 C、D 部分为有较高收入和更高需求的老年人提供更多保障项目,如处方药计划,扩大了医疗保险药品的报销目录。C 部分优化保险是建立在住院和门诊保险基础上的,参保者必须先参保 A、B 部分,再向商业保险公司缴纳一笔保险费用。C 部分除涵盖 A、B 部分医疗服务外,还支付大部分 A 部分不承保的医疗费和医疗用品费,并且住院承保期比 A 部分更长。D 部分是指处方药保险。每一种处方药计划都有相对应的药品目录范围,而且计划内还有不同的选择等级,由参保人根据实际需求进行选择,药品计划等级不同,保费也不一样,要求参保者按月缴纳保费(龚秀全和高菁颖,2017)。

在筹资机制上,美国老年医疗保障资金来源于三处:雇员和雇主共同缴纳的工薪税、政府财政补贴和个人缴纳的医疗保险费。Medicare 中住院保险的资金主要来源于雇主和雇员缴纳的工薪税,医疗救助计划(Medicaid)的资金来源于"财政资金＋税收",而补充医疗保险的资金由"个人保费＋财政资金"组成。

美国老年医疗保险制度还有起互补作用的护理保险,由社会保险性质的长期护理保险与商业长期护理保险共同构成,承保被保险人的护理费用。然而,Medicare提供的护理服务并不是真正意义上的长期护理,承担了40%长期护理费用的Medicaid才是美国长期护理社会保险的主体,为低收入家庭或贫困人群提供长期护理保障。同时,政府实施长期护理计划(LTC),通过给予中低收入人群相应的优惠政策,鼓励其购买私人长期护理保险;对中高收入人群,则为其提供种类丰富和保障全面的商业性长期护理保险(胡宏伟等,2015)。

美国单独以老年人为保障对象的Medicare制度的运行效率是较高的。一是该制度满足了老年人的迫切需求,保障了老年群体的基本生活和生存问题;二是该制度的资金来源包括雇员和雇主共同缴纳的工资税、财政资金、保险费等多种筹资渠道,资金来源稳定性强;三是制度规模化和集中性的规模效应降低了老年人的医疗费用成本,能在较大范围内以低成本为老年群体提供高质量的医疗服务。

(二) 板块型:日本老年医疗保险制度

为应对高龄化背景下老年人的特殊医疗需求,日本先后颁布了《老人福祉法》《老人保健法》《高龄者医疗确保法》等法律,建立了老年人医疗保险制度。日本对不同年龄段老人实行多层次保障制度,包括高龄老人医疗保险、退休人员医疗保险和老年护理保险三种(申曙光和文曼,2014)。其中,高龄老人医疗保险是由早期高龄者医疗保险制度(65—74岁退休人员)和后期高龄者医疗保险制度(年满75岁老人以及65—75岁特定残疾者)组成;退休人员医疗保险的保障对象为40岁以上缴费年限超过10年的被雇佣者;老年护理保险(介护保险)属于强制性保险,保障对象包括1号保险人(65岁及以上)和2号保险人(40—64岁)。

日本老年医疗保险几乎保障了老年人所有的医疗和保健需求,不仅包括医疗服务、住院时的伙食费、疗养费、移送费,还覆盖了急诊、慢性病、牙医、家庭护理和预防保健的项目。如图2-2所示,日本退休人员在65—74岁参加的是国民健康保险,保险费以个人缴纳为主,国家公费也有一定补助。75岁以上后期高龄者医疗保险由公费承担约50%(国家财政承担约40%,都道府县和市町村各承担约5%),各医疗保险援助金承担约40%(援助金来源于未满75岁参加各医疗保险的被保险人支付的特定保险费),被保险人自身也需负担10%。同时,日本建立了退休人员医疗保险制度(过渡措施),医疗保险费用由个人缴费和高龄者医疗保险的援助金构成。

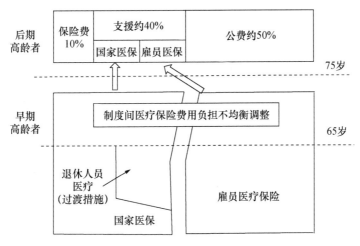

图2-2 日本老年人医疗保险制度

资料来源:岛崎谦治.《日本的医疗》.东京大学出版会,2011:287.

此外,日本于2000年采用社会保险方式建立了长期护理保障制度,取得了积极成效。《介护保险法》规定40岁及以上国民强制参保,由中央政府负责制定相关法律法规、制度运行和实施标准,由市町村一级政府负责管理。日本长期护理保险资金来源于国家与地方的财政支出和参保人缴纳的保费,为"保险+福利"模式(翟绍果等,2016)。如表2-1所示,中央与地方政府承担50%费用,其中中央政府25%,都道府县与市町村各承担12.5%;个人自行承担50%(其中,1号保险人缴纳保险费占22%;2号保险人缴纳保险费占28%)。日本的介护险主要采取实物给付的方式,参加介护险的老人可以获得生活护理、看护、康复、洗澡帮助、疗养、保健服务、老年公寓的照护等多方面的非治疗性医疗服务。

表 2-1 介护保险制度一览表

分类	1号保险人(65岁及以上保险人)			2号保险人(40—64岁保险人)		
参保形式	强制参保、参保后终身缴费					
筹资构成	1号被保险人 22%	2号被保险人 28%	市町村 12.5%	都道府县 12.5%	国库 20%	国家调整金 5%
护理服务	日本的护理服务有居家服务、机构服务和社区服务三种。居家服务由专门的护理人员上门给有需求的老人提供服务,如居家访问服务、居家护理服务等;机构服务根据不同的护理内容,分别由老人护理福利机构、老人护理保健机构和老人护理疗养性医疗机构等提供专业化服务;社区服务是由社区的老人日托所、老人活动中心、医疗诊所、保健康复中心、老人院等机构为老人提供非长期性入住形式的护理服务					
护理等级	有6个级别,即"需要援助"和"需要护理"1—5级。护理等级的细化可避免轻症重判或重症轻判,便于提供精确护理服务,体现了日本政府对老人轻度护理需求的关注					
给付方式	采用实物给付原则,提供相应的护理服务来满足护理需求者					

资料来源:笔者根据相关资料整理所得。

日本老年医疗保险制度是建立在一系列医疗保障立法基础之上的强制性社会医疗保险,对老年人基本生活发挥了重要的保障作用。它大幅减轻了国民健康保险的负担,减少了老年人经常去医院、占床位的现象,服务模式也从单一的医疗向集医疗、预防、保健、康复为一体的模式转变,实现了医疗和福利服务的整合。而这一整合正是当前我国医疗保险改革的方向。我国将面临更多的高龄失能护理问题,我国长期护理保险虽已开始试点,但未形成具体有效的立法制度和规范,且试点实施范围小,在老龄健康对策上有必要考虑是否建立如日本的介护保险等相关政策,采取立法手段,强化政府的责任,加大长护险的推广力度,让更多的失能老年人享受长期护理保险保障,从而使我国医疗保险制度适应当前老年医疗护理服务的递增需求。

(三)联保型:德国老年医疗保险制度

德国医疗保险由法定医疗保险、私人医疗保险、长期护理保险和针对特殊人群的福利医疗计划四类构成,形成了以强制性法定医疗保险为主、自愿性私人医疗保险为辅的多层次医疗保险体系(申曙光和文曼,2014)。和我国一样,德国没有专门的老年医疗保险制度,对老年人的医疗保障主要依附于德国的法定医疗保险制度。与我国基本医疗保险制度不同,德国法定医疗保险的参保对象不仅包括职工本人,而且包括直系亲属。家庭联保人员包括配偶、同居伴侣以及18周岁以下嫡亲子女和养子女、继子女与孙子女等。老人与家庭成员是捆绑在一起保障的。德国法定医疗保险制度的保障内容包括:疾病的预防和早期诊断、就诊费用、药品费用、牙医服务、慢性支付和生病期间的护理等,符合老年人的保障服务需求,保障水平较高。

德国法定医疗保险筹资渠道是劳资双方各负担一半的保险费。德国保险经办机构只能从国家设立的健康基金中领取按人头计算的医疗保险费。德国还建立了流动性储备基金。家庭联保的参保人不需要缴纳保险费即可参加家庭保险,享受与原参保人相同的医疗保险待遇,但不享受补贴工资待遇(林森和张军涛,2013)。和我国"权益累积型"筹资模式不同的是,德国作为社会医疗保险"终生缴费型"筹资模式的代表,退休职工也要缴纳50%的医疗保险费,另一半则由养老保险金负担(表2-2所示)。退休职工的医疗保险费率低于平均水平。从就业人口和企业的缴费负担来看,德国的医保筹资模式负担较轻,就业人口和退休人口均需缴费,医保基金仅需负担一代人的费用报销。而我国就业人口的缴费需同时承担就业人口和退休人口两代人的费用支出,制度负担和企业负担均较重。2021年,我国职工人数是2.66亿人,而退休不缴费的职工高达9639万人。随着退休职工人数增多,在职职工人数逐步下降,我国职工医保从"权益积累型"模式向"终生缴费型"模式过渡是一个颇具可行性的选择(郑秉文,2021)。

表2-2 医疗保险的筹资模式

缴费类型	终生缴费型	权益积累型	商业保险型
主要特征	终身缴费 终身享有	在职缴费 终身享有	在职缴费 退休享有
具体表现	无论在退休前还是退休后,只有缴费才能获得社会医疗保险待遇,典型的"全生命周期缴费型"制度	在职业生涯参加社会医疗保险并缴费,同时享有报销待遇,达到一定缴费年限后,在退休生涯无须缴费即可继续享有正常的医疗费用报销权利,就业人口参保缴费是为了退休后享受积累的报销权益	在就业阶段需购买商业健康保险(国家提供税收支持政策),对社会医疗保险只进行缴费而暂时不享受报销待遇,达到法定退休年龄后方可享受社会医疗保险制度提供的报销待遇
代表国家	德国	中国	美国

资料来源:笔者根据相关资料整理所得。

随着失能人口比重提高,长期照护支出激增,德国于1994年颁布《长期护理保险法》,建立长期护理社会保险和强制性商业保险。德国规定了"护理保险跟从医疗保险"原则,所有医疗保险的投保人均为长期护理保险的对象。2009年,德国获得受益资格的人约占65岁及以上人口的50%(Bundesamt,2009)。德国长期护理保险由国家承担1/3以上资金,剩余部分由雇主和个人共同负担。退休人员缴费也跟从法定医疗保险,一半由养老保险基金支付,另一半由个人缴纳。德国根据收入和受益水平来确定长期护理保险的筹资级别。失业者和无收入者可以免费投保,属于一种转移支付。尽管德国长期护理保险是由全部参保人缴纳保费的强制性保险,但护理风险发生在老年人身上的概率更大,主要是老年人在享受保障待遇,因此对老年人尤其是失能老年人的保障力度更大。同时,德国为了大力发展社区居家照护并鼓励家庭成员提供长期照护服务,不仅为家庭护理人缴纳养老保险金提供现金支持,而且颁布多项护理人弹性工作的请假制度,方便家庭护理人为家中失能老年人提供服务。这一方面可以有效利用家庭和社会既有的各种照护医疗资源,减轻政府的财政负担,另一方面又符合大多数老年人居家照护的意愿与偏好。

虽然德国针对老年人的医疗保障也是依附于"普惠式"法定医疗保险制度,但其保障对象和筹资机制与我国有较大差别。德国联保型模式的最大特点是以家庭为单位,"纵向"筹资,延续使用,有效解决了老龄人口的医疗筹资问题,减轻了政府财政负担,也为我国未来老年医疗保险的筹资机制改革提供了借鉴。

(四)储蓄型:新加坡老年医疗保险制度

新加坡目前没有建立专门的老年医疗保险制度,对老年人的医疗保障包含在中央公积金制度中。中央公积金制度要求每个在职有收入的国民年轻时为其终身的医疗资金进行储蓄。中央公积金局主要制订了保健储蓄计划(Medisave)、终身健保计划(Medishield)、保健基金计划(Medifund)和老年保障计划(Eldershield)四个老年医疗保障计划。其中,保健储蓄计划的保障对象为所有在职人员。终身健保计划最初称为"健保双全计划",2015年改为终身健保计划,是新加坡医疗保障制度的主体,保障对象是所有新加坡公民和永久居民,类似于我国的大病保险。保健基金计划是政府为一些老年人、低收入者、弱势群体等没有被基本医疗计划覆盖的人群建立的,类似于我国的医疗救助制度。老年保障计划又称为"乐龄健保计划",保障对象是出现身体残疾、生活无法自理的失能老年人,为老年人提供生活补助,实际上是为年长的公积金会员设立的长期护理保险制度。

如表2-3所示,保健储蓄计划的筹资来源于雇主和雇员按月收入一定比例缴纳的医疗储蓄基金,存入个人的保健储蓄账户,由中央公积金统一管理。终身健保计划的筹资来源是个人保健储蓄账户支出,保费直接从保健储蓄账户中支付。依据年龄确定保费,年龄越大,保费越高。例如,20岁以下人群每人每年只需支付130新元,76—78岁人群每人每年需支付1130新元(丁一磊,2018)。同时,根据收入情况有一定的保费减免。为支持中低收入者参保,政府对这些人群提供参保补助。如65岁以上没有收入或低收入的老年人,可获得30%左右的保费补助。保健基金计划发挥了医疗保障的托底功能,主要筹资来源是政府财政投入或社会慈善机构的基金援助。老年保障计划筹资来源依然是个人保健储蓄账户,一般不会给参保人增加额外负担。同时,新加坡政府在该制度建立及推广过程中给予较大的财政支持。

表2-3 新加坡医疗保障计划的筹资机制

医疗保障计划	筹资方式	作用
保健储蓄计划（Medisave）	建立个人保健储蓄账户,按月收入一定比例缴纳,雇主、雇员各半	为公民未来的医疗费用提供保障
终身健保计划（Medishield）	保费由个人保健储蓄账户支出	解决公民重大疾病的医疗风险
保健基金计划（Medifund）	财政与慈善	为老年人、低收入者等弱势群体提供医疗援助
老年保障计划（Eldershield）	保费由个人保健储蓄账户支出	满足失能与残障人士的护理需求

资料来源:笔者根据相关资料整理所得。

随着高龄化和失能化现象加剧,新加坡也建立了本国特色的长期护理保险制度(又称老年保障计划或乐龄健保计划)。护理保险制度推出之初,设立自动加入机制,且提供较多配套支持,比如对低收入人群提供补助,对56—69岁居民提供津贴等。经过25年左右的实践,新加坡于2018年出台政策要求从2020年起年满30岁的居民必须强制参保,不能选择退保(王佳林,2019)。同时根据收入水平以及年龄等标准,对社会的弱势群体提供财政补贴。如为中低收入人群提供直接的保费补贴,最高可达保费总额的30%。此外,对需要护理服务且未参加长期护理保险的老年人,政府设立"乐龄关护基金",为其提供资金补贴。在赔付方面,每月给付额度从300新元提高至400新元,同时赔付上限从2万新元提高至近3万新元。

新加坡的储蓄型医疗保险模式要求有收入的国民建立医疗储蓄账户,强调个人的医疗保障意识和责任。被保险人可以根据自己的经济能力选择相应的医疗服务,有效地控制了医疗资源的浪费。我国在医保"适老化"改革过程中也应逐步强化老人在医保筹资中的责任,如可以考虑让退休人员适当承担部分医保筹资的责任。此外,我国长期护理保险制度的历程和发展趋势与新加坡较为相似,可考虑逐步从自愿参保过渡到强制参保;并且可以借鉴新加坡的改革经验,设立过渡期的津补贴制度。

第5节 中国医疗保险制度"适老化"改革对策

发达国家在老年医疗保障制度建设方面积累的宝贵经验,给我国医疗保险制度"适老化"改革带来了较多启示。在分析和总结典型国家老年医疗保险制度的构建、运行及其发展改革历程的基础上,我们要立足国情,抓住重点,吸收真正对我国医疗保险制度改革有借鉴意义的经验。由此,本章提出了我国医保制度"适老化"改革的主要对策。

(一)更新老龄健康理念,发挥国家医疗保障预防为主、功能促进、健康管理等更积极主动的引导作用

面对全球人口老龄化挑战,2016年,世界卫生组织倡导新的"健康老龄化"定义,强调实现老年健康生活所需功能发挥的重要作用。党的十九大也强调坚持预防为主。为适应老龄健康的新定义和新工作方针,作为国民、老年人医疗服务的最大筹资机制,我国医疗保险制度要改变目前这种审核、报销的事后监管方式,逐步向健康管理、疾病预防、功能维持等前端转移。除门诊和住院服务外,医保基金承保范围应将预防保健、长期护理、慢病治疗、中医药特色医养结合服务等纳入。"适老化"改革的根本出路在于从医疗保险到健康保障的转变。在健康保障综合治理框架下,更好地发挥"以养节医""以护节医"的良性循环功效。否则,老龄化将使我国陷入医疗费用支出"无底洞"的巨大系统风险。我国在今后发展医疗保险事业过程中,也应将发展

重点逐步由疾病治疗转向疾病预防和健康促进,构建以老年人为对象的疾病预防和保健的医疗保险制度。例如,可以增加预防和保健知识的宣传与应用,协同卫健、民政和医保部门等多方力量,健全疾病预防体系,大力推进健康老龄化。

(二)建立相对独立的老年人医疗保险制度或制定专门的老年人医保政策

我国现阶段医疗保险制度内嵌于全民医保,平均保障水平难以满足老年人口对医疗服务的更高保障要求。据国际经验,提高老年医疗保障水平主要有两种方法,一是提高整个国家医疗保障水平,这需要大量的基金支出或财政投入。另一种是全民医保实现以后建立相对独立的老年人医疗保险制度。如参考美国 Medicare 制度,我国可以建立专门针对 65 岁以上老年人的医疗保障制度(申曙光和文曼,2014),包括门诊、住院、医疗护理以及康复等保障内容。结合我国国情,亦可参考日本经验,在整个医保制度内部设立一个相对独立的板块,专门针对老人的药品目录、诊疗目录和设施标准目录,使之更符合老年人疾病谱、治疗路径等。发达国家在建立专门针对老年人的医保制度过程中,都是通过立法或颁布政策的形式。我国建立相对独立的老年人医疗保险制度也必须从国家层面总体规划,通过立法给予支撑,明确各级政府的职责,有效降低老年人医疗费用保障不足的风险。

(三)构建适应老龄化挑战的多元筹资机制

从现行筹资方式来看,主要是国家财政和年轻一代职工的缴费,是典型的"权益累积型"医保筹资模式。目前,我国老年人的医疗保险费用主要来自基本医疗保险的统筹资金,约占 50%—60%。老年人缺乏对筹资的责任承担,可能导致医疗卫生服务资源的挤占和浪费,也会对医保基金的持续性和稳定性产生负面影响。随着人口老龄化逐年加重,老年医疗需求逐步提高,可以引入退休者缴费、财政补助等多元筹资渠道,同时鼓励一些企业集团和医疗机构等民间资本加入,并根据地区差异按不同比例强制符合条件的个人按社会保险形式定期缴纳保险费。依照国外经验,政府对老年医疗保障的补助比例定在 30%—40% 比较合适,如日本老年医疗保险制度由政府负担约 30%。美国 Medicare 的筹资模式也是"税收+个人缴费+财政补贴"。德国退休人员需要缴纳医疗保险费,本人负担50%,养老保险承保机构负担50%。新加坡的终身健保计划强调每个人的缴费责任,年龄越大,缴费越高。依据国际经验,我国也可以建立一个仅包含退休人员(65岁及以上)的医疗保险制度,让退休人员承担部分医疗保险的筹资责任,但缴费比率可以比城镇职工医疗保险稍低(景日泽等,2016)。为了过渡,可以采用"老人老办法、新人新办法"的方式。就此,老年医疗保险建立起"统筹基金＋政府补助＋个人缴费＋民间资本"的多元筹资模式,增强医疗保险基金的财务稳健性。

(四)推广对医保起互补作用的长期护理保险

在当前高龄化、失能化背景下,现有医疗保险制度在病后康复、护理等方面的保障严重缺失。长期护理保险虽已试点,但范围小,暂未推广。我国应尽快建立和完善能对医保起互补作用、以老人为主体的长期护理保险(宋全成和孙敬华,2020)。美国医疗补助保险和商业长期护理保险满足了老年人长期护理的需求。日本有专门的老年护理保险制度,将老年护理项目从医疗保险制度中独立出来。德国本着"长期护理保险跟从基本医疗保险"原则建立起了全民参保的长期护理保险。新加坡的长期护理保险也变成了强制参保,专门为失能老人和残疾老人提供照护保障。此外,还需完善长期护理保险与医疗保险的衔接机制,加强长期护理保险与医疗保险的政策协同。当老年人患急病重病需要治疗时,先由专业医疗机构救治,当病情稳定需要康复时则由护理机构进行康复训练和指导,满足老年人的康复和护理需求。

第 3 章
长期照护制度筹资开源与服务连接*

第 1 节 引 言

我国人口快速老龄化过程中存在较为突出的长寿"不健康"问题。据国家卫健委数据，失能和部分失能老人 2019 年 7 月底已超过 4000 万人。2030 年，我国失能老人将超过 7700 万人，并经历 7.44 年的失能期（Li et al.，2021）。失能老人最需要的是长期照护服务。而随着家庭结构变化和更多女性就业，老年人所能获得的家庭照护不断减少；市场机构提供照护服务的费用又较为高昂，没有劳动收入的失能老人普遍难以支付。我国已较好地解决了老年人的养老金、医保问题，继而构建一个筹资稳健、连接照护服务并供给顺畅的老年人长期照护制度已是迫在眉睫。

针对筹资问题，2011 年出台的《社会养老服务体系建设规划（2011—2015 年）》提出，有条件的地区可以探索实施老年护理补贴、护理保险制度。2016 年 3 月通过的《中华人民共和国国民经济和社会发展第十三个五年规划纲要》（简称《"十三五"规划》）明确提出"探索建立长期护理保险制度，开展长期护理保险试点"，并于 2016 年将 15 个城市作为试点。同年 6 月，《民政事业发展第十三个五年规划》（简称《民政"十三五"规划》）提出要"创新投融资机制，探索建立长期照护保障体系"。2019 年 9 月又在《关于进一步扩大养老服务供给，促进养老服务消费的实施意见》中进一步提出，要"推动建立保险、福利和救助相衔接的长期照护保障制度"。可见，我国长期照护的筹资办法逐步从补贴模式发展到保险模式，再到范围更广的保障模式，在不断地"开源"。这主要是因为当前我国社会保险制度面临着"降费"压力，新建一项需要额外筹资的护理保险制度较为困难（侯晓娜和穆怀中，2019）。受此制约，我国长期

---

* 原文发表于《中国卫生政策研究》2022 年第 5 期。此处略有修改。

照护需要寻求其他更多的筹资来源。

在绝大多数未试点城市，老人往往难以获得照护服务。而在长期照护试点实践中，筹资与服务之间也存在较多"脱节"，未能顺畅有效衔接。当前试点的长护险支付方式大多为报销照护费用，较少直接提供服务，并且还存在照护服务基础设施区域差异大、管理失当、服务缺失、满意度低等问题，给照护服务传递到老年人增加了多种障碍。此外，长护险的支付大多按每日上限、定额或按项目对失能老人在指定机构进行的照护服务消费给予一部分报销（王庆和于保荣，2021）。相比日益增长的照护需求和支出来说，实际报销水平较低（郑伟等，2020）。

在我国失能老人照护需求日渐急切的背景下，长期照护的筹资来源、匹配连接照护服务、增拓服务供给路径是构建我国长期照护制度须破解的主要难题。现有研究大多集中于对长期照护体系内某一部分的研究，如长期护理保险、医养结合、居家照护、待遇给付等，或对国际经验、试点城市经验进行总结和借鉴。这些研究大有裨益，但缺乏对我国长期照护筹资开源及其连接服务供给的整体设计。本章将探讨如何整合并利用现有的养老金、医保、福利救助等养老保障资金来源，以及如何连接并提升照护服务供给能力与通道，从而破解当下筹资匮乏、与服务割裂、供给单一等困境，实现长期照护的制度闭环。

第 2 节　我国长期照护的筹资"开源"

（一）我国长期照护的筹资来源

国际通用的"长期护理"（long-term care）概念源于 2000 年世界卫生组织。欧美、日本等发达国家较早建立了长期护理保险制度，主要有制度型保险与补缺型保险，分别以全体国民和少部分弱势群体为保障对象（张瑞，2012）。根据筹资来源的不同，又可分为以税收为基础的福利模式、以个人缴费为主的长期照护商业保险模式以及由企业缴费形成的社会保险模式（赵曼和韩丽，2015）。在我国，"长期护理"逐渐被"长期照护"取代，体现了扩张化、综合化的背后逻辑。

我国对老年人的失能照护支持可溯至中华人民共和国成立初期就开始

实施的"五保"制度。该制度对供养的"五保"老人确保其中的"生活不能自理者有人照料"。半个多世纪以来,一部分失能老人可由社会救助中的特困救助、临时救助给予支持,或在养老院、福利院等公办机构中集中照顾。而绝大多数不属于民政"兜底"对象的失能老人则主要依靠家庭照护,如配偶、子女等,资金来源于家庭内部。随着老龄化加深,失能老人规模化,《"十三五"规划》提出,要"探索建立长期护理保险制度,开展长期护理保险试点"。由于我国整个社会保险制度正面临"降费"压力,新建一项需要额外筹资的照护保险制度短期内是比较困难的(侯晓娜和穆怀中,2019)。《民政"十三五"规划》又提出要"创新投融资机制,探索建立长期照护保障体系"。2019年9月又在《关于进一步扩大养老服务供给,促进养老服务消费的实施意见》中进一步明确提出,要"推动建立保险、福利和救助相衔接的长期照护保障制度"。对于"长期照护保障制度",可理解为包含保险、福利、救助等多元化的可用资金来源,而非仅限于长期护理保险。

(二)长期照护筹资"开源"及其困阻

我国长护险已在49个城市试点,没有正式、稳健可靠的财源,无疑会影响该制度的持续健康运行,也难以推广至全国。从长期照护保险到长期照护保障,抛出了如何筹资"开源"与整合资金资源的问题。相比新建一项"第六险",整合利用已有的养老资金资源会是一个更明智、更切实际的出路。除了长护险的独立筹资模式,长期照护还可以从现有的老年社会保障体系中汲取资金,包括基本养老保险、基本医疗保险、社会救助、社会福利等。

(1)专门独立的长期护理保险。这是照护资金筹资的理想来源。从筹资渠道来看,与其他社会保险项目一致,由个人、单位、政府等多主体筹资。目前,我国仅有少部分试点地区真正实现了由个人筹资,但均不超过50元每年,额度总体都不高。此外,实施了单位缴费的仅有上海市、宁波市、上饶市等地。环顾国外的长期护理保险,大部分国家的筹资都是通过税收和现金支付完成的,其余则来自传统的社会保障体系,如日本、德国等国家(Eling and Ghavibazoo,2019)。应按照权利义务对等、社会互助共济、各方责任共担的原则,合理规划个人、家庭、政府、社会等多方筹资主体的责任,保证制度未来长期可持续。

(2)从医保基金中划拨。在《关于开展长期护理保险制度试点的指导意见》中提到,试点阶段,可通过优化职工医保统账结构、划转职工医保统筹基金结余、调剂职工医保费率等途径筹集资金,即照护资金挂靠医保基金。医保基金具有普遍、稳定的资金来源,暂由医保基金支付有助于试点中的长护险稳定壮大。此做法还可以间接弥补社会保障体系中的两个漏洞:缺乏特定的残疾覆盖范围和物资覆盖范围,可以使健康状况需要持续医疗或非医疗性质护理的人获得更满意的服务(Gruat and Chuan,2021)。2022年,我国医保基金累计结余4.3万亿元,从医保基金中划出一部分资金用于长期照护,可以发挥"以护节医"的作用,节省医保资金和医疗资源。但也有研究认为,挂靠医保模式并非长久之计,不利于医保基金的安全和可持续发展,使用过程中需小心谨慎(田勇,2020)。2030年,长期护理保险的缴费率将达3.59%,2050年缴费率更将达到8.61%,负担会越来越重(曹信邦和陈强,2014)。能否继续从医保基金中划拨照护资金、划拨多少还需经过精准的测算和评估。

(3)从养老基金结余中划拨。长期照护处在起步阶段,从养老基金中划拨一部分用于支付照护费用有其依据,都是为了老人们更好地养老。养老本身就包括照护的内容在内。研究表明,养老金与照护资金都可以发挥"节医"的效果,且尽早介入更具效率(阳义南等,2019)。唐钧也建议可以"从老年人每月的增量退休金中平均划拨100元建立长期护理基金,届时老人每月可拿到3000元左右的护理资金"①。也有学者提出可以在不增加企业负担和额外缴费的前提下,从城镇企业职工开始试点,划转一定比例的基本养老保险基金(孙洁,2017)。2020年,我国城镇职工基本养老金平均每月为3350元,城乡居民基本养老金平均每月仅为174元。② 作为绝大多数老年人的主要生活来源,养老金除了用于维持老年人的衣食住行外,还要用于社交、代际转移支出以及一部分医疗费用支出等(何文炯,2017)。总体上,大多数老年人的养老金收入并不足以支付包括护理项目的入住机构费用,尤其是城乡居民老人。目前,长护险试点地区尚未有从养老金中划拨照护资金的范例。对于一些养老金结余比较充足的省市,可以划拨部分养老基金结余支付照护费用,或从每月支付的养老金中划出一定金额购买长期照护服务。

(4)社会救助、社会福利也可以负担一部分照护资金的筹资。社会救助有针对特困失能老人的特困人员救助和残疾人群享有的"困难残疾人生活补

---

① 资料来源:https://health.huanqiu.com/article/9CaKrnJXaJq。
② 数据来源:《2020年人力资源和社会保障事业发展统计公报》。

贴""重度残疾人护理补贴"等(胡宏伟和蒋浩琛,2020)。目前,我国老年社会福利主要包括高龄津贴、护理补贴、养老服务补贴三类项目,但覆盖面仅限于少数重点老年人群,补贴发放种类有限且保障水平较低。根据民政部《进一步扩大养老服务供给,促进养老服务消费的实施意见》,建议整合各地财政支付的高龄津贴、护理补贴、养老服务补贴等,集中补贴低收入老年人的长期照护费用,并针对其急需购买、租用的康复器具需求发放相应补贴。此外,也可考虑通过彩票公益金等途径筹资。2021年,民政部会同财政部安排中央专项彩票公益金11亿元支持部分地区为符合条件的经济困难失能、部分失能老人建设家庭养老床位和提供居家养老上门服务,持续推动居家、社区基本养老服务向纵深发展。

值得指出的是,上述各路保障资金目前分属于不同的部门管理。长期护理保险有的地区试点方案由民政部门主导,有的由卫生部门主导,还有的由医保部门主导(孙洁,2016)。而养老保险由人力资源和社会保障部门负责,医疗保险由国家医疗保障局负责,社会福利与社会救助由民政部负责。这种"各吹各号"的管理模式客观加大了资金资源的整合和管理难度,导致现有各项长期照护资金分散,在政策合力与照护效果上大打折扣,在内部衔接耦合的体制机制、经办流程、业务办法等方面也未理顺。

第3节 长期照护保障如何连接照护服务

长期照护制度包括长期照护的筹资与服务,二者都围绕解决老年人失能的照护问题,属于目标、理念和导向都相近的同一政策群。关于长期照护保障如何衔接照护服务,现有文件中的表述较少,且较为模糊。仅有民政部文件《关于进一步扩大养老服务供给,促进养老服务消费的实施意见》中表示要"加强长期护理保险制度与长期照护体系有机衔接。积极引导发挥社会救助、社会福利、慈善事业、商业保险等的有益补充作用"等,但目前尚未明确衔接的原则、方式等政策依据,也缺乏足够和完整的衔接案例,难以进行实践和理论研究。这在较大程度上致使照护服务处于一个为人所需却又难以为人所用,可用却又不能满足老人多样化需求的困窘境地,难以实现老年照护服务作用的最大化。

目前,照护资金支持连接照护服务主要有两种补偿方式,即补需方或补供方。除了直接给老年人发放现金补贴其支付的费用外,还可以通过对照护方进行财政补贴、税收优惠、购买服务等手段为老年人直接提供服务。财税补助如《关于养老、托育、家政等社区家庭服务业税费优惠政策的公告》明确表示,从2019年6月1日到2025年底,对社区养老服务的收入免征增值税,并减按90%计入所得税应纳税所得额,免征6项行政事业性收费。有学者在长护险制度下对比了现金与服务两种给付方式,认为服务补贴更能充分发挥绩效,与制度的设立初衷更契合(周延和吴俊谊,2018)。给供方服务补贴也许会成为未来长期照护保障制度的发展趋势。

在长期照护筹资"开源"之后,形成养老金、医保结余、社会救助、社会福利等多种资金来源。这些资金具体如何用于老年人的照护服务,完善照护服务供给的传递路径,是一个需要解决的后续问题。可以通过以下方式"辟路":

(1)发放失能津贴。对老年人进行现金补贴是长期照护的最直接形式,便于老年人灵活选择并购买适合的照护服务。目前,我国北京、重庆、黑龙江、西藏等地即采取现金给付的形式给予照护补贴,金额根据失能程度、家庭条件不等。有学者指出,现金给付不利于培育长期照护服务资源,对失能老人生活质量提升的作用十分有限(万谊娜和考亦娜,2021)。故更应重视确保这些资金真正获得服务,搭好津贴与服务有效兑换以及给付的桥梁,防止被用于其他用途,从而更好地实现补助失能的目的。如佛山市南海区向老年人提供养老服务消费额度,而非支付现金,老年人可自行到服务机构或网购平台选择所需服务。津贴补助也可经资格审查,面向已消费照护服务的人群发放,如杭州市在评估个人条件后,发放给在社会办养老机构(含公建民营)或居家养老服务机构中进行全托服务的老年人的"机构护理补贴",本质上相当于定额报销制度。

(2)嵌入养老服务。目前,我国主要有居家养老、社区养老、机构养老三种养老模式,如上海推行的"9073"养老模式,即90%的老年人在社会化服务协助下通过家庭照料养老,7%的老年人通过社区照顾服务养老,3%的老年人入住养老服务机构集中养老模式。

在传统孝道的大环境下,老年人通过居家照护养老仍占主流,但专业化的居家照护尚处于起步阶段,照护费用多由长期护理保险基金支付,如上海支付水平为90%,吉林为70%—80%。需考虑将家庭照护服务纳入支出范畴,对家庭照顾者给予适当的财政补贴,探索"兼职护工""互联网+护理服务"等供给形式;同时激活社区日间照料中心,构建居家养老服务供应链,为老年人提供助餐、助洁、助医、助行等社区服务,如广州市、惠州市采取社会办医疗机构负责社区护理站建设运营模式,以遵医嘱的"上门护理"服务为主;鼓励有资质的养老服务机构将专业照护服务延伸到老年人家中,建设家庭养老床位,并纳入机构日常管理,如深圳市发布《深圳市家庭病床管理办法》,将家庭病床服务医疗费用纳入医保统筹基金的支付范围,只在建床时收取100元建床费,不需计算每日床位费,每次上门服务收取77元巡诊费,其余服务项目"发生多少算多少",按承办机构对应的收费标准收取;在财政资金使用方向上要对人力资源进行倾斜,同时要对居家养老的上门服务人员进行倾斜(张文娟和李念,2020),如德国向照顾者或照护服务的享受者提供现金津贴和保险优惠,日本为非正式照护者提供老年家庭照护津贴,美国向家庭照护者提供医疗救助、公共住房和食品券等社会福利。

机构养老的照护服务递送机制较为复杂,需要经办机构高效负责,实行"政府主导、政商合作"等有效模式,评估机构专业科学,建立统一的失能评估标准体系和护理服务标准体系,服务机构优质人性化,三类机构相互配合,发挥关键作用(郑伟等,2020)。目前,在筹资与服务的衔接方面,主要体现为对养老机构提供照护服务的津贴激励,如广州市根据《广州市民办养老机构资助办法》对收住失能老人的民办养老机构,按失能程度进行人头补贴,并对新增床位每张补贴10000—15000元。有学者研究发现,财政补贴明显提高了民办养老照护机构入住率,其中,按床位补贴以及按"床位+服务量"补贴模式对提高民办养老照护机构入住率的作用最为显著(朱凤梅,2019)。但同时,在资金使用上要尽量避免用大量的财政资金实际补贴养老院、床位,而缺乏对人头的补贴,比如对护工补贴较少。否则可能导致产生像"社会化住院"的问题,为了套取补贴,老年人采取虚假机构养老方式,真正的照护需求可能被忽略。如浙江省2013年设立临床护理津贴,根据工作年限计发,不仅有效地调整了护理性项目价格标准,同时产生了工作激励作用。

(3) 融入医养结合。如何将照护服务融入医养结合也是一个值得关注的问题。将机构照护、居家照护与社区照护的服务内容与医疗资源整合,如积极扶持建立"医养结合"型照护机构,充分考虑居家老人从医院回归社区居住的过渡性护理需求。但在具体实践过程中有许多注意事项。首先,应厘清"医养结合"概念和照护服务的定位。医养结合中的"医"是医疗救治,"养"更多就是照护服务。医养结合即医疗与照护相结合,选择机构养老的失能老人可以入住带有医疗救治功能的养老机构。其概念大于长期照护,医养结合针对普遍的老年人,而长期照护则侧重于失能老人。医养结合的工作重心是健康管理+急性医疗;长期照护的工作重心则是慢病管理+康复护理,是残余功能的维持维护(乌丹星,2017)。其次,为提高医疗效率,从急症医疗中慢慢分离出中长期护理服务需求。这也是国外提出长期照护概念和服务产品的依据。养老、医疗和照护拥有内在耦合性,是一个连贯的整体,其中,养老是常态需求,照护是刚性需求,医疗是保障支持。

第4节 结论与政策建议

我国正实施积极应对人口老龄化国家战略,努力打造"老有颐养"的幸福社会。基于我国长期照护制度现状和国外经验,构建制度化的老年人综合照护体系,是未来养老事业的发展重点。构建居家社区机构相协调、资金服务相衔接的长期照护制度,离不开养老保险、医疗保险、护理保险以及社会福利、社会救助等老年社会保障。而实现资金资源整合以及相关政策衔接则是解决失能老人照护问题的保障和基础。目前,我国尚需打通长期照护体系内部衔接的堵点,完善配套政策,为失能老人拥有"可得、共享、优质"的照护服务创造条件。

第一,探索更多的长期照护筹资渠道。长期护理保险的待遇标准不能过高,要给商业保险等留出发展空间。《国务院关于加快发展现代保险服务业的若干意见》(也称保险业"新国十条")中明确提出"把商业保险建成社会保障体系的重要支柱",并在《关于金融支持养老服务业加快发展的指导意见》中强调"优化保险资金使用"。商业护理保险要抓住国家提倡补充性保险的机会,与社会长护险协调共同发展,更多发挥补充作用。此外,还可以发挥慈善公益、扶贫专项资金的作用,将老人照护嵌入我国其他经济社会政策之中。例如,可将农村老年人长期照护的资金筹措作为国家乡村振兴战略推进过程中着重解决的问题。

第二,分层错位保障照护对象群体。我国老年人群体数量多、差异大,对经济状况不同的老年人,可采取不同的覆盖方式。如将经济状况较差的"特困""低保""五保"等老年群体,纳入救助供养制度等,给予照护补贴,此为"兜底层";占比最多的中等收入水平人群则为"主体层",可通过最普遍的长护险获取服务支持;对高收入者,则提倡参加照护保障程度更高、选择更多样化的商业护理保险,作为"补充层"。

第三,科学界定照护对象选择标准、评估标准等。目前,我国长护险试点城市的失能评级量表存在过于简单、缺乏科学性、复评间隔不合理等问题(周四娟和原彰,2021),难以精准界定保障人群范围,容易造成资源错配、浪费以及供不应求的问题,会增加额外的政策成本。如果将实施范围扩大到所有需要生活照料的群体,可能导致泛福利化,导致在制度诱导下产生照料需求(高庆波,2019)。制定合理的评估标准,可以有效消除"寻租"现象。除了老人照护需求评估外,此类评估还包含服务资源的可及性及性价比评估,服务周期、服务预期效果、照护资源投入产出评估等(乌丹星,2017)。

第二部分
老 年 服 务

导读

我国在很长一段时期内,对养老的理解仅限于经济保障的支持,基本不涉及服务、产品等其他方面。然而,仅有经济收入上的支持是不够的,老年人的生活质量最终取决于用这些经济收入所能购买到的养老服务和产品的数量及质量。按经济学理论,市场经济是生产商品的有效机制。商品又包括有形的物品和无形的服务。老年服务或养老服务,是由劳动、土地、资本等生产要素协作生产出来的无形的产品,进入市场交易就成为一种商品。当然,除了从市场购买的作为商品的养老产品与服务,享受基本养老服务也是老年人的权利,政府有提供基本养老服务和产品的职责。相应地,养老服务中有一部分属于公共品的供给范畴。

2005年,国务院文件第一次将"养老服务"视为一个业态来部署安排。2006年,"养老服务"第一次纳入《中共中央关于制定国民经济和社会发展第十一个五年规划的建议》(简称《"十一五"规划》);《国务院办公厅转发全国老龄委办公室和发展改革委等部门关于加快发展养老服务业意见的通知》第一次界定"养老服务业"的内涵外延,指出"养老服务业是为老年人提供生活照顾和护理服务,满足老年人特殊生活需求的服务行业"。2006年,第二次全国老龄工作会议提出建立"以居家养老为基础、社区服务为依托、机构养老为补充"的中国特色养老服务体系。2009年,民政部、国家发改委、全国老龄办在重庆、江苏、湖北、甘肃和黑龙江五个省市启动了基本养老服务建设试点工作,2010年将试点省市范围扩大至北京、上海、浙江、安徽、江西、内蒙古等省市。"十三五"期间,养老服务建设备受重视,资金保障更加有力,中央预算内投资养老服务体系建设超过134亿元,主要支持特困人员供养服务机构建设与设施改造升级;同时,投入50亿元用于支持城乡居家、社区养老服务改革,共有203个地区列入试点。

以"养老服务"为关键词检索"北大法宝"数据库,共获取192条相关政策。中央法规中,行政法规9条,部门规章182条,党内法规制度1条。养老服务政策的发布数量,第一个峰值在"十二五"期间(2011—2015年);第二个峰值出现在"十三五"期间(2016—2020年);第三个峰值出现在"十四五"期间(2021—2025年)。目前,我国的养老服务政策及养老服务体系主要包括以下几类:

(一)机构养老服务

机构养老服务在养老产业中占重要地位,不仅可以减轻小型化家庭中子女的照护负担,还可以使养老资源得到有效利用,并丰富老年人精神文化生活。我国机构养老服务法制方面的建设始于1996年《中华人民共和国老年人权益保障法》的颁发。该法于2009年、2012年、2015年和2018年相继进行了四次修订或修正,是鼓励、规范养老机构发展的基本法。该法第5条规定:"国家建立和完善以居家为基础、社区为依托、机构为支撑的社会养老服务体系",指出了机构养老所发挥的支撑作用。从服务的内容来看,我国机构老年服务可以分为养老服务与医疗健康服务。

截至2021年末,全国共有各类养老服务机构和设施35.8万个,养老服务床位815.9万张。其中,全国共有注册登记的养老机构4.0万个,比上年增长4.7%;床位503.6万张,比上年增长3.1%;社区养老服务机构和设施31.8万个,共有床位312.3万张。这一系列数据表明,我国养老服务体系不断完善、服务能力显著提升、保障措施持续加强、养老产业蓬勃发展。

(二)社区居家养老服务

2000年,中共中央、国务院公布了《关于加强老龄工作的决定》,提出要"建立以家庭养老为基础、社区服务为依托、社会养老为补充的养老机制",是我国之后出台居家养老政策的重要依据。2008年,全国老龄办、国家发改委、教育部、民政部等部门联合下发了《关于全面推进居家养老服务工作的意见》。在这一政策文件的推动下,我国社会养老服务体系发展迅速:一是国家以社区服务为基础,开展了强有力的社区养老服务建设工作;二是福利社会化和养老服务业的发展,促进了不同类型的机构养老服务的完善;三是国家建立社会养老服务体系的思路更加清晰,出台了专门的居家养老服务政策,为我国居家养老服务事业的发展做出了极大贡献。截至2019年底,我国共有社区养老照料机构和设施6.4万个,较"十二五"末增加2.9万个;社区互助型养老机构10.1万个,较"十二五"末增加2.5万个;社区养老床位336.2万张,较"十二五"末增加13.3万张。截至2021年末,在全国城乡社区获得健康管理服务的65周岁及以上老年人达到11941.2万人。

(三)医养结合

医养结合是指将现有的医疗卫生资源与养老资源充分整合,以政府为主导、社会力量为补充,为老年人提供健康管理、巡诊体检、家庭病床、社区护理、急诊急救、中医药养生保健等服务,满足老年人的健康养老服务需求。医养结合的独特优势在于将老年人的医疗和养老需求进行无缝结合,通过医疗机构和养老机构活动的相互融合,实现对老年人全方位、全过程的照护。我国医养结合最早进入政府战略部署是在2013年9月,国务院先后印发了《关于加快发展养老服务业的若干意见》和《关于促进健康服务业发展的若干意见》,开始提出要推动医疗卫生与养老服务相结合,推动医养融合发展。在此之前,不少地区已经开始了探索,最早起源于2002年的青岛市。

截至2021年末,全国共有两证齐全(具备医疗卫生机构资质,并进行养老机构备案)的医养结合机构6492家,比上年增长10.8%,机构床位总数为175万张,比上年增长10.4%;医疗卫生机构与养老服务机构建立签约合作关系达7.87万对,比上年增长9.3%。

(四)老年精神文化服务

随着我国社会保障制度的逐步完善与老年人经济自养能力的提高,老年人在养老的物质需求方面更易得到满足。我国老龄化进程与城镇化、家庭小型化和空巢化几乎同步,流动老年人和留守老年人数量不断增加。老年人面对身体衰老和社会关系的变化,容易产生焦虑、抑郁和孤独等不良情绪。作为社会中的独立个体,老年人的精神需求不能被忽视。精神保障的缺失从个体微观层面看不利于老年人生命质量的提高,从宏观社会层面看也不利于积极老龄化的实现与社会稳定。老年人的精神需求是归属、关爱、尊重和自我实现需要的结合体,对其提供政策保障是满足老年人精神需求的基础,符合保障人权和正义价值观的本质要求,可以促进老年人权益保护。因此,我们要在实现老有所养的基础上关注老年人的精神要求,实现老年人的老有所乐、老有所为。

第一,社会关怀。中华民族有孝老爱亲、尊老敬老的传统美德。近年来,我国高度重视老年人精神保障问题,出台了一系列政策来保障老年人精神健康。2016年10月,中共中央、国务院印发《"健康中国2030"规划纲要》明确提出,推动开展老年心理健康与关怀服务,加强对认知障碍等的有效干预。2017年2月,国务院印发的《"十三五"国家老龄事业发展和养老体系建设规划》提出,健全老年人精神关爱、心理疏导、危机干预服务网络,丰富老年人精神文化生活、繁荣老年文化等。

第二,机构社区关怀。2020年11月施行的《养老机构管理办法》规定,养老机构应当根据需要为老年人提供情绪疏导、心理咨询、危机干预等精神慰藉服务。当前,我国大部分老人选择居家养老,社区是提供老年精神保障服务的基础平台,需要大力建设。从法律上看,2018年修正的《老年人权益保障法》要求为居家的老年人提供精神慰藉、心理咨询等多种形式的服务。2019年4月,卫健委印发《关于实施老年人心理关爱项目的通知》,明确2019—2020年在全国选取1600个城市社区、320个农村行政区开展工作,增强老年人自我保健、自我防卫、自我调适的能力,提高老年人的心理健康水平。

第三,教育文化。我国老年教育稳步推进。截至2021年末,全国已成立28个省级社区教育指导中心、280多个地市级社区教育指导中心、1457个县(市、区)级社区教育学院;建成国家级社区教育实验区、示范区各120多个,省级社区教育实验区、示范区750多个,省级老年开放大学及老年教育专门机构30所;老年教育学习点在216个市(地),689个县(市、区),4856个乡镇(街道),26698个村(社区)落地;退役军人事务部推动在北京市、上海市等6地成立首批军休老年大学。

老年人文体活动加快发展,支持公共图书馆、文化馆、美术馆面向包括老年人在内的社会公众免费开放。截至2021年末,全国共有公共图书馆3215个;群众文化机构43531个,其中,乡镇综合文化站32524个。全国群众文化机构共有馆办文艺团体9533个,由文化馆(站)指导的群众业余文艺团体45.49万个,馆办老年大学670个。2021年,国家体育总局印发《公共体育场馆基本公共服务规范》,支持公共体育场馆向老年人群体提供便利服务;指导、推动各方力量组织开展适合老年人参与的健身赛事活动,加强对老年人的科学健身指导,在重阳节开展"九九重阳"全国老年人体育健身展示、交流、指导、培训等活动。

本部分重点讨论了作为老年人主要经济来源的社会保障给付或补偿如何支持衔接老年人的养老服务消费,以实现和满足老年人养老需求,特别是老年人对养老服务和医疗服务的并发需求,即医养结合服务,包括社区居家养老模式下的医养结合和机构养老模式下的医养结合。

本部分主要将养老服务和产品视为一种商品。因为国家财政只负责提供基本养老服务或民政"兜底"对象的养老服务,而绝大多数老人的绝大部分养老服务和产品的需求的满足都要依靠市场来提供,从市场上购买,受市场机制的调节,受价格信号机制的引导。本部分主要讨论社区养老服务购买者有多少,愿意去机构养老的老年人占多大比例,从而为社区养老服务、机构养老服务发展提供基本的统计结果。

本部分并不直接讨论养老服务或产品的供给或生产问题,这属于供给侧结构性改革的范畴。一般而言,养老社会保障并不与养老服务或产品的生产或供给产生直接联系,而是通过支持或保障老年人的养老需求,实现养老消费及支出,从而牵引或创新养老服务和产品及科技,进而影响供给侧的养老产业。

第 4 章
社区居家医养结合的社会保障支持衔接*

养老最大的支出是医疗护理费用,最多的医疗护理支出来自老年人。中国有大量高龄、失能、失独、空巢、患慢病等老人。对处于慢病期、恢复期、残障和终末期老年人,养老服务与医疗服务一体化是必需的。在我国养老事业和养老服务发展过程中,我们逐渐认识到,养老的核心和归宿是健康,让老年人健康地活着,活得更健康长寿。现实中,医疗服务与养老服务脱节,无法满足老年人对养老与医疗服务的并发需求。医疗与养老相结合可以有效满足老年人健康养老的需求,弥合医疗保障与养老保障之间的断裂。医养结合打通了健康养老的"最后一里",成为老有所养、老有所医的重要支撑。

2013年《国务院关于加快发展养老服务业的若干意见》和2016年《"健康中国2030"规划纲要》都提出,要建立以居家为基础、社区为依托、机构为支撑、医养相结合的养老服务体系。《中华人民共和国国民经济和社会发展第十四个五年规划和2035年远景目标纲要》(简称《"十四五"规划》)也提出要构建"居家社区机构相协调、医养康养相结合的养老服务体系"。于是,医养结合成为积极应对人口老龄化、实现健康中国和健康老龄化等国家战略的重要支撑。高质量医养结合服务是我国建设和发展养老服务体系的重中之重。

2020年,国家卫生健康委发布的《关于全面推进社区医院建设工作的通知》进一步指出,社区可成为医养结合的主阵地。目前,社区医养结合的主要形式包括社区在提供生活照料、医疗保健、精神慰藉、文化娱乐等服务外,或通过与卫生院、卫生服务中心签订协议,或设立卫生服务站、卫生室,为社区内老人提供护理、康复和医疗服务。2020年,国家卫生健康委办公厅、国家中医药管理局办公室发布的《关于加强老年人居家医疗服务工作的通知》指出,居家医疗服务包括医疗机构通过家庭病床、上门巡诊、家庭医生签约,以及医

---

* 原文内容发表于《人口与健康》2023年第5期、《贵州民族大学学报》2023年第6期。

联体、"互联网＋医疗健康"和"远程医疗"等方式提供的医疗服务。

第1节 发展医养结合的重点在城市基层社区

我国老年人的生活空间布局是典型的"金字塔"结构。绝大多数老年人都生活在家庭和社区。居家和社区养老更符合中国人的传统文化习俗和生活习惯,是我国大部分老年人乐于采取的养老方式。早在"十二五"期间,国家就提出了"9073"的养老模式,构筑了"机构—社区—居家"养老格局。无论是从服务的可及性和便利性,还是从服务的受益面来看,都应该将医养结合的重点置于社区居家层面。医养结合模式的探索发展也应在该平台格局的基础上展开。以居家为主、依托社区的医养结合服务应成为老年人主要的养老模式。

社区居家养老引入医疗、护理相关服务,能给老年人更多的归属感,降低"医养结合"养老服务的成本,有效缓解家庭养老功能减弱、机构养老供给不足的困境。建设社区医院,提供家庭医生上门服务,是我国卫生医疗体制改革的要求,应推行分级诊疗,最终实现"小病在社区、大病进医院、康复回社区"。2021年,全国39817家养老机构共有养老床位501.6万张,其中护理型床位不足50%,收住失能、半失能老人不足300万人。这意味着超过3000万失能、半失能老人是在社区居家养老。① 社区居家医养结合服务的优势在于重预防、节约成本,不仅能满足自理老人的预防疾病、健康管理和"小病治疗"需求,也可以满足自理老人"大病"治疗后的康复需求,还能够满足失能、半失能老人的健康管理和康复照料需求,从而最大限度地满足老人连续性的养护医需求。

可知,医养结合的主阵地不在医院,而在社区、家庭。2020年,国家卫生健康委发布的《关于全面推进社区医院建设工作的通知》进一步指引社区成为医养结合的主阵地。由此,社区居家医养结合服务成为我国城市基层医养结合发展的重心。综上,笔者认为,城市基层医养结合主要是指在社区层面整合医疗资源与养老资源,以社区居家型医养结合服务为主体,为城市基层社区的老人提供健康管理、疾病治疗、康复护理、生活照料等专业化服务,实

---

① 数据来源:《2021年民政事业发展统计公报》。

现医养服务的无缝对接。其中,城市基层医疗、养老资源配置的基本逻辑应当是围绕老年人医养需求,触角向家庭延伸,让城市老年人够得着、用得上,在社区、家庭打造综合医养结合服务,使医疗资源和养老资源进社区、进家庭。

第2节 社区居家医养结合存在的主要问题

基层"医养结合"难在"怎么结合"。理论上,基层社区的医养结合养老服务究竟是什么、做什么以及怎么做,依然存在很多模糊不清的问题,不利于医养结合养老服务的全面落实。实践中,城市基层虽然实现了较高的"医养结合"覆盖率,但依然普遍存在"重机构医养结合、轻社区医养结合"、社区医养"流于形式"等痛点,在运行过程中也面临筹资渠道单一、人员结构不合理、服务机构设施不足、服务内容单一等政府和机构层面上的难点,不利于医养资源的有效配置,也偏离了医养结合体系建设的初衷。而在农村,"村卫生室+农村幸福院+居家服务"等形式的医养结合服务还很不健全,广大农村老年人很难得到较高质量的医养结合服务。

目前,在社区居家医养结合服务所面临的诸多难点中,排首位的是医养结合服务的筹资问题。显而易见,社区居家医养结合服务的持续运行需要资金筹集及合理配置。稳健的资金保障是老年人享受医养结合服务的物质基础。

在政府层面,一是社区居家医养结合方面的筹资尚未制度化,绝大多数地区的经费依靠政府财政拨款或社区自筹,基层卫生中心和社区养老服务机构投入占比很小。随着老年人口增多,社区老人需求日益增大,加重了经费压力。仅仅依靠政府投入这种单一筹资模式,难以满足社区居家老人日益增加的医疗、护理、养老需求,存在较大缺口。二是政策模糊。社区居家医养结合模式中的服务主体、服务内容、服务模式、服务对象的界定,以及合作机制、筹资支付、服务质量监督等核心内容依然模糊不清,操作程序尚未明确界定。政策的模糊性导致实践中工作部门迥然不同的操作逻辑,致使政策执行具有随意性与盲从性,普遍缺乏清晰的"顶层设计"。三是管理机构协同不足。城市基层医养结合服务的运行需要民政、卫健、医保等多部门相互配合。然而,我国行政管理部门的科层组织结构决定了不同部门的管辖范围、管理内容、管理目标等各不相同,依照的政策和标准也不统一,出现了"各管一摊"或"八龙治水"的情况,极易引发不衔接、不一致。四是部门监管不力。缺乏完善的监督机制是目前制约基层医养结合养老服务发展的主要因素。

在社会保障制度层面,主要表现为当前社会保障各项目尚未充分支持对接"医养结合"服务。我国现在的社会保障制度大体仍采用对准"机构"的管理模式,更多是以医疗机构、养老机构、福利救助慈善机构等为管理对象,而以社区居家为空间节点的制度安排先天不足、缺乏对接。当前的医疗保险只报销在定点医院或定点"医养结合"机构的医药及住院费用。家庭医生上门服务费用结算难,每次需到机构结算费用,延长了服务周期,导致上门服务不便利。非定点医疗机构提供上门医疗服务无法使用医保报销,老年人购买的积极性不高。医疗保险仍只是局限于事后的报销审核,无法引导并支持具有疾病预防、健康促进或维护作用的"医养结合"服务。在老龄化日益加深,老年医药、护理费用占大头且快速增长的背景下,必须考虑如何使医疗保险对接越来越需要的基于社区居家的医养结合服务。目前,我国的长期护理保险制度仍在试点阶段,覆盖面有限,还没有形成普遍适用的有效经验与做法,也基本未覆盖社区居家老年人的护理费。可见,制度化筹资问题已成为目前我国大力发展社区居家医养结合服务的主要痛点,急需社会保险、社会救助、社会福利等经济保障体系的支持衔接。

在机构层面,一是专业人员缺口大。基层医、养、护人员群体的人才质量、业务能力、资质准入、职业认同、晋升空间、待遇保障等,是影响制度深入推进的关键因素。激励不足致使基层医养机构专业医护人员和高质量医、养、护人员短缺,进而导致社区居家医养结合服务内容有限、服务质量不高等。二是服务机构、服务设施不足。很多基层养老机构由于设施条件简陋、从业人员缺乏、服务能力较低,老年人不愿意入住。近年来,政府对基层医疗卫生机构的投入虽然有所增加,但投入标准偏低,基层医养服务机构依然存在数量少、规模小和服务水平低等问题。同时也忽视了基层医疗卫生机构设施设备以及其他配套机制的建设,存在医疗养老服务设施陈旧的问题。三是服务内容较单一,缺乏特色服务。社区老人对社区居家医养结合服务的需求主要体现在医疗护理、身体康复、心理咨询、文体娱乐方面,而目前医养结合服务大多仅提供基本医疗和养老服务,尚未能满足城市基层老人的多样化需求。

在老人层面,一是支付能力不足。对于绝大多数社区居家老人,养老金只能满足日常基本生活需要。养老金发放之后如何使用,如何保障和提高老人健康生活水平,目前仍缺乏进一步的关注和追踪。事实上,很多老人的养老金收入、社会保障收入等要用于儿女、孙辈身上,存在较普遍的"啃老"现象。这使得养老金、老年社会保障并没有专项专款用于老人购买社区居家医养结合服务。另外,护理、康复等服务费用还未全部纳入医保报销范围。对很多老人来说,负担基础医疗支出或短期住院支出已属不易,大多无力再负担长期的康复、照护支出。此外,我国社会的少子化现象也弱化了家庭对老人的支持。老人支付能力不足是当前阻碍城乡基层医养结合发展的主要问题。二是老人的医养结合服务观念滞后。老人有病才治、不注重疾病预防、健康养老意识与健康养老理念缺乏等观念痼疾,加上当前对社区医养结合政策宣传力度不够,很多老人对此不关注,甚至没听过。

第3节 社区居家医养结合的社会保障支持衔接

相比之下,实现社会保障制度的支持和衔接是解决社区居家医养结合服务资金问题的主要出路。对此,2017年,《"十三五"健康老龄化规划》部署的实现健康老龄化九项任务中的第五项任务提出加强医疗保障体系建设,为维护老年人健康奠定坚实基础。2019年,中共中央、国务院发布《国家积极应对人口老龄化中长期规划》,指出要夯实应对人口老龄化的社会财富储备。同年9月,民政部印发《关于进一步扩大养老服务供给,促进养老服务消费的实施意见》,提出"推动建立保险、福利和救助相衔接的长期照护保障制度"。同年10月,国家卫健委等12部门联合发布《关于深入推进医养结合发展的若干意见》,也指出相关支持政策措施需进一步完善等问题,要求各地加大政府购买服务力度,用于社会福利事业的彩票公益金要适当支持开展医养结合服务。

首先,重点探索完善以养老保险、医疗保险、社会福利、社会救济、社会优抚等为支撑的老年社会保障制度,为社区居家医养结合服务提供经济保障支持,实现以社区居家为依托平台整合资金和服务资源,让"钱"和"服务"在社区居家医养结合服务平台落实和有序运用。为老年人购买和享受医养结合服务提供激励和保障,既可以提高老年人的服务购买力,又可以为服务供给方提供服务打通制度壁垒,充分发挥政府在社会养老服务中的主导作用。同时,整合民政部门、卫健部门、人社部门及老龄部门等职能部门的其他相关资金,这些资金将集中用于社区居家医养结合服务的补贴发放、社区的预防保健、家庭病床的老年人医疗项目等。

其次,我国医疗保障制度也应建立与社区居家医疗服务相衔接的支付体系,将社区卫生机构和居家的医养结合相关费用纳入医保报销范围。应打通家庭病床、上门巡诊、家庭医生签约、远程医疗等居家医疗服务的医保支付壁垒,保障老年人选择不同居家医疗服务方式能获得基本医疗保险基金支持;出台家庭病床管理制度,将参保人家庭病床医疗费用纳入基本医疗保险保障范围,参保人无须再额外缴纳医疗保险费用;出台政策确定上门巡诊、家庭医生签约等医疗服务项目范围,并将其纳入医保基金支付范围。此外,应将医联体、智慧养老平台等提供的互联网医疗服务纳入基本医疗保险保障范围。

再次,建立社区居家优先的长期护理保险制度,引导长期住院的老年人转向社区居家护理。应根据社区居家老年人的不同护理等级,以及老年人的多元居家护理服务需求,确定多层次的护理保险支付标准,将上门护理、康复训练、重度失能老年人的基本生活照料、失智老年人日常生活照料、辅助器材的租赁和购买、居住环境适老化改造等服务费用纳入长期护理保险支付范围。护理保险待遇给付方式也应多元化,可以是现金补贴,也可以是护理服务,并可给予家庭成员等护理人员相关津贴。

最后,引导并鼓励商业保险公司开发对接社区居家医疗护理服务的健康保险或护理保险,满足社区居家老年人多层次的医养结合服务需求。

第4节 社区居家医养结合的基层社会治理路径

党的十九大报告提出,推动社会治理重心向基层下移。党的十九届三中全会重申,"推动治理重心下移,尽可能把资源、服务、管理放到基层"。基层是政府、市场、社会的接触面。何为城市基层?现有研究探讨的基层大致可分为广义和狭义两种:广义上,把基层看作县或区及以下的组织和空间单元;狭义上,主要指农村的乡镇和城市的区,或特指社区。从行政管理角度看,基层常被理解为行政区域的最小单元,根据不同的研究目的选择具体的单元,城市的基层行政区域层级主要是区—街道—社区,而农村的基层行政区域层级主要是县—镇乡—村组。目前,学界倾向于将基层理解为一种地理空间,把城市基层理解为社区(石发勇,2013;孙小逸和黄荣贵,2014;马卫红和喻君瑶,2020)。我国城市实行街居制下的社区管理模式。作为城市生活的最基本空间单元,社区是城市基层社会治理的场所和落脚点,是城市居民个体联合、共同生活、社会交往的最基本组织单元(柯尊清,2016)。

医养结合政策的落实与基层社会治理密切相关。我国医养结合养老服务的主要工作是在城市。城市老人退休之后,基本生活、照料、休闲、娱乐、社会交往、社会参与等都在社区及周边完成,从"社会人"变成了"社区人"。当前,我国很多社区已变成以老年人为主的社区,特别是街坊型、单位房、保障房等老旧社区。老年人是社会的建设者和贡献者,老年生存状态和生活水平事关民生福祉大局。社区作为城市基层行政区域的最小单元,老年人群居多。医养结合政策在基层执行有效,服务在基层落实落细,方能提升社区养老保障水平,增强老年群体的获得感,这也关乎基层社区社会的和谐稳定。尤其是我国人口高龄化、独居、孤寡等快速发展,对社区基层治理提出了新需求。发展医养结合服务成为我国城市基层社会治理的重心和重点,也成为城市基层社会治理最微观的尺度和工作成效的"试金石"。可以说,基层医养结合服务的好坏是衡量一个地区、一个城市治理体系和治理能力现代化的重要方面。

党的二十大报告指出,要"提升社会治理效能"。发展社区居家医养结合已成为老龄社会基层社会治理的重要工作。基层社会治理可成为推进医养结合进一步发展和提质增效的抓手,以基层治理创新动能打开社区居家医养结合的新局面。然而,当前还面临基层社区内生动力匮乏、相关保障体系支撑不足、专业人才紧缺等难题。对此,提出几条主要路径措施:

第一,将医养结合作为社区治理的重点工作。在社区层面整合社保、医保、民政、卫健等政府部门的资金、服务、设施等医养康养资源,提高经济资源、服务资源、人力资源等的配置和使用效果,驱动并衔接养老服务、医疗服务、照护服务等医养服务供给。同时明确社区医养结合的服务责任清单,赋予其对本辖区医养服务机构和运营商的质量监督等职能。

第二,发挥"党建＋"的引领推动作用。依托党员、物业人员、专业人士、社区组织等力量,全方位排查社区老人的身体情况、居住情况以及基本养老服务、医疗护理、文化娱乐、活动参与等基本需求,建立社区老年人的基础数据库,以老年人生命周期健康需求为中心,提供一揽子、整体式的养老服务和解决方案。

第三，拓展医疗服务边界和治理模式。应探索医院尤其是大医院联动基层医养结合服务的新模式，为社区老年人搭建家门口的"诊室"，就近满足老年人医养结合需求；依托社区卫生资源建立医生与老人"一对一""一对多"的服务机制，让老人享受到好的居家医疗服务。医养结合，核心是医疗，关键在人才。可通过"增量"收入、职称评定、培训进修等方面的政策支持和倾斜，吸引医养人才投身并扎根基层医养结合工作。

第四，重视多元主体角色，发挥不同主体治理能力。应全力推进邻里互助社区居家医养结合服务建设，充分发挥老年协会的作用；通过人事、薪酬、物价、税收等政策引导和市场激励，引导和推动非政府组织、社会力量参与城市基层社区医养结合，让参与各方获得合理收益，达到"共建共治共享"的基层社区治理新格局。

第 5 章
机构医养结合的社会保障支持衔接*

第 1 节 引　言

据 2021 年第七次全国人口普查数据,全国 60 岁及以上老年人口已有 2.64 亿人,占总人口的 18.7%,65 岁及以上人口 1.91 亿人,占总人口的 13.5%。未来我国老年人口将超过总人口的 1/3。由此决定了"健康中国"建设、全民健康的重点人群是老年人。没有"健康老龄化",就不可能实现"全民健康",就不可能有真正的"健康中国"。为此,早在 2016 年《"健康中国 2030"规划纲要》中就提出要实现健康老龄化来应对人口老龄化挑战。

为实现健康老龄化,《"十三五"规划》提出,"到 2020 年,居家为基础、社区为依托、机构为补充、医养结合的养老服务体系更加健全"。医养结合是将传统养老与现代医疗有机结合的新型养老模式(杨菊华和杜声红,2018)。其中,机构型医养结合服务是我国养老服务体系的重要组成部分(王雯,2016)。2020 年 10 月,国家卫生健康委、民政部、国家中医药管理局联合颁布的《医养结合机构管理指南(试行)》将医养结合机构定义为兼具医疗卫生资质和养老服务能力的医疗机构或养老机构,主要为入住机构的老年人提供生活照料、医疗、护理、康复、安宁疗护、心理精神支持等服务。目前,机构型医养结合主要有"养办医、医办养、医养合作"三种模式(刘稳等,2015)。在实践中主要表现为养老机构开办护理院、康复医院、门诊部、医务室或护理站,医疗机构开办"养老病床"或老年病科(医养结合中心)等多种形式。

发展养老服务必须面对"未富先老"的现实问题。医养结合的支付保障体系缺失是医养结合难以持续发展的重要掣肘(申俊龙等,2019)。我国人均 GDP 2020 年突破 1 万美元,但分配公平性还有待进一步提升,收入低于 1000

---
* 原文发表于《华中科技大学学报(社会科学版)》2021 年第 5 期。

美元的人群还不少。高净值人群养老可自理,"三无"人员(指无生活来源、无劳动能力、无法定抚养义务人或法定抚养义务人丧失劳动能力而无力抚养的公民)养老由政府兜底保障,但重点、难点是大多数中低收入人群能否"有钱养老"。制度化、有保障、可持续的筹资问题已成为目前我国医养结合服务面临的痛点之一,急需社会保险、社会救助、社会福利等经济保障体系的支持衔接。而在工业发达国家,无论是公立还是私立养老院,服务费用的一半左右均由社会保险承担(孙文华和陈建国,2013)。与此同时,我国养老保障制度也不完备,筹资机制与支付方式过于单一。此外,还存在如何更好地与养老服务相衔接,如何进一步提高资金使用效率等须完善之处。

"十四五"期间是我国由轻度老龄化转向中度老龄化的重要时间窗口。如何实现健康老龄化?显然,一要积极发展养老服务,二要完善老年社会保障体系,更重要的是将二者直接、顺畅地衔接起来,使养老服务获得稳定可靠的资金来源,同时促使社会保障资金真正有效地用于老人获得养老服务。目前,学者们研究医养结合更偏重于"服务"视角,更关注如何提高医养结合养老服务的供给水平、可及性、服务质量等问题,或单独讨论老年社会保障"筹资"制度的改革完善问题。而对社会保障"筹资"与医养结合"服务"供给之间的衔接问题却极少关注。鉴于此,本章将通过全国统计数据分析,以及在广东省多个地区的调查结果,探寻社会保障支持衔接机构型医养结合养老服务的"梗阻",进而提出破解的对策建议。

第 2 节 文 献 回 顾

对于机构型医养结合(机构照护),学者多使用"长期照护"概念。例如Wu 和 Chu(1996)分析了 1994 年我国台湾地区随机抽样条件下年龄在 20—64 岁的 1556 名受访者数据,得出由政府主持的机构照护和社区照护才最符合大众的长期照护要求这一结论。此外,研究者们大多关注医养结合支付保障体系和长期护理保险制度等问题(邓大松和李玉娇,2018)。Sun Woo(2004)通过对韩国国家政策的解读,分析了如何引入长期护理制度模式,认为应通过改进长期照护方面的基础设施、保健体系、资金援助等国家政策来解决当前长期照护系统出现的问题。目前,大多西方国家拥有健康的保险系统,Barr(2010)肯定了社会保险对长期照护系统的重要作用。德国、日本及韩国等的公共医疗覆盖率较高,通过全国范围内的长期照护社会保险进行筹资。这些国家致力于扩大自己的社会健康保险计划,以广覆盖的医疗保险为基础,在医疗保险的范围内建立更有针对性的长期照护保险(Costa-Font et al.,2015)。

国内学者较多关注长期护理保险制度设计和实施经验,主要是对国内试点城市或国外长期护理保险实施经验进行总结。安平平等(2017)比较分析了青岛市和南通市实施长期护理保险在模式选择、筹资原则和服务供给方面的不同,提出应建立独立的长期护理保险和医疗保险双轨制。刘晓梅、张昊(2020)提出日本和德国长期护理保险实施的可借鉴经验,包括参保对象划分清楚、筹资机制较为完备、照护等级认定标准划分科学、照护服务提供形式多样等。

在我国,机构医养结合模式主要包括"养办医、医办养、医养合作"(丁建定和樊晴晴,2017;胡雯,2019;原新等,2021)。在这三种机构型医养结合模式中,现有研究较多关注"养办医"。养老机构开展的医养结合服务是目前我国推进医养结合的主要途径(张航空和姬飞霞,2020)。医养融合是养老机构发展的新路径。部分研究关注医养结合机构发展困境与策略,主要从服务供给、人员、体制机制障碍等多方面进行阐述。机构养老存在民营养老院享受国家政策困难、缺乏足够的床位补贴等问题(宋悦等,2019)。建议将中小型医院机构的一部分资源整合进养老机构(周晓丽等,2019)。

人口老龄化对社会保障制度提出了挑战。现行的社会保障制度尚不完善,社会保险、社会福利和社会救助都急需改革(陈寿灿,2014)。关于是否需要建立单独的老年医疗保险制度,尚有争论。福利多元主义、市场化和多元化应作为养老服务的改革方向。我国应建立"全覆盖、多支柱、可持续"的老年社会福利制度(张思锋等,2010)。我国人口老龄化导致老年贫困问题严重。当前,我国老年社会救助资源分配不合理,应根据老年人的不同需求提供不同的服务(王石泉,2004)。我国医疗救助给付内容和水平还不能消除慢性病发病老人的医疗费用负担(李鲜等,2019)。应建立针对贫困且失能老年人的专项社会救助制度(刘晓雪和钟仁耀,2018)。

学者论及社会保障对接问题时关注的主要是医疗保险和长期护理保险制度问题。杨贞贞和米红(2015)创新性构建了"城镇基本医疗保险统筹基金划拨支付与个人缴费相结合"的医养结合社会养老服务筹资模式。这就有必要尽快完善医疗保险相关政策,将符合条件的养老机构纳入医保定点范围,切实打通医保与有医疗资质养老机构的对接通道(程亮,2015)。朱孔来等(2020)指出,"养办医"存在养老机构医保定点设置困难问题,"医保限额"限制性政策束缚了基层医疗卫生机构的发展,"不能异地就医"使得不在同一行政区域的养老机构和医疗机构陷入难以合作的困境,并提出医保定点要覆盖所有医养结合机构,新建医养结合机构一旦验收通过就要及时办理医保定点;取消对医养结合机构患者住院医保的限额管理;通过医养结合运营补贴、医保定点和医保资金使用多管齐下推动医养结合服务机构发展等对策。

综合国内外研究可知,目前学者们在论及机构型医养结合困境时,讨论更多的是医疗保险和长期护理保险的对接问题,但并未详细展开。而从养老保险、老年社会福利和救助等角度论述医养结合机构存在的社会保障支持困境或对策的研究则更为少见。

第3节 社会保障衔接机构型医养结合服务的主要"梗阻"

目前,影响老年人购买机构型医养结合养老服务的因素有哪些?我国老年人的养老金水平与购买医养结合养老服务的差距有多大?现有社会福利和救助项目的给付种类、保障范围及水平能否满足入住机构老年人的医养结合养老服务需求?社会办医在医养结合中面临怎样的发展困境,急需哪些社会保障支持?不同医养结合机构享受的社会保障待遇是否平等?下面我们将结合实证数据、实地调查结果,梳理出当前我国社会保障尚未有效衔接机构型医养结合服务的主要"梗阻"。

(一)基本养老金收入并不足以支撑老年人购买机构养老服务

根据国务院办公厅《关于推进医疗卫生与养老服务相结合的指导意见》,医养结合机构应着力保障失能、半失能等特殊困难老年人的健康养老服务需求。与普通养老机构相比,医养结合机构由于服务专业化,入住医疗护理费用比单纯养老机构更高。根据医养结合机构的收费标准,中高端私立医养结合机构的每月收费基本在3000元以上,需要中高级特需护理的费用普遍超过5000元。目前,养老金是我国大多数老年人的主要收入来源。虽然企业退休人员养老金已实现"17连涨",但全国养老金水平总体仍偏低。据《2020年度人力资源和社会保障事业发展统计公报》,我国城镇职工基本养老金平均每人每月只有3350元。公办医养结合机构虽收费较低但"一床难求",且针对重度失能老人的费用也较高。根据我们在广东省佛山、肇庆等地市的走访调研情况,老年人入住高端民营养老机构的费用大多数由子女支付,而入住公办养老机构的费用由老年人自己支付居多。总体上,大多数老年人的养老金收入并不足以支付加收护理费用的机构入住费用。如果没有养老储蓄或子女资助显然难以为继。经济因素已成为老年人选择医养结合机构的最重要影响因素(邓诺和卢建华,2017)。支付能力不足是医养结合模式发展的主要阻碍。

此外,代际经济支出也削弱了老年人的服务购买能力。根据2018年中国老年健康影响因素跟踪调查(CLHLS)数据,机构养老的老年人每月领取的养老金平均为3453.974元。调查中提及:"近一年来,您给子女(包括同住与不同住的所有孙子女及其配偶)提供现金(或实物折合)多少元?"其中12.13%的老年人曾给儿子转移现金,平均金额为3374.42元/年;10.92%的老年人曾给女儿转移现金,平均金额为2191.31元/年;26.4%的老年人曾向孙子女转移现金,平均金额为1867.08元/年。代际经济支出进一步削弱了老年人对机构医养结合服务的购买能力。

(二)医养结合型机构的医保定点、定级分类、报销项目等仍存阻碍或脱节情况

(1)医养结合机构的医保定点率低,面临申请医保定点难、申请时间长、申请流程复杂、验收环节不符合实际等问题。截至2019年6月,全国2400多家养老机构内设医疗机构纳入医保定点范围,占总数的63.2%。[1][2] 以广东省为例,截至2020年9月底,全省共有医养结合机构298家,纳入医保定点的医养结合机构共178家,医保定点率为59.73%。其中,广州市养老院内设医疗机构纳入医保定点的仅39%,护理站尚未纳入医保和长护险定点。[3]

(2)民营养老机构开办的医疗机构不能享受与公立机构同等的医保政策待遇,包括医保定点、总额分配、定级分类等方面。2019年6月,国家卫健委

---

[1] 2020年10月22日,广东省医养结合工作现场会上披露。
[2] 数据来源:《国家医疗保障局对十三届全国人大三次会议第8753号建议的答复》(医保函〔2020〕101号)。
[3] 数据来源:广州市政协社法委的调研数据;艾力彼医院管理研究中心发布的《社会办医医院生存与发展研究》。

等十部委发布了《关于促进社会办医持续健康规范发展的意见》,支持鼓励符合条件的社会办医纳入医保定点,正式运营 3 个月后,就可以申请医保定点,定点评估完成时限也不超过 3 个月。然而,在肇庆市的调查结果显示,某民营护理院虽医资力量较强,但 2017 年运营至今都未能纳入医保定点。一些民营护理院即使能纳入医保定点,分配到的医保总额也比公立机构少很多。而基本医疗保险又是民营医院的重要收入来源,57.96% 的社会办医院的总收入中,医保收入占比超过 50%。此外,评级认定结果较低,导致民营医疗机构不能享受与公办医疗机构同等的医保政策待遇。从佛山市调研结果看,某护理院作为当地大型养老院内部的护理机构,医疗保障部门将其定级为一级二类医疗机构,认定的级别低于社区卫生服务站(一级一类医疗机构),导致起付标准偏高,加大了入住老年人的护理经济负担,并限制了其开办家庭病床服务等项目的资格。

(3) 医养结合机构的服务内容与医保报销体系未实现对接。我国的医保报销体系以治疗疾病为主,尚未有效支持以健康管理为主的医养结合服务。"养办医"型、"医办养"型医养结合机构各自功能定位不明确,提供的医养服务内容也未能精确区分(沈俊,2018)。符合老年人护理需求的医养结合服务项目尚未建立(韦小飞等,2019)。《医养结合机构管理指南(试行)》规定,对纳入城乡基本医疗保险定点范围的医养结合机构中的医疗机构,其入住参保老年人符合条件的疾病诊治、医疗护理、医疗康复等医疗卫生服务费用纳入基本医疗保险支付范围。但目前医保支付只覆盖医疗过程中的医药和检查费用,大量的康复护理费用、生活照护费用、辅助器材费用都没有纳入医保体系,急需医保支付降低老年人的自付比例(倪语初等,2016)。

养老机构办的医疗机构主要包括诊所、卫生所(室)、医务室、护理站或护理院等,主要为服务对象提供健康管理,疾病预防,老年保健,常见病、多发病的一般诊疗、护理,诊断明确的慢性病治疗,急诊救护,安宁疗护等服务。但除医保定点的报销限制外,健康管理、康复护理、慢性病治疗、安宁疗护等服务报销困难或无法报销。

此外,医疗机构开办"养老病床"未纳入医保结算。"医养"的"医"主要是指"护",医院的护理成本高,导致医院提供的护理服务越多,亏损越严重。护理标准提高之后,激励了医院开设"养老病床"的积极性。如作为综合医院的南方医科大学通过办老年医学科(医养结合中心)开展医养结合服务,采取医疗病床和养老床位"一床两用"的做法,使老人在治疗疾病和养老生活照料之间不用来回搬动。但"养老床位"未纳入医保结算,不利于"医办养"服务的可持续开展。根据《医疗卫生机构向养老服务机构提供协议医疗卫生服务项目(推荐)》,医养合作型医疗服务可以包括基本公共卫生服务、疾病诊疗服务、医疗康复服务、医疗护理服务、中医药服务、精神卫生服务、安宁疗护服务、家庭病床服务、急诊急救绿色通道服务、双向转诊服务、药事管理指导、专业培训、传染病防控和院内感染风险防控指导、远程医疗服务等。其中,医疗康复服务、医疗护理服务、中医药服务、精神卫生服务、安宁疗护服务、家庭病床服务报销困难或无法报销。

(三)迫切需要长期护理险,以解决住院老年人严重"压床"现象

根据中国保险行业协会、中国社科院人口与劳动经济研究所联合发布的《2018—2019中国长期护理保险调研报告》,目前,我国失能老年人超过4000万人,其中约有4.8%为日常活动能力重度失能,约有7%为中度失能,总失能率约为11.8%。失能失智老年人平日缺乏护理,拖延至身体产生疾病后再送往医院治疗,将耗费更多的医疗资源。不少老年人被迫长期在医院接受护理服务,造成"压床"现象。这不仅导致医院有限的医疗资源被过度占用,也使老年人背负很大的支出压力。而护理的花费要比疾病治疗费少得多。如以青岛为例,护理保险专护床日费170元,院护床日费65元,而同期同类医院日平均住院费用约1000元(安平平等,2017)。然而,目前,我国医疗保险主要用于定点医院的医药、住院费用,护理和康复项目不在医保报销范围之内或报销比例过低。医保支付只覆盖老年护理院的护理床位费,而养老床位大多数不能纳入医保结算,也未覆盖养老机构的护理费。养老机构的医疗护理费用不可使用医疗保险,入住医疗机构内设养老机构产生的长期护理等费用同样报销困难或无法报销。这与失能、半失能老年人大量的医疗护理需求形成强烈反差。据在佛山市、肇庆市的调研结果,公立与民营养老机构、医疗机构都迫切需要长期护理保险。

随着失能失智老年人不断增多,护理服务逐渐成为老年人的刚性需求。我国虽于2017年在全国15个城市实施第一批长期护理保险,取得一定成效,但也存在不同地区待遇差异大、覆盖人群不全等问题。根据国家医保局统计数据,截至2019年6月底,15个试点城市和2个重点联系省份的长期护理保

险参保人数为8854万人,享受待遇人数42.6万人,年人均基金支付9200多元。尽管如此,由于我国长期护理保险制度尚未全面铺开,绝大多数老年人的长期护理需求仍未得到满足,而非失能老人的康复、护理服务更难以在医养结合机构里得到满足。

(四) 社会福利、社会救助的覆盖面窄、项目少,支持作用极为有限

(1) 社会福利覆盖面窄、种类少。目前,我国老年社会福利主要包括高龄津贴、护理补贴、养老服务补贴三类项目。截至2019年底,全国共有3500多万老年人享受了不同类型的老年社会福利。据国务院新闻办新闻发布会消息,截至2019年2月21日,全国31个省份均已建立高龄津贴制度,各地发放标准为50—500元不等;有30个省份建立了老年人服务补贴制度,补贴标准为50—500元不等。护理补贴受益群体主要是失能老年人。三类补贴为保障高龄、失能、独居等困难老年人的基本生活起到一定作用,但覆盖面仅限于少数重点老年人群,补贴发放种类有限且保障水平较低。此外,大多数城市和地区未能针对老年人急需购买、租用的康复器具需求发放相应补贴。

(2) 社会救助覆盖面窄且保障水平低,只对极少数老年人入住机构兜底。我国老年社会救助主要包括低保补助、特困补助、临时救助。截至2019年底,全国共有147.3万老年人纳入城乡低保,386.2万特困老年人纳入特困救助供养。我国实施特困人员供养制度,先后建立起农村五保供养、城市"三无"人员救助和福利院供养制度。无劳动能力、无生活来源且无法定赡养义务人,或其赡养义务人无赡养能力的老年人可享受特困人员供养保障。福利院按照"应收尽收"原则优先收治政府供养老人。但许多公办机构中实际入住的"三无"对象和"五保户"连5%都不到。临时补助也只能短期内保障老年人在面对突发事件、意外伤害、重大疾病或其他事件时的最低生活水平,对老年人入住机构养老起不到实质支持作用。

(五) 社保对接"互联网+智慧养老平台"仍处于探索、尝试阶段

智慧养老是社会养老的有益补充和创新(向运华和姚虹,2016)。"互联网+智慧养老平台"(以下简称平台)服务形式则是依托平台整合医养结合机构的医疗和养老资源,为老年人提供"一站式"便捷服务的新方式。国内部分城市开始采取"线上信息化管理、线下标准化服务",提供菜单式养老服务的

方式。老年人通过 App、小程序、服务热线在平台上都可以下单购买所需的养老服务。根据在佛山市的调研结果，南海智慧养老平台目前已实现了为在网上养老商城下单购买服务的老年人提供生活照料等养老服务。据平台数据显示，下单购买服务的老年人大多数是使用政府补贴账户扣费，自费购买服务的老年人较少。这反映了老年人使用养老金或其他养老储蓄购买服务的意愿低、支出少。此外，由于涉及医疗卫生机构执业资质问题，未能上线医疗护理服务。要实现通过平台整合医疗资源和养老资源的目的，还需解决平台服务范围以及上门医疗护理服务的医保报销问题。社保补贴账户对接南海智慧养老平台生活照料服务之所以能顺畅实施，得益于民政部门的支持。而平台能否通过服务外包方式提供上门医疗护理服务，则需得到卫健部门的批准。平台提供医养结合养老服务涉及医疗卫生与养老两个系统，其中医疗卫生归卫健部门管理，养老归民政部门管理。这就造成多部门分散管理、缺乏协同的困境。平台计划推出的康复护理、医疗保健等服务项目也急需得到医保部门以及长期护理保险制度的支持。

第 4 节　社会保障衔接机构型医养结合服务的政策建议

为使我国社会保障制度更好地与养老服务衔接起来，养老服务获得稳定可靠的资金来源，社会保障资金真正用于基本养老服务，我们提出以下几点政策建议：

（一）稳步提高基本养老金给付水平，引导老年人养老储蓄和养老消费观念

提高养老金水平和增加其他养老储蓄，对提高老年人医养结合服务的可负担性有直接帮助。在稳步提高老年人养老金水平的同时，应进一步关注和追踪发放的养老金如何使用，如何保障和提高老年人生活质量与健康水平。为解决中低收入老年人的养老费用问题，应逐渐引导人们形成全生命周期健康理念，树立风险防范意识，为自己将来的养老和医疗护理消费作出合理安排（黄佳豪和孟昉，2014）。同时倡导在年轻、中年时合理安排收入与消费，适当储蓄用于老年生活消费；在年老时根据自身需求和经济实力购买医养结合养老服务，逐渐向"愿花、敢花、会花"养老金及其他养老储蓄转变。

（二）降低医保隐形门槛，出台"养办医""医办养"的专门支持性政策

（1）建立医养结合机构与医保的衔接机制，将符合条件的医养结合机构纳入医保联网结算，逐步提高医养结合机构的医保定点率。英国、日本等发达国家无论是政府投资建设的养老机构，还是民间资本兴建的养老机构，运营环境都是平等的，都会从政府获得相同的支持。2019年，国务院办公厅印发《关于推进养老服务发展的意见》，提出了简政放权、强化监管、优化服务的要求。我国应对医保定点实施"宽进严出"政策，加强事中、事后监管。无论是公立还是民营机构，只要执行医保价格政策，就可纳入医保定点。如果发现违规行为，即取消医保定点资格。对社会办医养结合机构和政府办医养结合机构应一视同仁，将机构设置与医保同步化。新建医养结合机构一旦验收，要及时办理医保定点，取消对医养结合机构患者住院医保的限额管理（朱孔来等，2020）。同时将各类符合医疗定点条件的养老机构纳入医保定点范围。

（2）加快"养办医""医办养""医养合作"扶持政策的协同落地。国家应鼓励社会力量兴办医养结合机构，通过"公建民营、民办公助购买服务、合同外包"等模式将养老服务交由市场和社会组织运营管理，逐步使社会力量成为发展养老服务业的主体；在医疗机构分类定级政策方面，应对医养结合机构中的民营医疗机构进行倾斜，实施与同类同级别公立医疗机构同等待遇，如起付标准、开展家庭病床服务项目资格等；应出台针对性支持政策，加快已有政策的协同落地，为民营医养结合机构开展医养结合养老服务提供支持；应将医养结合病床纳入医保定点管理，包括将医疗机构开办的"养老病床"纳入医保结算；定点机构的医疗费用应由医疗保险经办机构按床日定额与其结算，并将养老护理服务纳入医疗保险保障范围。

（3）医疗保险无缝对接医养结合机构提供的医疗服务。应将"养办医"型医养结合机构提供的医疗服务中符合规定的医疗费用纳入医保支付范围，将需要中长期医疗服务老年人在养老机构的医疗服务纳入基本医保结算范围；将养老机构的"家庭病床"与基本医疗保障有效衔接；逐步实现医疗保险精准对接医养结合机构提供的医疗服务。如2020年11月11日，安徽省出台《安徽省直职工医保护理依赖型疾病待遇保障实施方案（试行）》，进一步保障患护理依赖型疾病参保人员的基本医疗需求；规定省直职工基本医保参保人员

患脑出血等15种疾病,在养老机构治疗的医药费用也可报销。

"医办养"型医养结合机构的功能定位应为收治失能失智老年人,服务重点是预防保健和康复护理。我国医疗保险制度改革的根本出路在于从医疗保险到健康保障的转变。医保基金参与医养结合服务,承保范围除门诊和住院服务外,应涵盖预防保健、长期护理及康复服务。应将医疗保健、医疗护理、慢病治疗、中医药特色医养结合服务等纳入医保报销范围。

(三)建立长期护理保险制度,对接机构护理服务

无论是养老机构还是医疗机构提供长期护理服务,都迫切需要长期护理保险制度的支持。机构护理服务主要通过养老机构办医疗机构、医疗机构办"养老病床"和老年病科等方式为失能失智老年人提供基本生活照料和医疗护理服务。若没有长期护理保险制度,护理服务的消费能力将难以支撑消费总量,影响机构可持续运营。从长远看,我国宜构建独立的长期护理保险制度,与医疗保险双轨运行,并加强长期护理保险与长期照护服务体系有机衔接。实施这一制度将为失能老年人享受基本生活照料和医疗护理服务提供有力的经济支持,有效减轻医疗保险基金压力,并有效缓解医养结合机构,尤其是民营医养结合机构的运营压力。如广州市实施长期护理保险制度后,护理费用报销额度每个月大概是2400元,占护理费总支出的80%左右,个人只要支付20%左右的费用,即600元左右,就可以享受定点护理机构提供的护理服务,大大减轻了失能人员的负担。[1]

(四)积极引导社会福利、救助与机构型医养结合更有效衔接

我国应积极引导发挥社会救助、社会福利的有益补充作用,解决不同层面的机构照护服务需求。对困难老年人入住养老机构应实施兜底保障。在有条件的情况下,应鼓励地方财政发放困难老年人入住养老机构补贴,限定用于抵扣入住养老机构的费用。同时根据老年人的需求,进一步拓宽老年社会福利的范围,减轻老年人入住养老机构的经济压力,如北京市老年人可申请购、租康复器具补贴,并加大医疗机构养老服务所能享受的补贴力度;[2]合肥市发放失能失智老人入住机构补贴。另外,应设立医养结合专项补助资

---

[1] 数据来源:广州市医疗保险服务中心。
[2] 2019年4月21日《北京青年报》报道;《北京市困境家庭服务对象入住养老机构补助实施办法》。

金,对公办养老机构设立医疗机构、民办养老机构设立医疗机构以及医疗机构发展养老服务等按不同类别发放建设补贴和运营补贴。[①] 如广州市由市福利彩票公益金全额负担发放医养结合补贴。为防范风险,应对资金发放方式和各项补贴使用用途作出相应限定,即根据不同补贴类型实施额度管理、限制专属消费,不得取现。北京将失能补贴按月发放到养老助残卡内,既可以用于从养老供应商处购买理发、助浴、修脚、家政等服务,也可以用于购买酒精、尿不湿等失能人员必需物品。[②]

(五)尽早明确"互联网+智慧养老平台"提供医养结合服务的社保对接措施

我国应从社会保险、老年社会福利、老年社会救助三个层面对接智慧养老平台提供的各项养老服务项目。以南海智慧养老平台为例,平台已在逐步推出生活照料、家政服务、陪同服务、心理慰藉、适老化项目和护理保健项目。要加大平台服务项目的社保资金支持力度,可以从以下几方面入手:一是可限定一部分养老金专款用于平台下单购买医养结合养老服务。如将一部分养老金划入"老年一卡通",不可取现,只用于购买服务。二是将养老服务补贴、高龄补贴、护理补贴等社会福利资金,以及低保金、特困补助和临时补助等一部分社会救助资金统一划入"老年一卡通"。老年人可选择将这些福利和救助金用于购买平台服务,并通过补贴账户直接与平台结算。三是进一步明确平台可提供的医疗服务项目及医保报销范围。四是建立长期护理保险制度对接平台提供的护理服务,明确平台提供护理服务的合法性,以及长期护理保险报销范围。

---

① 原全国政协委员、广西壮族自治区原副主席李彬在2020年全国两会上呼吁。
② 北京先河社会工作服务中心理事长王世宏受访报道。

第6章
社区养老服务购买者的甄别与归因*

第1节 引　　言

党的十九届五中全会正式提出实施积极应对人口老龄化国家战略。其中,养老服务是实现广大老年人"老有所养"和"美好生活"的重要保障。近年来,中国养老服务业发展较快。2022年,全国共有各类养老机构和设施38.7万个,养老床位合计829.4万张。① 目前已形成居家、社区、机构三种模式,可提供生活照料、家政服务、康复护理、精神慰藉、医疗健康、辅具配置、法律服务、紧急救援、医疗保健等9大类217个服务项目(杨庆芳,2020)。这些养老服务可分为社会福利型、市场营利型两大类,分别对应着公共品和商品。

尽管人们普遍认为养老服务市场潜力巨大,但供给高于需求、利用率低、供需错配等现实矛盾不容忽视,总体上仍是"叫好不叫座"(丁志宏和王莉莉,2011;王莉莉,2013;陶涛等,2021)。2019年,乔晓春在北京调研时发现,90%养老机构的床位有46%是空的,只有4%的养老机构能实现盈利。① 民政部2020年第三季度新闻发布会披露,全国养老机构429.1万张床位共收住老年人214.6万人,平均入住率只有50%。② 低保、残障、高龄等特殊老年人由民政"兜底",占比较低的高收入老年人自己买得起养老服务。症结在于,绝大多数老年人的购买力不强,购买意愿较低,"需要强烈、需求不足",仍处于"有老无养"的状况(盛见,2019)。而养老服务产业和机构往往将2.67亿老年人视为2.67亿消费者,未认清真实有效需求,致使投放的养老服务大量空转,不能成为有效供给,也拉高了供需匹配成本,降低了盈利水平。

现有养老服务需求研究大多通过数据调查,分析老年人需要的各项养老

---
* 原文发表于《中国人口科学》2022年第1期。
① 数据来源:《2022年民政事业发展统计公报》。

服务的比例、次序、分层、分类等,多为描述性研究,缺乏更深层的探索和解析。尤其未能识别出真实有效的需求,将老人主观表达的"需要""意愿"或"期望"误读为"需求",造成"养老服务需求错觉"(张红凤和罗微,2019)。究其原因,是老年人潜在的需求禀赋或偏好特质决定了其外显的消费意愿、行为等现象,且各自的养老服务需求偏好并不完全相同。现有研究大多考察所观察到的外显现象,只是"窥见一斑",未能捕捉起决定作用的整个养老服务消费者群体,并不足以完整地测度或处理好个体异质性,进而难以甄别哪些老年人是真的购买者。也有一些学者使用 Logit、有序或多项 Logit 等模型检验老年人购买意愿或行为的决定因素,但未进一步分析购买者与非购买者各自的决定因素及其差异等细化依据,难以提出精准的干预或引导办法。

2016 年中国老年社会追踪调查(China Longitudinal Aging Social Survey,简称 CLASS)询问了老年人对社区提供的相关服务"是否会花钱购买",包括上门探访、服务热线等 9 种养老服务。本章基于被访老年人的回答结果,首先使用泊松回归模型对老年人养老服务的总体购买意愿进行解析,进而通过测度整体异质性信息从而对个体进行识别、归类的有限混合模型(FMM),将老年人甄别为购买者、非购买者两类,并分析各因素对两类人群养老服务购买意愿的影响及差异。

第 2 节 文 献 回 顾

迄今为止,对中国养老服务需求状况的研究已较为丰富。大多数研究基于地区性调查数据,分别考察单个养老服务(王琼,2016)。也有研究将养老服务需求分为几类,如经济供养、生活照料、精神慰藉、医疗护理、休闲娱乐等(王晓峰等,2012;谷甜甜等,2019)。有的则是从养老方式或模式,包括居家、社区、机构等不同类型来检验老年人的养老服务使用(胡芳肖等,2016;王晓波和耿永志,2021)。郭竞成(2012)基于对浙江省的调查,按需求弹性将居家养老服务项目划分为可舍弃类、强弹性类、弱弹性类、无弹性类。侯慧丽(2018)将养老服务使用分为受健康因素影响的养老服务使用、受情感因素影响的养老服务使用和受收入水平影响的养老服务使用。陶涛等(2021)根据马斯洛需求层次理论将按老年人意愿购买的养老服务划分为基础型、发展型、全面型 3 个层次。

在考察维度或指标上，大部分研究按老年人需要各类养老服务的比例或重要性进行排序、分层。王建云和钟仁耀（2019）基于年龄分类并利用魅力型质量理论 Kano 模型和 Topsis 法测算上海市 J 街道发现，老年人对精神慰藉服务和上门看病服务需求较低；高龄老年人对助餐服务、助急服务和紧急救助服务的需求大于中低龄老年人。吉鹏和李放（2020）在江苏省调查发现，老年人更愿意在助餐、助洁、家政等生活照料服务上花费资金；在文体娱乐活动上愿意支付一定费用，但不能太高；对精神慰藉类以及法律咨询和维权、诉讼代理类法律援助服务的支付意愿不强。郭竞成（2012）还探讨了养老服务需求的强度、弹性等。

现有研究发现，当前中国养老服务的有效需求不足、利用率低。主要原因是老年人的购买力不强、供需不匹配、识别粗糙、资源分布不合理影响可达性等（王莉莉，2013；谷甜甜等，2019；盛见，2019；韩非和罗仁朝，2020）。另外，政府机构、市场提供商、志愿组织等服务供给主体对老年人实际养老需求的认识不足，加剧了社区养老服务需求、服务供给与服务利用之间的落差（王琼，2016；石园等，2019）。学者们在研究时通常以老年人主观表达的"需要""意愿"或"期望"等指代"需求"（盛见，2019；杨庆芳，2020）。经济学上的需求是指在各种可能价格下消费者愿意并且能够购买某个商品的数量。

关于养老服务需求的影响因素，学者们认为包括个体因素、家庭因素、社会因素3个层面（石园等，2019；杨庆芳，2020）。王琼（2016）利用2010年"中国城乡老年人口状况追踪调查"的城市老年人数据，发现崇尚节俭和为子女着想等传统文化因素抑制了老年人的居家养老服务需求；而"未富先老"限制了养老服务产业的发展是一个笼统的论断，"未富先老"在某些细分产业的负面作用并不明显。姚兆余等（2018）基于12个省份农村老年人问卷调查数据发现，核心家庭、主干家庭、联合家庭老年人对居家养老服务的需求依次降低；家人照料满足度越高、子女探望频率越高，居家养老服务需求的可能性越低。马跃如等（2021）基于2018年中国老年健康影响因素跟踪调查数据检验了3种代际支持对机构养老消费选择的影响，结果发现，子女情感支持、照料支持有显著稳健的负向影响，并且孤独感在其中起不同程度的中介作用；子女经济支持呈显著稳健的正向影响，但在照料支持与孤独感间起反向调节作用。他们认为，"钱多爱少"的老年人是养老机构的目标消费者，需以孤独感作为营销切入点和突破口。王永梅(2018)研究发现,教育可以通过提高老年人经济独立性、弱化传统养老文化的牵绊,提高老年人的观念认同程度,促使其选择使用社会养老服务,并且发现自我实现的心理特质在老年知识分子使用社会养老服务过程中扮演着重要角色。应天煜等(2020)认为,单方面从老年人出发探讨养老决策是片面的,因为养老服务的决策主体(老年人或成年子女)与利益主体(老年人)不完全一致,存在独立型、无助型、强迫型、合作型4种决策机制,同时养老决策类型还会随时间而改变。

在检验单个养老服务购买意愿的影响因素时,大多数研究使用的是Logit、有序Logit、多项Logit等非线性回归模型。田北海和王彩云(2014)将4类31个养老服务从低到高赋值1—5,计算出老人个体对这31项养老服务需求水平的算术平均值,再进行多元线性回归。杜鹏和王永梅(2017)将各项养老服务利用(0/1型变量)相加得到加总值,得到取值为1—18的近似连续型变量,再进行线性回归。姚俊和张丽(2018)将每项服务的回答结果设为1—5,通过个案访谈和专家法对5项服务赋予对应权重,得到加权均值,再进行线性回归。相比逐一考察单个项目,对多个项目计算均值、加总值或加权均值可以获得更多关于老年人养老服务需求的信息,但这些研究大多针对养老服务项目购买或需求意愿等"外显变量",未考虑老年人禀赋或特质所形成的潜在机制,难以充分捕捉和准确识别老年人在养老服务需求方面的异质性以及消费分群,遑论在此基础上的影响因素分解。

第3节 研究设计

(一) 数据来源

以往研究使用的大多为地区性调查数据。由于各地经济发展水平和文化差异,对养老服务的需求千差万别,得到的养老服务需求结果也不一致。本章使用的样本数据来自2016年中国老年社会追踪调查。该调查采用多阶段分层概率抽样法,在全国28个省份(不包括香港、台湾、澳门、海南、新疆和西藏)的134个县(区)、462个村(居)获得11494位老年个体数据,具有全国代表性。以往研究使用的数据是关于老年人对养老服务的"需要""意愿""期望"等方面,2016年中国老年社会追踪调查内容是关于"是否会花钱购买该服务",更能反映养老服务的市场购买需求,也是近年大型公开的老年人养老服务购买意愿调查数据。几项最新的网络或地方数据、调研表明,老年人"需要强烈、需求不足"的状况并未改变(盛见,2019;张红凤和罗微,2019;陶涛等,2021)。鉴于此,本章选用该调查数据。

(二) 主要变量

1. 被解释变量

中国老年社会追踪调查问卷向被访老人询问"是否会花钱购买社区为老年人提供的相关服务",包括上门探访、服务热线、陪同看病、帮助购物、法律援助、上门家务、送饭助餐、日托站或托老所(日托站所)、心理咨询9种养老服务。回答选择为"愿意"或"不愿意",本章对其分别赋值为0、1,将老人对这9项养老服务的购买意愿进行加总,得到取值0—9的愿意购买项目总数,作为本章的被解释变量。单项服务和购买项目总数的频数分布如表6-1所示。

表6-1 被访老人愿意花钱购买养老服务的频数分布

单项服务			项目总数	
服务项目	愿意	不愿意	项目数	频数
上门探访	343	11150	0	10128
服务热线	318	11175	1	342
陪同看病	566	10927	2	284
帮助购物	420	11073	3	214
法律援助	351	11142	4	121
上门家务	793	10700	5	130
送饭助餐	889	10604	6	89
日托站所	756	10737	7	68
心理咨询	289	11204	8	33

注:购买9项服务的有85人。

表6-1显示,在9项养老服务中,愿意购买人数最多的是送饭助餐、上门家务、日托站所,属于社区居家养老的生活照料服务;其次为陪同看病、帮助购物、法律援助、上门探访和服务热线,而愿意购买心理咨询服务的人数最少。老年人愿意购买的比例介于2.58%—8.38%,总体水平较低。从老年人

愿意购买的养老服务项目总数看,频数分布呈减少态势。其中,1项都不买的比例达88.12%,愿意购买1项的为2.98%,愿意购买2项的为2.47%,愿意购买3项的只有1.86%,而愿意购买3项以上养老服务的共4.57%。这些结果与侯慧丽(2018)基于2014年中国老年社会追踪调查数据、王建云和钟仁耀(2019)2018年对上海市J街道、吉鹏和李放(2020)对江苏省等的研究结果比较一致。近些年,尽管政府大力推进养老服务事业发展,企业和机构也视养老服务市场为"蓝海",但老年人愿意购买的实际比例仍持续低迷。

2. 解释变量

根据经济学需求理论和现有的养老服务需求研究,本章解释变量为年龄;性别(男性为1,女性为0);户籍(农村为1,非农为0);受教育程度;婚姻(已婚为1,丧偶、离婚、未婚为0);个人年收入(为避免奇异值的影响,删除了收入超过100万元和低于100元,以及报告收入为99996元、99997元、99999元的个体);养老金(按退休时职业身份领取职工养老金、机关事业单位离退休金、居民养老金、农村社会养老保险金等);救助金(加总个体的低保金、其他救助金);福利金(加总个体的高龄津贴、居民养老服务补贴、计划生育家庭奖励扶助金);停止工作前职业身份(国家机关、企事业单位领导人员为1,专业技术人员为2,普通职工为3,灵活就业和无业者为4,农牧渔民为5);日常活动能力(加总"您能把自己收拾得干净整齐吗"等10个问题的回答结果)。

表6-2显示愿意购买项目数的均值为0.40项,人均不足1项服务。被访者年龄为60—103岁,平均年龄为70.7岁,70岁以下占55.62%。已婚占71%。农村户籍为47%。日常活动能力均值为29.43,显示被访老人拥有较好的躯体活动功能。从经济状况看,年收入平均为18921元,但有24.56%的被访老人年收入低于2000元,39.94%的被访老人年收入低于5000元,年收入低于10000元的占49.16%。养老金平均每月为1285.23元,但56.88%的老人每月养老金在1000元以下,且有22.4%的老人没有养老金。有9.7%的老人领取救助金,平均每月为27元。有11.29%的老人在领取福利金,平均为每月为10.23元。即使2020年城乡居民养老保险已基本实现全覆盖,但每月养老金人均也只有162元。低收入老人占比过高,养老金、救助金、福利金水平偏低,在很大程度上降低了老人对养老服务的购买力和购买意愿。

表 6-2 主要变量描述性统计

变量	均值	标准差	最小值	最大值
愿意购买服务项目数	0.40	1.350	0	9
年龄	70.70	7.620	60	103
性别	0.50	0.500	0	1
婚姻	0.71	0.450	0	1
户籍	0.47	0.500	0	1
年收入	18921.18	24152	120	600000
养老金(元/月)	1285.23	1578	0	15000
救助金(元/月)	27.00	117.3	0	2000
福利金(元/月)	10.23	41.31	0	1400
日常活动能力	29.43	2.160	10	30

注:频数为7697人。

(三)实证模型

1. 泊松回归模型

在考察多项养老服务购买意愿的影响因素时,已有研究的做法是先计算出养老服务的加总值、均值或加权均值,再使用线性回归模型。从表6-1可知,老年人愿意购买养老服务项目的频数分布并不服从对称的正态分布,而是更接近随项数增多而减少的泊松分布。因此,本章选择泊松回归模型进行估计。具体模型为:

$$\log[E(y \mid X_i)] = \beta_0 + \beta_i X_i \tag{6-1}$$

式(6-1)中,y为被解释变量,是愿意购买的养老服务项目总数,X是由各个解释变量构成的向量。

2. 有限混合泊松回归模型

从表6-1可知,老人养老服务购买意愿有大量零值,而中国老年社会追踪调查数据中有极少部分老人有较高的养老服务消费支出,表明可能存在消费分群。为检验样本中老人是否存在异质性,本章初步依据表6-1中是否愿意购买养老服务将老人划分为愿意购买者(取值为1—9)、不愿购买者(取值为0),分别为905人和6792人,进行两组间差异显著性检验,包括单变量组间差

异的 t 检验和多变量总体差异的 Hotelling 检验(见表 6-3)。

表 6-3 样本个体异质性检验结果

变量	回答不愿购买者组均值	回答愿意购买者组均值	组间均值差异显著性检验
年龄	70.727	70.462	0.265
性别	0.500	0.507	−0.007
婚姻	0.707	0.707	0.000
户籍	0.500	0.286	0.214***
受教育程度	2.122	2.483	−0.361***
职业身份	3.935	3.415	0.519***
年收入(取对数)	9.001	9.455	−0.453***
养老金	1186.513	2026.12	−839.608***
救助金	25.282	39.928	−14.646***
福利金	9.760	13.735	−3.975***
日常活动能力	29.452	29.256	0.195***

注:2-group Hotelling's T-squared$=336.481$;$F(11,7685)=30.549$;Prob$>F(11,7685)=0.0000$。*** 表示在 1% 的水平上显著。

从表 6-3 可以看出,初步区分的两组老人在年龄、性别、婚姻 3 个变量上的差异并不显著,但在其他 8 个解释变量上呈现显著的差异。不愿购买者以农村老年人居多,占 50%;而愿意购买者以城镇户籍老年人居多,占 71.4%。不愿购买者的受教育程度更低,职业身份更不正规,且日常活动能力更强。不愿购买者的经济状况相比更差,年收入平均为 18161.17 元,而愿意购买者的年收入平均为 24624.98 元。养老金、救助金、福利金等社会保障收入水平在两组间也有显著差异,愿意购买者养老金平均为 2026.12 元/月,而不愿购买者平均为 1186.51 元/月。最后对两组在这 11 个解释变量上的总体差异进行多变量 Hotelling 检验。表 6-3 的检验结果显示,两组老年人存在总体上的显著差异。

为进一步分组解析异质性,最直接的做法是将老人分为不同群体,如购买者、非购买者。传统研究方法中,分组回归要基于性别、户籍等外生变量,并不是直接针对老人个体内在异质性的整体性分组;Tobit 模型、Heckman 模型、两部(Two-Part)模型等受限因变量模型在对个体进行分类时则需要人为确定养老服务购买数量的上下限阈值,需依赖研究者的主观判断、取舍。这些方法的分类结果不一定客观、准确。而有限混合模型(FMM)是用于解析不可观测异质性的概率化、半参数模型(Heckman and Singer,1984;Kasahara and Shimotsu,2009;Lee and Xue,2018;王孟成和毕向阳,2018)。它假设个人选择结果受一个潜在机制的影响。该潜在机制对子群体内部个体的影响作用相似,但对组间个体的影响具有系统性差异。有限混合模型将该难以直接观测的"潜在机制"视为一个潜类别变量,采用潜类别分析(LCA)方法估计个体养老服务购买意愿的正值与零值信息,将个体区分为不同消费水平亚群,从而提高估计准确度。来自医疗消费支出的实证结果表明,与Tobit、Heckman、Two-Part等传统模型相比,有限混合模型不需要依赖关于群体分类的先验知识,能更好地捕捉人口异质性,更能确保分类结果的客观性(Gerdtham and Trivedi,2001;Deb and Trivedi,2002;程颖,2019)。目前还没有使用有限混合模型探察中国养老服务消费分群的实证研究。

有限混合模型的应用包括两个估计步骤:(1)使用潜类别变量C(设定$C=1,2$,分别为购买者、非购买者)对y进行mlogit回归,将观测个体分为两类;(2)对被区分为两类的y进行回归分析(解释变量X在每一类的回归系数不同)。有限混合模型公式为:

$$f(y) = \sum_{j=1,2}^{C} \pi_j f_j(y \mid X) \tag{6-2}$$

式(6-2)中,被解释变量y为老人愿意购买的养老服务项目总数。潜类别变量$C=j(1,2)$。$f_j(\cdot)$是y在第j个潜类别的条件概率密度函数。X是解释变量构成的向量,与式(6-1)中的相同。π_j是第j个潜类别的概率(类似线性回归的方差解释比)。估计时仍使用泊松分布连接函数。当估计出式(6-2)的模型参数后,把老人对9项养老服务的回答结果代入贝叶斯后验概率公式,分别计算出其在购买者、非购买者两类的归属概率。在哪一类的概率更大,就会被归入对应的类别。即:

$$\pi_j = \frac{\exp(\gamma_j)}{\sum_{j=1,2}^{C} \exp(\gamma_j)} \tag{6-3}$$

第4节 实证结果分析

(一) 泊松回归估计结果

本章首先针对全样本采用式(6-1)的泊松回归模型检验老人养老服务总体购买意愿的决定因素。为从估计结果的变化观察稳健性,采用依次纳入解释变量的做法。模型1只纳入年龄、性别、户籍、受教育程度等人口特征变量,模型2再纳入年收入、养老金、救助金、福利金等经济变量,模型3再纳入个体日常活动能力变量。表6-4的估计结果显示,当模型2、模型3依次加入更多解释变量后,回归系数保持稳健。

表6-4 泊松回归估计结果

变量	模型1	模型2	模型3
年龄	0.0012 (0.53)	−0.0078*** (−2.89)	−0.0114*** (−4.17)
性别(男性=1)	0.0185 (0.55)	0.0455 (1.18)	0.0375 (0.97)
婚姻(已婚=1)	−0.2152*** (−5.59)	−0.1535*** (−3.43)	−0.1446*** (−3.23)
户籍(农村=1)	−0.0513 (−1.11)	0.0346 (0.58)	0.0391 (0.66)
受教育程度(小学以下)			
小学	0.1452*** (3.11)	0.1154** (2.09)	0.1314** (2.38)
初中	0.6174*** (12.58)	0.4760*** (8.20)	0.5055*** (8.68)
高中或中专	0.5714*** (9.13)	0.4988*** (7.13)	0.5297*** (7.56)
大专及以上	0.3951*** (4.40)	0.1753* (1.80)	0.2241** (2.30)
职业身份(农牧渔民)			
领导人员	0.6384*** (9.41)	0.3611*** (4.35)	0.3395*** (4.08)
专业技术人员	0.6954*** (7.84)	0.5666*** (5.60)	0.5670*** (5.60)

(续表)

变量	模型 1	模型 2	模型 3
普通职工	0.7017*** (13.71)	0.6306*** (9.62)	0.6197*** (9.47)
灵活就业、无业者	0.4038*** (6.57)	0.3341*** (3.88)	0.3298*** (3.83)
年收入(取对数)		1.9793*** (8.97)	1.9888*** (8.99)
年收入二次方		−0.1195*** (−9.76)	−0.1195*** (−9.74)
每月养老金		0.0003*** (22.61)	0.0003*** (22.51)
每月救助金		0.0014*** (13.02)	0.0013*** (12.68)
每月福利金		0.0012*** (5.73)	0.0013*** (5.86)
日常活动能力			−0.0567*** (−8.87)
截距	−1.5045*** (−8.24)	−9.2813*** (−9.24)	−7.4625*** (−7.26)
N	9907	7697	7697
ll	−10541.3929	−7781.6727	−7749.9500

注:括号内为 z 值;*、**、*** 分别表示在 10%、5%、1% 水平上显著。

在人口特征变量中,年龄对愿意购买的养老服务项目数有显著的负向影响,越年长者愿意购买的养老服务项目数越少。尽管以往研究发现越年长者对养老服务的"需求"越强烈,但本章实证结果发现,越年长者花钱购买的意愿却越低。这可能造成"养老服务需求错觉",也说明养老服务的购买主体多为相对年轻的老人。正如世界卫生组织主张的"养要早",帮助老年人逆转、阻止或延缓能力衰退,预防并减少疾病(WHO,2016)。与普通养老服务相比,年长者更需要医疗服务、照护服务。

与小学以下受教育程度老人相比,其他受教育程度组老人愿意购买的养老服务项目数更多,说明受教育程度总体上能提升购买意愿。这与王永梅(2018)的研究发现一致。不同的是,本章进一步发现受教育程度提升购买意愿的作用呈先增强后减弱的变化。高中或中专组的购买意愿最强,其次为初中组,再次为大专及以上组,小学和小学以下组的购买意愿最弱。

与农牧渔民老人相比,其他职业身份老人愿意购买的养老服务项目更多。普通职工愿意购买的养老服务项目数最多,其次为专业技术人群。这两类人群大体属于中产"白领",长期形成了从市场购买服务的消费特点。而领导人员购买项目数相对较少,因为他们退休后能享有相对更好的福利待遇和保障条件。灵活就业和无业者愿意购买的项目数更少,不仅由于收入较低,还因为其中大部分人属于政府"兜底"的养老服务保障对象。

随着年收入增加,老人愿意购买的项目数量会增多,但年收入超过一定额度后,愿意购买的服务项目数又会减少。由于年收入低于2000元的被访老人占24.56%,低于5000元的占39.94%,因此,提高老人年收入水平有助于提升养老服务的购买意愿和能力。养老金、救助金、福利金能显著提高老人愿意购买的养老服务项目数,且救助金、福利金提升服务项目购买数的边际效应比养老金更强。

此外,已婚有配偶的老人愿意购买的养老服务项目数较少。日常活动能力的影响系数显著为负,显示日常活动能力越强的老人愿意购买的养老服务项目数越少。男女愿意购买的项目数没有明显差异。农村户籍与非农户籍老人在愿意购买的项目数上也无明显差异。

(二)有限混合泊松回归模型估计结果

表6-3的检验结果显示,被访老人总体上存在组间消费差异。为了准确识别个体和分组,并探察各影响因素的分异作用,我们进一步采用式(6-2)的有限混合模型进行估计,识别结果如表6-5所示。

表6-5 有限混合模型的识别结果及各组的频数分布

服务项目	回答结果	识别结果		回答结果	识别结果	
	愿意	购买者	非购买者	不愿意	购买者	非购买者
上门探访	208	195	13	7489	567	6922
服务热线	165	160	5	7532	602	6930
陪同看病	365	351	14	7332	411	6921
帮助购物	282	268	14	7415	494	6921
法律援助	203	191	12	7494	571	6923
上门家务	539	481	58	7158	281	6877
送饭助餐	610	532	78	7087	230	6857
日托站所	512	450	62	7185	312	6873
心理咨询	162	155	7	7535	607	6928

表6-5中,对于第一种养老服务"上门探访",回答愿意购买(取值为1)的

208位老人中,被识别为购买者的有195人,被识别为非购买者的有13人;回答不愿意购买(取值为0)的7489位老人中,被识别为非购买者的有6922人,被识别为购买者的有567人。以此类推,相应展示被访老人对其余8个问题回答结果的被识别及归类结果的频数。最后汇总识别结果,购买者、非购买者的比重分别为9.90%和90.10%。与表6-1依据是否购买养老服务(取值0或1—9)对老年人进行分组得到的比重(11.88%、88.12%)相比,被有限混合模型识别出来的购买者占比更低。

表6-6给出了有限混合模型对不同特征老人的识别、归类结果。在职业身份中,专业技术人员和普通职工的购买比例更高;受教育程度中,高中或中专、初中、大专及以上三类学历的购买者比例更高;城镇购买者为12.59%,而农村购买者为6.92%;男性购买者为10.33%,女性购买者为9.47%。

表6-6 不同特征老人被识别结果的比例

特征	购买者	非购买者	特征	购买者	非购买者
农牧渔民	7.02	92.98	高中或中专	15.24	84.76
灵活就业或无业者	11.01	88.99	大专及以上	11.15	88.85
普通职工	13.04	86.96	已婚	9.81	90.19
专业技术人员	16.33	83.67	非婚	10.12	89.88
领导	11.97	88.03	城镇	12.59	87.41
小学以下	8.07	91.93	农村	6.92	93.08
小学	8.10	91.90	男性	10.33	89.67
初中	13.15	86.85	女性	9.47	90.53

有限混合模型的第二步会针对被识别出来的两组老人进行回归分析。结果如表6-7所示。从表6-7看,购买者的潜类别概率为10.55%,非购买者的潜类别概率为89.45%。在非购买者中,年龄、婚姻对老人养老服务购买数的影响不显著。男性比女性愿意购买的养老服务项目数更少;农村户籍相比城镇户籍更不愿意购买;与小学以下组相比,小学、大专及以上的老人愿意购买的服务项目数更多,但初中组、高中或中专组则没有明显差别;就职业身份而言,在非购买者中,只有普通职工的购买意愿相对较强,其他组则无明显差别;年收入仍具倒"U"形影响。

表 6-7 有限混合模型估计结果

变量	非购买者	购买者
年龄	−0.0169 (−0.89)	−0.0022 (−0.65)
性别(男性＝1)	−0.8931*** (−2.83)	0.0088 (0.19)
婚姻(已婚＝1)	−0.0374 (−0.17)	0.0053 (0.10)
户籍(农村＝1)	−0.9421** (−2.16)	0.1638** (2.38)
受教育程度(小学以下)		
小学	0.7185* (1.77)	0.2004*** (2.93)
初中	0.4482 (1.11)	0.3581*** (5.07)
高中或中专	0.6025 (1.47)	0.2475*** (2.92)
大专及以上	1.3684*** (3.78)	0.1823 (1.37)
职业身份(农牧渔民)		
领导人员	1.4515 (1.60)	0.2159** (2.32)
专业技术人员	1.5153 (1.59)	0.1678 (1.43)
普通职工	2.6621*** (3.17)	0.2787*** (3.61)
灵活就业、无业者	−15.1143 (−0.02)	0.0920 (0.92)
年收入(取对数)	7.1013*** (4.61)	0.7635** (2.55)
年收入二次方	−0.4460*** (−5.19)	−0.0447*** (−2.75)
每月养老金	0.0007*** (11.05)	0.0001*** (4.06)
每月救助金	0.0020*** (2.98)	0.0003** (2.55)
每月福利金	0.0064*** (8.74)	−0.0001 (−0.38)

(续表)

变量	非购买者	购买者
日常活动能力	-0.1039*** (-5.66)	-0.0374*** (-4.21)
泊松回归截距(β_0)	-29.4246*** (-4.00)	-1.2215 (-0.87)
潜类别 mlogit 回归截距(γ_j)	2.1379*** (47.90)	0.0000
潜类别概率(π_j)	0.8945	0.1055
N	6935	762

注:括号内为 z 值;*、**、*** 分别表示在 10%、5%、1% 水平上显著。

在被识别为购买者群体中,不同年龄、性别、婚姻状况的老人之间的差异不显著;城镇户籍比农村户籍愿意购买的项目数更多;小学组、初中组、高中或中专组比小学以下组购买意愿更强,但大专及以上组差别不显著;领导人员、普通职工的购买意愿比农牧渔民更强;年收入也仍具有倒"U"形影响。此外,养老金、救助金对两类老人的购买意愿都有显著的提升作用。对两组老人而言,日常活动能力越强,愿意购买的项目数越少。

总体而言,在 11 个影响因素中,年龄、婚姻状况没有显著影响,社会保障收入、日常活动能力对两类老人的影响较为一致,其他 7 个因素对两类老人的影响作用均存在差异。在被识别为非购买者群体中,女性、收入相对更高的城镇户籍、小学或大专及以上、退休前为普通职工等特征的老人具有更强的购买意愿,"心动"而未付诸"行动",在一定条件下有望从"需要者"转为"购买者"。

第 5 节 结论与政策建议

本章基于 2016 年中国老年社会追踪调查数据发现,老人花钱购买养老服务的意愿较低,且对养老服务的购买意愿存在消费分群。使用有限混合泊松回归模型识别得出的购买者、非购买者比例分别为 9.90%、90.10%。这表明老人并不等于养老服务购买者或消费者,养老服务市场存在较为强烈的"需求错觉"。泊松回归模型估计结果表明,总体上,年龄对养老服务购买意愿有显著负向影响;受教育程度能提升购买意愿,促进作用随着受教育程度的提升先增强后减弱;年收入的影响则呈倒"U"形;"中产"职业身份、保险福利救助收入更高者具有更强的购买意愿。在影响养老服务购买意愿时,社会保障收入具有一致性的促进作用,日常活动能力则产生相似的消减作用,但性别、户籍、受教育程度、职业身份、年收入水平等因素对不同人群的影响存在差异。相比之下,在被识别为非购买者群体中,女性、年收入相对更高的城镇户籍、小学或大专及以上文化、退休前为普通职工等特征的老人有更强的购买意愿,有望从"需要者"转为"购买者"。

本章实证结果提供了以下政策启示:(1) 在当前老人普遍购买力不足、购买意愿不强的情形下,应持续提高老人收入水平,尤其是养老金、救助金、福利金等保险福利水平,重点提升低收入老人、高龄老人等薄弱人群的购买能力。(2) 为避免被"啃老"或挪为其他用途,应推动福利保障金、津贴补贴等资金给付方式向养老服务购买"补贴"模式转变,直接支持老人购买养老服务。例如,佛山市南海区为老人提供养老服务消费额度,由老人到服务平台选购所需服务,而不是支付现金。(3) 政府除继续承担对失独、失能、高龄、贫困等特殊老人的"兜底"责任外,应尽早为其他老人提供普惠式的基本养老服务,增强养老服务消费体验和获得感,培养消费习惯和购买意愿,推动女性、年收入相对更高的城镇户籍、小学或初中文化、退休前为普通职工等特征老年人从"需要者"转为"需求者",进而转为消费者。(4) 市场应对准年轻、初高中文化程度、中产阶层、丧偶或独居、收入相对更高、躯体功能更弱等特征的老年消费主体,从"刚需"发轫,逐步扩大养老服务消费人群规模,减少服务空转,促进有效供给,提升盈利水平和能力。

第 7 章
机构养老意愿者的甄别与归因*

第 1 节 引　　言

随着老龄化、家庭小型化,探索应对养老需求增加与家庭养老功能弱化之间矛盾的可行养老模式就成为重要任务。其中,机构养老是指由国家与社会建立专门社会组织或机构为老年人提供满足其身体、心理、精神慰藉等需求的集中式养老服务模式,包括养老院、敬老院、福利院、老年公寓、老年护理院、托老所等。1987—1999 年,我国主要以机构为重心来建设养老服务体系,采取政府承担费用、直接举办公办机构的模式;2000—2005 年,虽仍以机构建设为主,但向公建民营、民办公助、民办等市场化经营模式发展;2005 年,启动养老服务社会化,让更多的自费老人住进公办养老机构;2013 年,提出建立以居家为基础、社区为依托、机构为支撑、医养相结合的养老服务体系。《"十三五"规划》提出"机构为补充";《"十四五"规划》又提出居家社区机构相协调,支持家庭承担养老功能。

随着我国养老服务体系建设从机构向社区居家回归,公办养老机构"一床难求",但多数民营养老机构却面临举步维艰的困境(崔树义和田杨,2017)。2022 年末,全国共有各类提供住宿的养老机构 4 万个,养老服务床位 822.3 万张,基本达到了 3% 的供给目标,但养老床位空置率超过 50%。① 乔晓春(2022)利用"七普"长表数据发现全国老人居住在养老机构的比例仅 0.73%,包括财政"兜底"的民政收住对象和自费老人。很大原因在于对老人的机构养老意愿把握不准(刘二鹏和张奇林,2018)。

有多少老人需要或愿意选择机构养老?这是机构养老服务业发展的重

---

* 原文发表于《华中科技大学学报(社会科学版)》2023 年第 6 期。
① 数据来源:《中华人民共和国 2022 年国民经济和社会发展统计公报》《2021 中国民政统计年鉴》。

要依据,也关乎老年人的需求满足,并影响政府部门的需求侧管理。学者们对老年人的机构养老意愿、偏好、选择、需求、入住、使用或消费等进行了大量研究,但都是依据单一指标变量的调查统计,且大多使用地方数据,结果差异也很大。由此难以提供机构养老意愿的可靠、准确信息,既限制了政策影响力,也不利于相近研究的对话和深化。

基于 CLASS 2018 年全国大样本数据,本章使用潜类别模型及四个指标对"机构养老"进行测量,将老人个体识别为"机构养老""非机构养老"两组,"机构养老"组所占比例反映了我国老人的机构养老意愿;进而使用混合回归模型分析识别两组老人决定因素。相比已有研究,我们的改进主要有:第一,基于模型和多指标的测量方法,减少了测量误差;第二,潜类别模型是对老人异质性的整体式识别,减少了分组误差;第三,混合回归模型既考虑了群体间的异质性,又考察了群体内的量差性,比传统的单一回归模型更准确;第四,重点考察了社会保障收入、社区环境等目前讨论不多的因素。

第 2 节 文 献 回 顾

在我国养老服务体系以机构为重心的发展过程中出现了养老机构床位空置率居高不下,同时绝大多数居家养老尤其是失能失智老年人没有得到政策支持等问题,养老服务体系的建设重心逐渐由重机构向重社区与居家转变(黄一坤和许鑫,2012;董红亚,2018)。解决养老服务体系结构性失衡问题的关键在于选择怎样的出发点和立足点,是从老年人需求出发还是从国家供给出发,是立足于制度政策框架还是立足于大众对养老服务体系的认同(赵一红和聂倩,2022)。

老年人机构养老意愿成为需求侧研究的起点。人们对机构养老的观念和选择在逐渐转变,越来越多的老年人及家庭能接受机构养老(冯占联等,2012;罗梦云等,2017)。现有研究得出的老年人机构养老意愿比例最低为 3.3%,高的达 74.7%,10% 左右的比例最多。医养结合型养老机构入住意愿比例低的为 12.89%,高的达 60.8%(韩杨和李红玉,2018;张良文等,2019)。农村老年人机构养老意愿比例低的为 1.8%,高的为 37.9%(周翔和张云英,2015;夏春萍等,2017)。失能老年人机构养老意愿比例低至 2.3%,高的为 47%(李璐良,2020;陈娜和邓敏,2021)。宁艳等(2022)基于 CLHLS 2014 年数据得到60岁以上空巢老人的机构养老意愿为1.7%。这些研究都是询问"您愿意去养老院(机构)养老吗"等类似问题,设置愿意、不愿意两种选项。王桥和张展新(2018)指出,单选项养老意愿的问题调查带有更多的随意性,而多选项养老意愿的问题调查能够更为真实地反映老人的心愿。他们从单选项提问得到的机构养老意愿为36.6%,而从多选项提问得到的比例为9.98%。除了"意愿"研究,也有学者从老年人对机构养老的偏好、选择、需求、入住、使用或消费等相近角度进行了探究。

对于机构养老意愿的影响因素,现有研究的注意力主要集中在老年人个体及其家庭的微观层面。仍有就业意愿和就业条件的低龄老人不愿意进入养老机构(孙文华和陈建国,2013)。张文娟和魏蒙(2014)发现,非失能老人愿意通过机构养老的比例远高于失能老人。张瑞玲(2015)也发现,老年人身体状况越好越愿意入住养老机构,身体状况越不好越不愿意入住养老机构。夏春萍等(2017)重点考察了传统孝道观念、对养老机构伙食的认知、配偶和邻居影响等行为态度、主观规范、知觉行为控制等意志因素,发现其具有明显的影响。阎志强(2018)通过对广州老人的调查发现,老年人入住养老院具有很大的不确定性,特别是对医疗保健、临终照护服务有高度期待。陈昫(2014)基于建构主义视角,通过入户访谈发现大多数老年人对养老院印象不佳,持消极态度,并在表明这一态度的过程中主观构建了对养老机构的消极刻板印象,且作出了"不属于养老院照顾对象"的自身身份构建。

中观层面主要检视了养老机构、同龄人群、村庄、单位组织等因素的影响。杜恒波等(2016)基于扎根理论的访谈发现,周边老人对老人决定是否去养老院影响也很大,包括积极的看法和消极的言论。狄金华等(2014)指出,农民机构养老意愿应放回村落视野考察,发现有非正式宗族网络的农村居民比没有宗族网络的农村居民入住养老机构的意愿低,有正式宗族组织的农村居民入住意愿最低,并且宗族在公共服务中的功能越强,农村居民入住养老机构的意愿越低。吴海盛和邓明(2010)通过研究发现,自然村个数较多、第一大姓比例较小的村庄的居民更倾向于通过正规化的养老模式来解决养老问题,原因在于难以从家庭或社区获得全部养老资源。高晓路(2013)通过研究发现,商品房小区老人倾向于服务质量和环境比较好的私立机构,廉租房社区老人倾向于低收费的公办养老机构,普通混合社区老人倾向于中等收费的私立养老机构,街坊社区老人要求离家近的养老机构,单位大院老人倾向于公办养老机构,指出这与社区的社会经济文化背景紧密相关,并提出以社区为着眼点把握老人的社会养老服务需求。

养老机构运营中的一些问题也影响老年人的机构养老意愿。例如,养老机构的养、护、医、送四大功能分离,缺乏家居认同和亲情滋养,专业、负责的老年护工和管理人才短缺,农村养老机构发展不规范(穆光宗,2012)。养老机构普遍与医院康复机构存在较远的距离,无法满足老年人的就医需求(张韬,2017)。韩杨和李红玉(2018)的研究显示,老年人对医养结合机构养老的意愿更高,达60.8%。杜恒波等(2016)认为,养老院的硬件设施、软文化、组织形态等因素是影响老年人选择养老院养老的重要因素。肖云等(2012)的研究检验了对养老机构的认知变量,包括对机构设施、服务质量的认知以及了解程度,都具有正向的提升作用。对养老机构知晓程度越高的老人越倾向于选择入住养老机构(张瑞玲,2015)。徐俊和朱宝生(2019)对北京市460家养老机构的统计分析表明,实际床均护理人数、养老机构所在位置、室内配套设施数、医护设施设备数、专业技术人员占比和自理老人比例对床位使用率有显著的影响。

宏观层面主要讨论了地区经济文化习俗、社会保障、公共政策、医疗与养老服务市场等因素的影响。廖楚晖(2014)运用结构方程模型检验了政府行为的影响,发现机构服务监管、养老制度运行均存在显著影响,并且机构服务监管在养老制度运行与养老意愿之间起到部分中介的作用。于凌云和廖楚晖(2015)研究了不同的基本养老保险待遇对个人或家庭的养老消费决策及机构养老意愿的影响,发现参加城乡居民基本养老保险、城镇企业职工基本养老保险及享有机关事业单位退休金等三类群体的机构养老意愿均显著高于未参保群体。

从已有研究看,对机构养老意愿的调查统计结果差异很大。究其原因,这些数据大多只是针对少量城市(或城区),还有不少是分别针对城市、农村;所依托的抽样调查设计也存在较多缺陷(王桥和张展新,2018);并且多数研究是针对单因素的问题调查,精度通常较低。在探究老人机构养老意愿的影响因素时,人口和家庭因素讨论得最多,而机构、组织、村落、同龄等中观因素和地区经济文化、制度政策、市场等宏观因素的影响则较少涉及。况且影响老年人机构养老意愿的并非单一或少量因素,而是多层面因素彼此关联的复杂作用。在研究这些因素的影响时,结果存在诸多冲突和矛盾,很大原因归咎于老年人群内部的异质性(张文娟和魏蒙,2014)。而通常使用的 Logit 回归、Cox 回归等估计方法识别不准。

第3节 研究设计

(一) 理论模型

随着经济社会发展、家庭结构变化、文化观念转变等,养老问题日益复杂。单一层次的因素分析越来越难以解答老年人机构养老背后深刻的行为和结构机制。而多维度、多层次的因素剖析具有更强的解释力。故此,本章在现有文献的基础上提出一个老年人机构养老意愿的多层因素理论模型,包括个人及家庭等微观层面因素,社区、机构、单位组织或村落等中观因素,以及地区经济文化习俗、社会保障制度、公共政策等宏观因素,如图 7-1 所示。

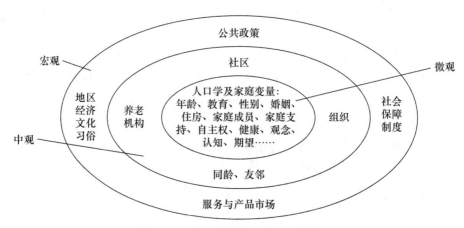

图 7-1 老年人机构养老多层因素模型

(二) 样本数据来源

本章的样本数据来自 CLASS。2018 年,该调查采用多阶段分层概率抽样法,在全国 28 个省份获得 11418 位老人个体数据。①

---

① 不包括中国香港、台湾、澳门、海南、新疆和西藏。

（三）主要变量及其测度

1. 被解释变量

被解释变量为机构养老。鉴于已有研究一般只询问"机构养老意愿"等单一变量，因而存在识别误差，本章假设"机构养老"为分类型潜变量，采用机构养老选择、机构养老了解、机构养老印象、机构养老支持四个指标对其进行测量，以获得更准确的测量结果。

CLASS问卷中会询问"今后您打算主要在哪里养老"，将该变量命名为"机构养老选择"，选项包括"自己家、子女家、社区日托站或托老所、养老院、其他、无法回答"，将回答结果为"养老院"的赋值为1，其余回答结果赋值为0。第二个测量指标为问卷询问的"您了解养老院吗"，将该变量命名为"机构养老了解"，选项包括"了解、有些了解、不了解"，将回答结果为"了解"的赋值为1，其他回答结果设为0。第三个测量指标为问卷询问的"您对养老院的总体印象如何"，将该变量命名为"机构养老印象"，选项包括"较差、一般、较好、无法回答"，将回答结果为"较好"的赋值为1，其他回答结果为0。第四个测量指标为"您的家人愿意您去住养老院吗"，将该变量命名为"机构养老支持"，选项包括"愿意、不愿意、意见不统一、不知道"，将回答结果为"愿意"的赋值为1，其他回答结果为0。本章在四个测量指标变量上采取了较严格的赋值方式。这是考虑到机构养老需要付费，故而只将被访老人直接正面的选择结果为"养老院""了解""较好""愿意"等赋值为1，而将其余的否定或不太确定的回答结果赋值为0。

2. 解释变量

限于CLASS数据中变量的可得性，不能奢望在本研究中将所有影响因素都包括在内，为此本章将重点考察：第一，宏观层面的社会保障收入，包括养老金（元/月）、高龄津贴（元/月）、救助金（元/月，含低保金、贫困救助金、其他救助金）、居家养老服务补贴或券（元/月）、第一位收入来源（1＝养老金，2＝劳动工作所得，3＝家庭成员收入，4＝政府补贴或资助，5＝财产性收入）；第二，中观层面的社区因素，包括社区类型（1＝街坊型、单位房、保障房社区，2＝商品房小区或高档住宅区，3＝村改居、村居合并或城中村，4＝农村社区）、社区活动场所或设施（含老年活动室、健身场所/设施、棋牌或麻将室、图书室、室外活动场所、其他）、社区医养服务（1＝无医无养，2＝有养无医，3＝

有医无养,4=医养结合)。

3. 控制变量

将微观层面的老人个体及家庭因素作为控制变量,包括性别(男性=1,女性=0)、年龄、教育(1=不识字,2=小学,3=初中,4=高中,5=大专及以上)、婚姻(1=已婚有配偶,0=丧偶、离婚、未婚)、户籍(1=非农户籍,0=农村户籍)、健康(1=很不健康,2=比较不健康,3=一般,4=比较健康,5=很健康)、孩子数(儿子和女儿数)。

(四)模型

1. 潜类别模型

潜类别模型(latent class model,LCM)是测量分类型潜变量"机构养老"取值结果(潜类别)的模型。基本假设是,分类型潜变量的每种潜类别对各外显指标变量的反应选择具有某种倾向性影响,可由这些互斥的潜类别来解释外显变量各种反应的概率分布,即根据个体在测量指标上的反应模式对其进行归类,识别有哪些不同群组,个体应被归入哪一类(邱皓政,2008;阳义南,2021)。相比传统的异质性分析方法,LCM是对老人异质性的"整体"式聚类分组,不必借助性别、户籍等外生变量,能更全面地捕捉个体异质性,分类结果更准确、客观(Gerdtham and Trivedi,2001;Deb and Trivedi,2002;Magidson and Vermunt,2002)。LCM提供了一个基于个体中心化(person-centered)认识老年人机构养老行为及其模式分化的分析工具。本章LCM的方程式如下:

$$P(Y_i) = \sum_{t=1}^{T} P(C=t) \prod_{j=1}^{J} P(Y_{ijk} \mid C=t) \quad (7\text{-}1)$$

式(7-1)中,Y_{ijk}表示个体i在指标j的选项得分,j共有k个取值($k=0,1$)。C为潜类别,有t个取值。潜类别模型将使用mlogit回归估计式(7-1)中的潜类别概率$P(C=t)$,类似方差解释比。接着对四个0—1型指标变量进行Logit回归,估计出第j个指标在第t个潜类别的截距。截距越大,表明该潜类别对此指标变量的影响越大。

模型(7-1)的参数估计出来之后,再使用贝叶斯后验概率公式(7-2)计算出老人在不同潜类别的归属概率。他在哪一类的概率更大,就归入对应类别,完成个体识别。

$$p(C_i = t \mid y_i) = \frac{p(C_i = t) f(y_i \mid C_i = t)}{f(y_i)} \quad (7\text{-}2)$$

2. 混合回归模型

混合回归模型(regression mixture model，RMM)整合了LCM与传统的回归模型，在测量出不同类别群体的基础上分别建立各自的回归模型(Ding, 2006；王孟成和毕向阳，2018)。模型方程如下：

$$P(Y_i \mid Z_i) = \sum_{t=1}^{T} P(C = t \mid Z_i) \prod_{j=1}^{J} P(Y_{ijk} \mid C = t) \quad (7\text{-}3)$$

$P(C=t|Z_i)$为考虑协变量Z_i时属于潜类别$C=t$的概率，本章中的Z_i包括社会保障因素、社区环境因素、个人及家庭因素，解释分类型潜变量"机构养老"各个潜类别的成因。

第4节 实证结果分析

(一) 描述性统计结果分析(见表7-1)

表7-1 描述性统计结果

变量	样本量(个)	均值	标准差	最小值	最大值
机构养老选择	11418	0.029	0.167	0	1
机构养老支持	11418	0.067	0.249	0	1
机构养老了解	11418	0.105	0.307	0	1
机构养老印象	11418	0.119	0.324	0	1
养老金(元/月)	11418	189.8	662.0	0	8580
高龄津贴(元/月)	11288	13.06	40.766	0	800
救助金(元/月)	11418	18.98	84.70	0	1385
养老服务补贴(券)(元/月)	11395	1.320	18.59	0	900
第一位收入来源	11418	2.190	1.240	1	5
社区类型	11401	2.708	1.262	1	4
社区医养服务	11418	1.738	1.045	1	4
社区活动场所或设施	11418	1.580	1.525	0	5
性别	11418	0.500	0.500	0	1
年龄	11418	71.45	7.370	52	108
教育	11418	2.180	0.980	1	5

（续表）

变量	样本量(个)	均值	标准差	最小值	最大值
婚姻	11418	0.690	0.460	0	1
户籍	11418	0.460	0.500	0	1
健康	11402	3.310	0.900	1	5
孩子数(个)	11418	2.600	1.400	0	7

在测量指标"机构养老选择"上，选择"养老院"的有2.88%，这是依据单一指标的机构养老意愿比例，而选择"自己家""子女家""社区日托站或托老所""其他""无法回答"的分别占65.76%、17.24%、2.06%、6.98%、5.07%。在"机构养老支持"上，回答"愿意"的为10.82%，而回答"意见不统一""不愿意""不知道"的各占6.66%、45.67%、36.85%；在"机构养老了解"上，回答"了解"的占10.53%，而回答"有些了解""不了解"的各有39.31%、50.17%；在"机构养老印象"上，回答"较好"的占11.9%，而回答"一般""较差""无法回答"的有43.42%、11.9%、33.21%。可见，近九成老人对养老机构并不了解，并形成了较负面的刻板印象。

问卷还询问了其他三个关于养老院的问题：第一，"您在什么情况下会去养老院？"选择"无论如何都不会去""无法回答""其他"的分别占44.74%、12.98%、0.59%，而选择"需要有人照料""需要有人陪伴""出现家庭矛盾""换个居住环境"的各占22.37%、9.7%、6.55%、3.07%。后四种情形代表了老人的机构养老"需要"，合计41.69%。第二，"您最喜欢以下哪种养老院？"选择"离家近""离医院近""收费低""入住门槛费用低""服务质量好""居住环境好"的各占13.34%、11.97%、22.26%、13.47%、27.39%、10.89%，选择"其他"的占0.67%。① 第三，"如果需要住养老院，您家一个月最多能承受多少钱？"均值为1658.67元，最小为0，最大值为8000元。高晓路（2013）通过调查北京市6个不同类型社区的605位老人发现，70%的居民可以接受的养老机构价格不超过2000元/月，1200元/月是养老机构收费的最优值。但表7-1中的养老金均值仅190元/月，没有养老金收入的占60.6%，低于1000元/月的占到了94.99%。

---

① 样本量为6310人。

(二)潜类别模型估计结果

潜类别 C 的数目未知。本章根据 Everitt 等(1981)样本潜类别的分类原理,在模型收敛的前提下根据 BIC 值最小化来判定最优的潜类别数目。[①] 从 $C=1$ 开始对式(7-1)的潜类别模型采用最大期望算法(EM)进行迭代估计,依次增多,直至似然函数无法收敛。$C=1$ 的 BIC 值为 24625.73,$C=2$ 的 BIC 值为 23690.57,$C=3$ 的模型不收敛。故本章最终采用分两组的潜类别,并将其命名为机构养老、非机构养老。估计结果如表 7-2 所示。

表 7-2 潜类别模型估计结果

测量指标	(1) 非机构养老($C=1$)	(2) 机构养老($C=2$)
机构养老选择	−4.964*** (−22.16)	−1.211*** (−9.66)
机构养老支持	−3.355*** (−38.92)	−0.543*** (−4.33)
机构养老了解	−2.625*** (−42.56)	−0.195* (−1.66)
机构养老印象	−2.496*** (−41.32)	0.050 (0.39)
潜类别截距	0.000 (.)	−2.216*** (−18.13)
潜类别概率	0.9017	0.0983
N	10708	700

$ll=-11803.244$;chi2_ms(6)= 105.582 p>chi2=0.000;AIC=23624.487;BIC=23690.574

注:括号内是 z 值;* $p<0.1$,** $p<0.05$,*** $p<0.01$。

进一步基于公式(7-2)计算出老人个体归于这二类的贝叶斯后验概率。被访老人关于四个指标变量的回答结果或反应模式、在两组的归类概率、归类结果及其频数、频率如表 7-3 所示。其中,4 个指标都选"0"的有 8669 人,占 75.92%,1 个指标选"1"的共四种情形,有 2049 人,合计占 17.95%;有 2 个指标选"1"的共六种情形,有 536 人,合计占 4.69%;有 3 个指标选"1"的共四种

[①] BIC 的惩罚项比 AIC 大,考虑了样本数量,可有效防止因样本量大而导致的过拟合,并且 BIC 能防止当 n 较少时,k 值过高。

情形,有127人,合计占1.12%;四个指标都选"1"的有37人,占0.32%。

表7-3中,(0100)这种反应模式被识别为"机构养老"的后验概率仅57.71%,说明只根据"机构养老选择"这一指标来判定老人机构养老意愿的精度是有限的。相比王桥和张展新(2018)通过多个回答选项予以改进,本章基于多指标联合概率分析的识别结果会更加准确。

表7-3 个体反应模式及其归属潜类别的后验概率($N=11418$)

指标组合 $j=1,2,3,4$	归属概率 C=1	归属概率 C=2	归类结果	频数	频率(%)
(0000)	0.983100	0.016900	1	8669	75.92
(0001)	0.820122	0.179878	1	839	7.35
(0010)	0.836636	0.163364	1	715	6.26
(1000)	0.777506	0.222494	1	389	3.41
(0100)	0.577132	0.422867	1	106	0.93
(0011)	0.286426	0.713574	2	252	2.21
(1010)	0.235269	0.764731	2	91	0.80
(1001)	0.215003	0.784997	2	84	0.74
(0110)	0.107267	0.892733	2	19	0.17
(0101)	0.096634	0.903366	2	39	0.34
(1100)	0.075775	0.924225	2	51	0.45
(1011)	0.023545	0.976455	2	50	0.44
(0111)	0.009330	0.990670	2	19	0.17
(1110)	0.007166	0.992834	2	19	0.17
(1101)	0.006385	0.993615	2	39	0.34
(1111)	0.0000565	0.999435	2	37	0.32

注:四个指标分别为机构养老支持、机构养老选择、机构养老了解、机构养老印象。

将老人个体的归类结果进行加总,识别为"非机构养老"的有10718人,占93.87%,识别为"机构养老"的有700人,占6.13%,高于只依据"机构养老选择"单一指标的结果(2.88%)。这是因为"机构养老支持""机构养老印象""机构养老了解"等指标提供了更多信息。

表7-4中的分特征识别结果可为机构养老业、机构床位等供给侧和老年人机构养老需求、政府需求侧管理、市场需求等提供更丰富的参考信息。具体地,城镇户籍老人的机构养老意愿为8.23%,约为农村(4.31%)的两倍。随着年龄的后移,50后、40后、30后及之前老人的机构养老意愿在提升,说明

机构养老这种模式越来越被老人所接受。男性老人机构养老意愿略高于女性老人,而无配偶老人略高于已婚有配偶老人。就文化程度而言,大专及以上、高中、初中文化老人的意愿更高。在主要收入来源这一项,依靠养老金、财产性收入的老人意愿最强,二者可为机构养老提供稳定可靠的经济支持,而依靠家庭成员收入、政府补贴或资助、劳动工作所得等的老人经济来源相对不稳定,机构养老意愿低于前二者。

表 7-4　不同特征老人被识别后的潜类别比例　　　　(单位:%)

特征变量	机构养老	非机构养老	特征变量	机构养老	非机构养老
全样本	6.13	93.87	大专及以上	9.62	90.38
城镇户籍	8.23	91.77	高中	10.43	89.57
农村户籍	4.31	95.69	初中	7.42	92.58
30后及之前	4.35	95.65	小学	5.38	94.62
40后	5.89	94.11	不识字	4.66	95.34
50后	7.11	92.89	养老金收入	8.30	91.70
男性	6.43	93.57	财产性收入	5.74	94.26
女性	5.83	94.17	家庭成员收入	4.68	95.32
无配偶	6.25	93.75	政府补贴或资助	4.03	95.97
已婚有配偶	6.08	93.92	劳动工作所得	4.18	95.82

(三)混合回归模型估计结果

混合回归模型是在测量分类型潜变量"机构养老"的基础上,对识别出来的不同潜类别分别建立回归模型,分析加入的协变量对该潜类别的影响。首先加入社会保障的经济类变量,包括每月的养老金、救助金、高龄津贴、居家养老服务补贴(券),以及目前第一位经济收入来源;接着加入社区类型、社区医养服务、社区活动场所或设施;最后加入年龄、学历、性别、婚姻、户籍、健康、子女数等人口学及家庭变量。估计结果如表7-5所示。

表 7-5　混合回归模型估计结果

解释变量	(1)	(2)	(3)
养老金	0.000** (2.36)	0.000** (2.51)	0.000*** (3.10)

(续表)

解释变量	(1)	(2)	(3)
救助金	0.001*** (3.01)	0.001*** (3.10)	0.002*** (3.31)
高龄津贴	−0.005** (−2.53)	−0.005*** (−3.60)	−0.002* (−1.70)
居家养老服务补贴(券)	−0.004 (−0.85)	−0.006 (−1.62)	−0.006 (−1.61)
第一位经济收入来源(对照组:劳动工作所得)			
财产性收入	0.590*** (2.75)	0.452** (2.35)	0.584*** (2.95)
养老金	1.104*** (7.20)	0.592*** (4.08)	0.548*** (3.54)
家庭成员	0.192 (1.09)	0.161 (1.09)	0.329** (2.11)
政府补贴或资助	0.031 (0.11)	−0.195 (−0.81)	−0.067 (−0.26)
社区类型(对照组:街坊型、单位房或保障房社区)			
商品房小区或高档住宅区		−0.011 (−0.11)	−0.066 (−0.60)
农村社区		−0.605*** (−5.03)	−0.224 (−1.42)
村改居、村居合并或城中村		−0.494*** (−3.07)	−0.286* (−1.70)
社区活动场所或设施		0.103*** (3.76)	0.086*** (3.00)
社区医养服务(对照组:无医无养)			
有医无养		0.205** (2.05)	0.252** (2.41)
有养无医		1.137*** (6.21)	1.196*** (6.35)
医养结合		1.688*** (11.67)	1.694*** (11.29)
年龄(对照组:30后及之前)			
40后			0.517*** (3.45)
50后			0.729*** (4.57)

(续表)

解释变量	(1)	(2)	(3)
学历(对照组:文盲)			
小学			-0.017 (-0.13)
初中			0.310** (2.22)
高中			0.510*** (2.99)
大专及以上			0.405 (1.56)
性别			0.200** (2.26)
婚姻			-0.320*** (-3.21)
户籍			0.391*** (2.67)
健康			0.101* (1.93)
子女数			-0.122*** (-3.08)
截距	-2.633*** (-13.99)	-2.034*** (-11.48)	-3.093*** (-8.50)
机构养老选择($C=1,2$)	-5.650*** (-12.19)	-16.998 (-0.03)	-7.617*** (-2.86)
	-1.327*** (-10.94)	-1.669*** (-16.36)	-1.649*** (-16.41)
机构养老了解($C=1,2$)	-2.690*** (-38.68)	-3.011*** (-30.68)	-2.950*** (-31.34)
	-0.382*** (-3.53)	-0.527*** (-6.75)	-0.542*** (-6.42)
机构养老支持($C=1,2$)	-3.542*** (-33.38)	-3.830*** (-28.43)	-3.879*** (-27.33)
	-0.719*** (-6.09)	-1.033*** (-12.14)	-0.970*** (-10.30)
机构养老印象($C=1,2$)	-2.540*** (-38.25)	-2.676*** (-38.50)	-2.653*** (-37.78)
	-0.190* (-1.67)	-0.534*** (-6.79)	-0.519*** (-6.20)

（续表）

解释变量	（1）	（2）	（3）
潜类别概率($C=2$)	0.121	0.179	0.174
N	11270	11253	11238
BIC	23155.038	22975.584	22946.012

注：括号内是 z 值；* $p<0.1$，** $p<0.05$，*** $p<0.01$。

表7-5中，模型（2）、模型（3）迭次加入社区变量、人口学及家庭变量，社会保障等经济变量、社区变量的回归系数总体上保持稳定，说明混合回归模型的估计结果是稳健的。下文针对模型（3）的估计结果展开分析。

第一，社会保障制度的保障型给付提高了老人机构养老意愿，而福利型给付降低了老人机构养老意愿。养老金对老人机构养老意愿具有在1%水平上的显著正向影响，养老金月收入每增加1元，老人机构养老意愿上升0.0164%（优势比OR=1.000164，下同）。救助金对老人机构养老意愿的影响也在1%水平显著为正，救助金月收入每增加1元，老人机构养老意愿上升0.15%。高龄津贴则对老人机构养老意愿具有在10%水平上的显著负向影响，高龄津贴月收入每增加1元，老人机构养老意愿降低0.23%。居家养老服务补贴的影响系数也为负（不显著），每增加1元，老人机构养老意愿降低0.57%。

在我国社会保障制度中，养老金、救助金都属于保障型给付，满足的是老年人基本或最低的生活需求；且救助金领取者本身属于民政"兜底"的机构养老收住对象。高龄津贴、居家养老服务补贴则属于福利型给付，满足的是老年人更高层次的需求。已有研究表明，我国绝大多数老人真正偏好的养老模式是居家社区养老。机构养老与居家养老之间是替代性的消费，而非互补性的消费。按照需求层次理论，当保障型的救助金、养老金给付水平增加时，能提升满足老人最低或基本需求的机构养老的意愿。而随着福利型给付水平的提高，老人更有支付能力去消费其更偏好的居家社区养老，降低了机构养老意愿。这说明老年人内在的需求偏好才是决定其养老消费模式的真正原因，并非直观认为的，老人不去机构养老是因为支付不起，不能因此推断当老人收入水平提高后，就会增加对机构养老服务的消费。

第二，老人机构养老意愿随着收入来源稳定性的上升而相应增强。财产性收入、养老金、家庭成员、政府补贴或资助的回归系数依次减小。相比对照组的自己劳动工作所得，财产性收入为第一来源的机构养老意愿上升79.39%，养老金为第一来源的意愿提高73.06%，家庭成员为第一来源的意愿提高38%，而依靠政府资助或补贴的意愿则降低6.48%。这五种第一位收入来源中，财产性收入、养老金的稳定性最强，且老人的支配权最大，其次为家庭成员（配偶、子女或其他亲属的收入或资助），而相比之下，自己劳动工作所得、政府资助或补贴的经济稳定性更低。不难看出，回归系数的差异反映了五种收入来源的稳定性对老人机构养老意愿的影响差别，说明老人入住养老机构须有稳定持续的经济收入来源作为支撑。从回归系数的大小来看，相比养老金、救助金等社会保障收入的高低，收入来源稳定性对老人机构养老意愿的影响更强。

第三，熟人社区、非农社区的老人机构养老意愿较高。社区类型中，相比对照组的街坊型、单位房或保障房社区，商品房小区或高档住宅区，农村社区，村改居、村居合并或城中村的老人机构养老意愿更低，分别低6.39%、20.1%、24.9%。居住在街坊型、单位房或保障房社区的老人具有某些相似特征，如长期交往频繁、同一单位、同属低收入人群，彼此间具有更强的同侪影响或从众心理及行为。从回归系数的大小看，农村社区老人比城镇社区老人的机构养老意愿低。

第四，社区医养服务尤其是医养结合的、老年活动场所或设施更多的，能提高老人的机构养老意愿。就社区医养服务的影响而言，相比对照组的无医无养社区，有医无养、有养无医、医养结合都能显著提高老人机构养老意愿，分别高出1.29倍、3.31倍和5.44倍，说明养老服务具有基础性作用，而医养结合的作用最强。社区活动场所或设施也具有显著正向影响，每增加一种场所或设施，老人机构养老意愿提高8.972%。社区作为机构养老与居家养老之间的承接过渡场域，兼具"准机构""近居家"等多模态特征，社区养老环境接近机构养老，能促进老人接受机构养老的生活方式，更利于老人从居家养老向机构养老平稳对接。

第五，男性、无配偶、城镇户籍、更年轻、更高学历、更健康、更少子女等特征老人的机构养老意愿更强。30后及之前、40后、50后出生老人的机构养老意愿依次提高，说明机构养老越来越被更年轻的老人所接受。40后老人的机构养老意愿高出67.72%,而50后老人高出2.07倍。学历中,机构养老意愿最强的是高中学历老人,其次为大专及以上学历老人、初中学历老人,意愿分别提高66.54%、49.95%、36.34%,而小学学历老人的机构养老意愿降低1.65%。比较回归系数的大小可以看出,高学历老人的意愿更强,低学历老人的意愿更低。男性老人比女性老人的机构养老意愿高22.11%。已婚有配偶的老人机构养老意愿降低27.41%。城镇户籍老人比农村户籍老人意愿高47.89%。老人健康程度每提高一个单位,机构养老意愿平均提高10.66%。儿女数每多一个,老人机构养老意愿平均降低11.49%。

第5节 结论与政策建议

CLASS 2018年数据显示,老人有机构养老需要的占41.69%。本章使用潜类别模型及四个测量指标,识别出样本老人的机构养老意愿为6.13%。老人机构养老需要与机构养老意愿之间相差35.56%,表明二者之间存在着较大的梗阻或脱轨。

尽管现有研究从老人购买能力不足、供需失衡、资源错配、服务质量等原因入手来解决养老机构发展困境,但本章认为缩小老人机构养老需要与意愿之间的缺口才是起点。破解的关键在于提升老人对机构养老服务的认可或接受程度,并且不能归咎于老人的购买支付能力不足,而更应从文化、习俗、认知、偏好、印象等原因入手。在此基础上,再来探究如何提高老人机构养老需求、机构养老使用或消费等才更合逻辑、更切实际。机构养老意愿且具有购买支付能力形成了机构养老需求,故从机构养老意愿到机构养老需求的症结更多是支付能力的问题,而从机构养老需求到机构养老使用或消费的症结才是目前学者们问诊较多的供需失衡、资源错配等供给侧问题。

从混合回归模型的估计结果可知,社会保障制度中的保障型给付提高了老人机构养老意愿,而福利型给付降低了老人机构养老意愿;收入来源稳定性的上升也会相应增强老人的机构养老意愿。同时,相比收入的高低,收入来源稳定性的影响更大。熟人社区、社区医养结合、老年活动场所或设施能提高老人的机构养老意愿。男性、无配偶、城镇户籍、更年轻、更高学历、更高健康程度、更少子女等特征老人的机构养老意愿更强。

根据本章实证结果,我们提出如下政策建议:第一,改变老人及其家人对养老机构传统负面的刻板印象。养老机构的布局设置要符合离家近、离医院近、收费低、入住门槛费用低、服务质量好、居住环境好等老人的期待,增加老人对养老机构的了解,促使老人对养老机构形成正面印象。第二,增加养老金、救助金等保障型给付的水平,并保障老人对其财产性收入、养老金等来源的自主权,提升第一位收入来源的稳定性。第三,完善社区医养服务、活动场所或设施,使之更具"似机构"养老环境,发挥好在机构养老与居家养老之间的承接过渡作用,使得老人更愿意接受机构养老方式。

第三部分
老 年 健 康

导读

我国是世界上老年人口规模最大的国家,也是世界上老龄化速度最快的国家之一。二者很大程度上都取决于我国的老年健康政策。对于老年健康,《"十四五"健康老龄化规划》提出的战略部署和任务安排主要为协同推进健康中国战略和积极应对人口老龄化国家战略,把积极老龄观、健康老龄化理念融入经济社会发展全过程,大力推进老龄健康服务供给侧结构性改革,深入开展老年健康促进行动,持续发展和维护老年人健康生活所需要的内在能力,不断满足老年人健康需求,稳步提升老年人健康水平,促进实现健康老龄化。这就需要支撑健康老龄化的健康服务和健康保障体系,让患病的老人得到及时、有效的诊治,尽量康复;让失能、半失能的老人得到优质的照护服务及保障。第一部分已经分析了健康保障和照护保障,本部分将着重分析支撑健康老龄化相关的医疗服务和照护服务。

"十三五"以来,我国医疗服务资源持续扩大,特别是老年医疗卫生服务资源的投入不断加大。目前,包括健康教育、预防保健、疾病诊治、康复护理、长期照护、安宁疗护六个环节的老年健康服务体系初步建立,医养结合、老年医学、中医药老年健康服务、老年健康服务机构、老龄健康科技和产业等也在稳步发展。

截至2022年末,全国共有国家老年医学中心1个,国家老年疾病临床医学研究中心6个,设有老年医学科的二级及以上综合性医院5909个,建成老年友善医疗机构的综合性医院8627个、基层医疗卫生机构19494个,设有安宁疗护科的医疗卫生机构4259个。在城乡社区获得健康管理服务的65周岁及以上老年人达到12708.3万人。374.5万残疾老年人获得基本康复服务。

我国医养结合深入发展,医养结合服务供给能力得到了提升。截至2022

年末，全国共有两证齐全（具备医疗卫生机构资质，并进行养老机构备案）的医养结合机构6986家，比上年增长7.6%，机构床位总数为175万张，比上年增长10.4%；医疗卫生机构与养老服务机构建立签约合作关系达8.4万对，比上年增长6.7%。2021年，有3.3万人通过医养结合人才能力提升培训项目，被授予国家级继续医学教育学分；确定346家医养结合机构作为第二批老龄健康医养结合远程协同服务试点。

尽管取得了很大的成绩，我国老年人健康状况总体上仍不容乐观，增龄伴随的认知、运动、感官功能下降以及营养、心理等健康问题日益突出，78%以上的老年人至少患有一种以上慢性病，失能老年人数量将持续增加。相比老年人的健康需求，与健康老龄化相关的机构、队伍、服务和政策支持不足。老年健康促进专业机构缺乏，老年期重点疾病防控力量薄弱。老年医疗卫生机构发展不充分，康复医院、护理院、安宁疗护中心数量严重不足，存在较大的城乡、区域差距。医疗卫生机构的老年友善程度不高，老年人就医体验有待改善。老年医学及相关学科发展滞后，老年综合评估、老年综合征管理和多学科诊疗等老年健康服务基础薄弱。老年健康服务人员尤其是基层人员缺乏，老年人居家医疗以及失能老年人照护服务能力亟待加强。医养结合服务供给不足，发展不充分。老年健康保障机制尚不完善，稳定的长期照护费用支付机制尚未全面建立。

目前的政策法规主要注重加强不同主体之间的联系与合作，推动医疗卫生专业人才逐步迈向社会和家庭，促进医养融合。具体而言，鼓励养老机构和医疗机构开展积极的、多种形式的合作；加强基层医疗机构与社区养老机构的联系，支持基层医疗机构和医务人员与老年社区合作，引进优质健康管理服务，显著提高家庭委托社区照护的老年人服务的数量和质量；统筹规划老年人医疗卫生服务和护理资源，重点加强养老机构、临终关怀机构、康复医院等的建设。

老年健康取决于个人、家庭和国家政策等相关因素，包括收入、社会保障、工作等经济方面的因素，物理环境、安全住宅、洁净水、清新空气、安全食品等物质环境因素，社会支持、终身教育、暴力虐待等社会环境因素，生物遗传、心理等个人因素，吸烟、锻炼、饮食、饮酒等行为因素，还包括健康教育、疾病预防、医疗服务、长期照料、精神卫生服务等直接的卫生医疗政策因素，也包括养老保障、养老服务、照料服务等健康相关的政策因素。

本部分接续第一部分对老年社会保障的研究,分析了影响老年人健康的养老金收入,尤其是探讨了不同养老金制度给付水平差异是否对老年人健康产生影响,同一养老金制度内的给付差异是否是导致老年人健康差异的更大成因。

本部分也接续了第二部分对养老服务的研究,分析了目前研究者们较少探讨的社区服务中的精神慰藉服务对老年人心理健康的影响。具体探讨了在我国积极推进社区养老的背景下,社区能否作为开展老人精神慰藉服务的主要载体平台?需要提供哪些具体的服务?这些服务能否对老年人心理健康产生正向影响?不同老年群体之间是否存在差异?这些是影响我国社区养老服务体系建设和完善的重要问题。

本部分的第10章对我国老年健康政策进行了梳理,并使用政策工具、健康管理周期、政策发展阶段的三维分析框架,对我国老年健康政策进行了文本分析,从供给型、需求型、环境型三类政策工具的角度提出了改革方向,认为应基于全生命周期健康的视域,提出政策建议,推进老年健康资源与养老资源相结合、医养康养相结合。

本部分的第11章以世界卫生组织最新定义的老年人健康的核心要旨"功能发挥"为标尺,基于CLHLS六期数据,运用潜剖面模型对老年人的健康变化趋势进行了动态和较全面的测量,并根据经验证据提出了以促进和提升老年人功能发挥为导向的我国老年健康政策的总体方向和发展旨归。

第8章
养老金差距、日常生活支出与老年人健康*

第1节 引　言

　　老人的健康与功能状态差异极大,部分老人到80岁仍有很好的体力与脑力,而一些老人60岁就已完全失能(WHO,2016)。重点在于,这些异质性的出现并非随机现象,更多是由个体无法控制或选择的制度、环境等因素造成的(Steves et al.,2012)。探究造成老人健康差异的制度等因素及其影响路径,进而帮助老人获得维持或改善健康的收入、养老服务等更多的均等机会,不仅体现了平等无歧视的基本人权,而且能获得巨大的健康收益和社会经济收益,推进"健康老龄化""健康中国"进程。

　　2020年底,我国已有超3亿领取养老金的老人。其中,机关事业单位、企业职工、城乡居民领取的养老金水平差异高达数倍(侯慧丽和程杰,2015;阳义南等,2019)。即使是同一养老金制度内的差距也不小。李实等(2013)利用2002年中国家庭收入调查(CHIP)数据发现,在党政机关单位内部,离休人员、退休人员的养老金年均值分别为17933元、14375元。邓大松和杨晶(2019)利用精算模型比较城镇职工基础养老金差异,发现低收入职工的基础养老金均值为681元/月,中等收入职工为827元/月,高收入职工为1043元/月。李文军(2017)比较了2015年31个省份的养老金差距,发现城乡居民养老金最高的上海地区均值达到828.2元/月,而最低的云南仅为88.5元/月,上海是云南的9.36倍。

　　由于身份转换障碍、信息不对称,退休老人对制度间的养老金差距往往缺乏足够的信息和认知,但对同一制度内的养老金差距却很清楚、更在乎。制度内养老金差距是否与我国老年人健康差异有关?相比制度间养老金差

---

* 原文发表于《中国卫生政策研究》2021年第7期。

距,制度内养老金差距的影响是更大还是更小?遗憾的是,制度内养老金差距对我国老年人健康的影响至今都鲜有关注。鉴于此,本章同时考察"制度间""制度内"养老金差距对我国老年人健康的影响,从而为我国老年人健康差异提供新的经验证据及解释和消减路径。

第2节 文献综述

来自不同国家、不同时期的实证研究早已认识到"收入与健康之间存在正相关关系"。从现有研究来看,收入影响健康主要有三种理论解释:绝对收入假说、相对收入假说、收入不平等假说。绝对收入假说认为,通过增加收入可以改善个体健康状况,但这种正向效应会随着收入水平增加而逐渐降低(Subramanian and Kawachi,2006)。相对收入假说认为,过低的相对收入水平会对个体造成心理压力,进而导致其身体健康状况恶化(Wilkinson,1997)。收入排序、相对剥夺等都是重要的相对收入衡量方式,常用来解释个体层面的收入差距对健康的影响。收入不平等假说则强调群体(或地区)层面的收入不平等扩大对个体健康的负面影响,多采用群体层面的基尼系数来衡量。

研究者普遍认为,相对收入降低会对个体身心健康产生负面影响,影响机制主要包括物质途径、心理途径等。从物质途径来看,个体相对收入越低,在参照组内的收入水平也越低,个体通常处于一种相对贫困状态。相对贫困使得个体难以获取足够的营养来维持日常生活,同时也会限制个体在医疗服务和康复护理服务上的购买行为,导致人力资本的永久性下降(Gunasekara et al.,2013)。从心理途径来看,个体在与参照组内经济状况更好的群体进行比较时,相对劣势的地位会带来悲伤和愤懑的情绪,提高抑郁症、焦虑症发病率(Eibner et al.,2004)。这些负面的心理状态也会导致个体采取更多有害健康的行为,例如抽烟、变得肥胖、减少运动(Eibner and Evans,2005)。在实证研究中,部分学者证实了相对收入降低会对自评身体健康产生负向影响(Kondo et al.,2008;Subramanyam et al.,2009),但也有一些研究没有得到两者之间存在关联的证据(Lorgelly and Lindley,2008)。相对收入降低对个体心理健康产生负面影响得到普遍验证,而且 Pak 和 Choung(2020)使用韩国福利追踪调查数据(KoWePS)还发现,相对收入降低使个体自杀概率上升,并且相对收入的影响作用超过了绝对收入和物质生活条件。

尽管现有研究对收入与健康之间因果关系的讨论已非常丰富、广泛，但专门针对收入尤其是养老金收入与老年人健康之间因果关系的很少。这主要受制于难以找到合适的外生收入冲击。Case（2001）利用南非国家养老金计划作为老年群体的外生收入冲击，结果发现增加的养老金收入提高了养老金领取者以及家庭中其他成员的健康状况。Jensen 和 Richter（2004）利用 1996 年俄罗斯养老金体系危机作为外生负向收入冲击，结果发现受危机影响的养老金领取者的卡路里和蛋白质摄入量以及卫生服务和药物使用显著下降，而且危机后的两年内死亡概率提高了 5%。

在中国背景下，早期关注点主要聚焦于绝对收入对老年人健康的影响。随着中国收入不平等现象的凸显，研究者开始关注相对收入对农村老年人健康状况的影响。考虑到我国基本养老保险制度的收入再分配作用，现有研究着重考察了养老金绝对收入或制度之间养老金差距对老年人健康的影响，大多选择健康行为、营养摄入、护理和保健服务、劳动力供给等角度来分析可能的影响路径。正如前文指出的，"患不均"也是解释老年人健康差异的重要机制，但目前极少有研究检视不同老年人之间养老金待遇差异带来的生活支出不均等以及这种不均等对老年人健康的影响。

第3节 研究设计

（一）样本数据来源

本章样本数据来源于 CLASS。2014 年 CLASS 问卷分别统计了受访老人的"城镇职工基本养老金""机关事业单位离退休金""城镇居民社会养老保险金""农村社会养老保险金""城乡无社会保障老年居民养老金"的领取金额。由于存在严重认知障碍的老人不再被询问"认知能力和老化态度"相关问题，本章删除此部分样本。基本养老保险参保人员仅能参加一种类型的养老保险，故而本章也不考虑超过一种的重复参保样本个体，共 176 人。我们通过 K 均值聚类对缺失值进行插补，最终获得有效样本量 8139 人。样本包括四类人群，参加企业职工基本养老保险的老年人（简称"企业职工老人"）2248 人，参加机关事业单位退休金制度的老年人（简称"机关事业单位老人"）1370 人，参加城乡居民基本养老保险的老年人（简称"城乡居民老人"）2943 人，未参加任一基本养老保险的老年人(简称"无养老金老人")1578人。

(二) 主要变量说明

1. 被解释变量

本章参照 Yang 和 Meng(2020)的研究,从功能状态、生理健康、心理健康、社会健康四个维度,通过二阶因子模型对老年人健康进行综合测评,以减少测量误差。功能状态指标包括日常生活能力、器具性生活能力、认知能力。生理健康指标包括患慢性病种类数、近期身体状况、自评身体健康。心理健康指标包括抑郁程度、孤独感、老化态度、生活满意度。社会健康指标包括社区活动设施数量、参与社区活动数量、社区养老服务供给。该二阶因子模型结果见表8-1。

表8-1 测量老年人健康的二阶因子模型结果

一阶因子	测度指标	Estimate	Robust Std. Err	P
健康水平	功能状态	1.178	0.099	<0.000
	生理健康	1.601	0.134	<0.000
	心理健康	1.082	0.071	<0.000
	社会健康	0.393	0.052	<0.000
功能状态	日常生活能力	0.511	0.081	<0.000
	器具性生活能力	0.992	0.087	<0.000
	认知能力	1.034	0.086	<0.000
生理健康	患慢性病种类数	0.532	0.037	<0.000
	近期身体状况	0.604	0.040	<0.000
	自评身体健康	0.382	0.025	<0.000
心理健康	抑郁程度	2.117	0.107	<0.000
	孤独感	0.383	0.022	<0.000
	老化态度	2.439	0.132	<0.000
	生活满意度	0.227	0.013	<0.000
社会健康	社区活动设施数量	0.613	0.068	<0.000
	参与社区活动数量	0.211	0.033	<0.000
	社区养老服务供给	0.061	0.024	0.010

注:每个一阶因子的残差方差设定为1。

利用修正指数调整后,二阶因子模型拟合指标 CFI、TLI、RMSEA、SRMR 值分别为 0.973、0.960、0.037 和 0.027,均达到检验可接受的临界值要求,而且二阶因子到一阶因子的路径载荷系数以及一阶因子到测量指标的载荷系数均在1%水平上显著,说明构建的二阶因子模型对数据的拟合效果较理想。本章将利用该二阶因子模型测得的老年人健康因子值作为后续回归模型的被解释变量。因子值越大,代表老年人的整体健康水平越高。

2. 解释变量

参加企业职工基本养老保险和机关事业单位退休金制度的老年人过去主要从事有稳定工资收入的正式工作,在经济水平、教育程度、社会关系、生活方式等方面与其他老年人群存在显著的差别。本章将基于反事实分析框架,选择"企业职工老人"作为"机关事业单位老人"的控制组,将这两个老年人群进行对比。当老人属于"机关事业单位老人"时,核心解释变量处理状态 T 取值为1;而当老人属于"企业职工老人"时,处理状态 T 取值为0。相应地,对处理组平均处理效应的解释为:机关事业单位退休职工按企业职工基本养老金水平领取养老金时,其健康状况产生的变化。

城乡居民基本养老保险的参保对象为城乡地区无正式非农工作的老年人,而未参加任何类型基本养老保险的老年人同样也应是城乡居民基本养老保险的目标覆盖人群。这两类人群存在高度相似性。因此,选择"无养老金老人"作为"城乡居民老人"的控制组,将这两个老年人群进行对比。当老人属于"城乡居民老人"时,处理状态 T 取值为1;而当老人属于"无养老金老人"时,处理状态 T 取值为0。相应地,对处理组平均处理效应的解释为:参加城乡居民基本养老保险的老年人健康状况相较于他们在未参加任何基本养老保险时产生的变化。

3. 控制(协)变量

估计处理效应的回归模型要满足条件独立性假设,即在控制可观测的控制变量 X 后,处理状态与结果变量相互独立。因此,模型应尽可能纳入所有与处理状态和结果变量都同时相关的控制变量。为此,本章从人口特征、家庭特征、社区特征三个层面选择主要相关的控制变量 X。其中,个体特征包括年龄、性别、户籍、婚姻状况、教育水平、民族、宗教信仰、购买商业保险、工作状态、过去工作类型、最主要收入来源、每月个人平均收入;家庭特征包括家庭中适龄老人数、家庭中同住人口数、居住模式、家庭房产数、社会保障待遇;社区特征包括居住地的地理特征、生活环境、社区医疗机构服务供给。

(三) 计量模型

本章将利用倾向值得分来检验养老金差异对老年人健康的影响。在控制 X 的条件下,如果处理状态与结果变量之间相互独立,则当控制倾向值得分时,个体是否接受处理就近似于随机实验(Rosenbaum and Rubin,1983)。在各种倾向值得分计算方法中,广义提升回归模型(generalized boosted regression models,GBRM)是针对处理状态 T 的对数优势比 $g(X_i)=\log(P(t=1|X_i)/(1-P(t=1|X_i)))$ 建模。模拟结果表明,该方法通过迭代方式求得最优结果。这种基于回归树的集成算法可以自动化变量选择过程,而且相比 logistic 等参数模型能提供更稳定的权重,实现控制组与处理组在控制变量上的最佳平衡。同时在二元处理情形中,处理效应估计值的均方误最小(McCaffrey et al.,2004)。为此,本章将采用 GBRM 模型来估计倾向值得分。如式(8-1)所示。

$$\hat{g}(X_i)=g_0(X_i)+h_1(X_i)+h_2(X_i)+h_3(X_i)+\cdots \tag{8-1}$$

本章将 $h(X_i)$ 设定为回归树,从而对前一次迭代的拟合残差进行回归。当控制组和处理组在控制变量上达到最佳平衡时,停止迭代,最后得到倾向值得分。继而计算逆处理概率权重 $w_1(X_i)$,如式(8-2)所示。其中,t_i 是个体 i 的处理状态。

$$w_1(X_i)=\begin{cases} \dfrac{P(t=1|X_i)}{1-P(t=1|X_i)} & t_i=0 \\ 1 & t_i=1 \end{cases} \tag{8-2}$$

然后,利用式(8-2)的逆处理概率权重对样本进行加权。加权后的控制组相当于处理组样本在未受政策影响时的反事实情况。接着,利用回归模型获得处理组平均处理效应。模型方程如式(8-3)所示。其中,y_i 是个体 i 的健康水平,X_i^* 是未达到平衡性要求的控制变量。

$$y_i=\beta_0+\beta_1\times t_i+\beta_2\times X_i^*+\varepsilon_i \tag{8-3}$$

式(8-3)中,回归系数 β_1 即为处理组平均处理效应。如果回归系数 β_1 显著异于 0,则说明制度间养老金差距会导致产生健康不均衡现象。

考虑到同一养老保险制度下,两个控制变量相似老年人领取的养老金也可能不同,本章进一步检验同一制度内养老金差异对健康值的影响差异。养老金给付水平差异衡量了政策处理的强度,而健康值变化则衡量了对健康的影响。具体而言,根据倾向值得分为每一个处理组老年人获得满足匹配条件的控制组老年人,利用匹配的控制组老年人加权计算出每一个处理组老年人在反事实情况下的养老金水平和健康值,相应得到每一个处理组老年人在政策干预下的养老金变化 $\Delta \text{Pension}$ 和健康值变化 Δy_i。基于构造的数据,建立养老金变化与健康值变化的回归方程,并在解释变量中加入倾向值得分和未平衡的 X_i^* 以控制控制变量影响,如方程式(8-4)所示。

$$\Delta y_i = \beta_0 + \beta_1 \times \Delta \text{Pension}_i + \beta_2 \times P(t=1 \mid X_i) + \beta_3 \times X_i^* + \varepsilon_i \quad (8-4)$$

如果式(8-4)中回归系数 β_1 显著异于 0,则说明制度内养老金差距会导致个体间健康值的差异,即导致产生健康不均衡现象。

第 4 节 实证结果分析

(一)差异显著性检验

表 8-2 列出了处理组与控制组在核心变量上的差异显著性 t 检验结果。

表 8-2 处理组与控制组对应特征的差异显著性检验结果

变量	机关事业单位老人	企业职工老人	差异检验	城乡居民老人	无养老金老人	差异检验
健康状况(mean)	4.29	4.27	0.43	3.83	3.85	0.766
养老金水平(median)	3000	2300	<0.001***	65	0	<0.001***

注:利用抽样权重对样本加权;***、**、* 分别表示在1%、5%、10%水平上显著。

表 8-2 的检验结果显示,尽管"机关事业单位老人"的养老金水平显著高于"企业职工老人",但"机关事业单位老人"与"企业职工老人"的健康状况之间却并不存在对应的显著差异;在"城乡居民老人"与"无养老金老人"之间也可以得出相似的结论。即制度间的养老金水平有显著差异,但制度间的老年人健康水平的差异并不显著。

(二)控制变量平衡性检验

控制组与处理组在控制变量上的平衡性是讨论本章待检验因果关系的前提。本章分别利用倾向值得分概率密度曲线、平衡性汇总指标、各控制变量平衡性指标来研判处理组与加权后的控制组是否达到控制变量的平衡性要求。

检验指标包括绝对标准化偏差（SB）统计量和 Kolmogorov-Smirnov（KS）统计量。当 $SB_k>0.2$、$KS_k>0.1$ 时，认为控制组和处理组在控制变量 k 上未达到均值平衡。① 本章参照 McCaffrey 等（2013）等的研究，在每一次迭代后，分别计算各个控制变量的 SB_k 统计量，并求其均值得到 mean.SB。当迭代次数足够大时，可以搜寻到最小的 mean.SB 以及对应的最优迭代次数 Num_{SB}。本章同时测算了迭代次数为 Num_{SB} 时各个控制变量的 KS_k 统计量，并求其最大值 max.KS。如果同时满足 mean.$SB<0.2$ 且 max.$KS<0.1$，则说明最终的平衡性结果是稳健的。

图 8-1A 显示了在不同迭代次数下平衡性检验指标值 mean.SB 的变化。在最大迭代次数 1000 次的条件下，"机关事业单位老人"和"城乡居民老人"均实现了与各自控制组在控制变量上的最佳平衡，且最优的迭代次数分别为 302、127。图 8-1(B)、图 8-1(C)分别绘制了对控制组样本加权前后，处理组和控制组倾向值得分的概率密度曲线。加权后两个组的倾向值得分概率密度曲线的重叠度明显提高，意味着整体平衡性的提高。

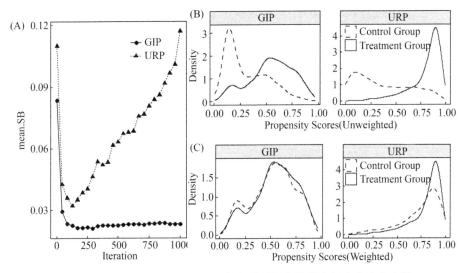

图 8-1 最优迭代次数的确定以及加权前后倾向值得分概率密度分布图

---

① SB_k 和 KS_k 的计算公式及处理规则，读者如需要可索取。

表 8-3 报告了不同的平衡性检验指标值。对控制组加权后,"机关事业单位老人""城乡居民老人"在 mean.SB 上的值均小于 0.2,在 max.KS 上的值均小于 0.1,在 max.SB 上的值均小于 0.2。因此,从平衡性指标汇总来看,"机关事业单位老人""城乡居民老人"与各自加权后的控制组在每个控制变量上均实现了均值平衡和分布平衡,即已经不存在未平衡的 X_i^*。

表 8-3 平衡性检验指标值

处理组	控制组状态	max.SB	mean.SB	max.KS	mean.KS
机关事业单位老人	Unweighted	**0.938**	0.100	**0.356**	0.030
	Weighted	0.056	0.021	0.030	0.006
城乡居民老人	Unweighted	**1.017**	0.108	**0.258**	0.033
	Weighted	0.137	0.032	0.055	0.010

注:加粗的指标值未达到平衡性判断标准。

通过平衡控制变量达到条件独立性假设后,样本就可以被近似地视为随机试验样本。此时,控制组与处理组样本在控制变量上已达到一致,就仅存在处理状态上的差异了。

(三)养老金差距对老年人健康的影响

首先比较处理组与反事实情况下的平均养老金之间是否存在显著差异,然后比较健康均值之间是否存在显著差异。如果制度间养老金差距是显著的,而健康值差异不显著,则说明制度间养老金差距并不足以解释老年人之间的健康差异。对此就需要进一步检验制度内的养老金差距是否造成了老年人健康结果的差异。模型(8-3)的估计结果如表 8-4 所示。

表 8-4 处理组平均处理效应的估计结果

数据	机关事业单位老人 vs 企业职工老人		城乡居民老人 vs 无养老金老人		机关事业单位老人	城乡居民老人
被解释变量	(1) y_i	(2) Pension	(3) y_i	(4) Pension	(5) Δy_i	(6) Δy_i
t_i	−0.047 (0.037)	128.163* (73.123)	0.054 (0.054)	288.314*** (33.373)		
ΔPension (单位:100元)					0.004** (0.002)	0.025*** (0.003)

(续表)

数据	机关事业单位老人 vs 企业职工老人		城乡居民老人 vs 无养老金老人		机关事业单位老人	城乡居民老人
被解释变量	(1) y_i	(2) Pension	(3) y_i	(4) Pension	(5) Δy_i	(6) Δy_i
倾向值得分					−0.329*** (0.127)	0.050 (0.146)
常数项	4.341*** (0.029)	2,848.703*** (57.150)	3.779*** (0.048)	85.496*** (27.558)	0.144* (0.073)	−0.071 (0.114)
观察值	3618	3618	4521	4521	1370	2943
对数似然值	−5141.062	−32328.330	−7570.046	−36948.040	−1897.501	−4941.280
AIC	10286.120	64660.670	15144.090	73900.080	3801.001	9888.561

注：由于CLASS问卷对每一个体分配不同抽样权重，在每一列回归分析中需同时考虑抽样权重；小括号内报告稳健标准误；***、**、*分别表示在1%、5%、10%水平上显著。

基于GBRM计算出倾向值得分，表8-4列(2)(4)采用逆处理概率权重加权方法估计处理组老年人与他们在反事实情况下的平均养老金差异，结果显示由于制度不同造成的处理组与控制组之间的养老金差异是显著的；列(1)(3)采用逆处理概率权重加权方法估计处理组老年人健康状况与他们在反事实情况下的健康状况之间的平均差异。列(1)回归结果显示，当"机关事业单位老人"领取与"企业职工老人"水平相同的养老金时，这些老年人的平均健康状况提高了0.047，但在统计意义上并不显著。列(3)回归结果显示，当"城乡居民老人"像"无养老金老人"那样没能获得养老金时，这些老年人的平均健康状况下降了0.054，但在统计意义上也不显著。由此可知，尽管不同制度之间的养老金差异对老年人健康具有一定的影响，但并不是造成老年人之间健康差异的显著成因。

进一步分析同一制度内养老金差距带来的健康差异。回归模型(8-4)的估计结果如列(5)(6)所示。对"机关事业单位老人"，在控制倾向值得分后，养老金每提高100元，健康值提高0.004，且在5%水平上显著。对"城乡居民老人"，在控制倾向值得分后，养老金每提高100元，健康值提高0.025，且在1%水平上显著。因此，在各个处理组内部，养老金差异会带来个体间健康值的显著差异，从而解释了制度内老年人之间的健康不均衡现象。

从CLASS 2014年数据的实证结果可知，制度间养老金差距还不是造成我国老年人健康差异的主体原因（系数不显著），而制度内养老金差距对老年人健康差异具有显著的影响，是造成我国老年人健康差异的更重要因素。国外的实证结果发现物质因素并不足以解释社会存在的健康不均衡现象，并转向探究心理压力的病理学作用（Evans and Stoddart，1994；Elstad，1998；Wood et al.，2012；Daly et al.，2015）。社会心理观认为，健康不均衡的重要决定因素之一就是社会心理压力的分布，而心理压力又在很大程度上取决于社会不平等程度。正如中国传统文化指出的人们往往"患不均"。同时，由于往往都是同类人交往，人们更倾向于通过同群体内部差异来形成对收入不平等的现实感知（Chan et al.，2017；Pak and Choung，2020）。中国基本养老保险制度的多轨制特征导致了群体之间的分割，而这种分割也限制了群体之间的信息交流和比较视野，使得制度间养老金差距并没有像制度内养老金差距一样直接摆明在老年人面前。不同制度的内容也存在明显差异，限制了老年人进行各制度间的比较，缓解了制度之间养老金差距可能造成的心理压力。这可能是导致制度内相比制度间养老金差距对老年人健康影响更大的直接原因。

（四）养老金差距影响老年人健康的路径检验——日常生活支出

前文估计结果显示，相比制度间养老金差距，制度内养老金差距的影响是显著的。对此本章将进一步探索、揭示这种影响起作用的内在机理。已有研究主要关注个体之间收入不平等的影响。然而，由于老年人处于负储蓄阶段，养老生活支出要比收入能更直接、更客观地反映老年人需求的满足状况。生活支出水平越低意味着老年人基本生活需求越少得到满足，越影响其健康状况。同时，他们在与本参照群内生活支出水平更高的老年人相比时可能产生失落、压抑等消极情绪。这种负面情绪也会产生排斥效应，导致老年人社会参与减少，也可能会进一步恶化老年人健康。而老年人的日常生活支出在很大程度上又是由其领取的养老金水平所决定。故此，本章从老年人个体的生活支出角度进行考察。CLASS问卷询问了"过去12个月您在以下各项中平均每月支出分别是多少"，包括日常饮食消费、水电气、物业、交通和通信费、文化娱乐等。这些支出合并则为日常生活支出，日常生活支出可以反映老年人养老生活的消费满足或使用情况。

具体地，本章将构造一个"生活支出均等指数"，并作为中介变量，探索、揭示制度内养老金差距影响老年人健康的内在机理。本章选择满足规模不变性的 Kakwani 指数来测度生活支出均等指数。设参照群内的样本量为 n，样本的平均日常生活支出为 μ_X，将各样本的日常生活支出 x 按升序排列，即 $x_1 \leqslant x_2 \leqslant \cdots \leqslant x_n$，则排序在第 k 位个体的生活支出均等程度为 $RD(x,x_k)$，如公式(8-5)所示。Kakwani 指数的取值范围在 0—1，取值越大，个体的生活支出所处的相对位次越低，生活支出不均等程度越高。

$$RD(x,x_k) = \frac{1}{n\mu_X} \sum_{i=k+1}^{n} (x_i - x_k) \tag{8-5}$$

计算出个体层面的生活支出均等指数 RD 之后，把它作为中介变量加入回归方程(8-3)，构建一个中介效应模型，如方程组(8-6)所示，并采用 bootstrap 方法检验该间接效应的显著性。同样地，也利用式(8-2)的逆处理概率权重对样本进行加权，以平衡控制组和处理组在控制变量上的差异。①

$$\begin{aligned} RD_i &= a_0 + a_1 \times t_i + a_2 X_i^* + \theta_i \\ y_i &= b_0 + b_1 \times t_i + b_2 \times RD_i + b_3 X_i^* + \eta_i \end{aligned} \tag{8-6}$$

中介效应模型(8-6)的估计结果如表 8-5 列(1)(3)所示。

表 8-5 生活支出不均等的中介效应检验结果

数据	机关事业单位老人 vs 企业职工老人		城乡居民老人 vs 无养老金老人	
被解释变量	(1) RD_i	(2) y_i	(3) RD_i	(4) y_i
t_i	0.042*** (0.011)	−0.029 (0.037)	−0.045*** (0.015)	0.025 (0.054)
RD_i		−0.431*** (0.095)		−0.642*** (0.102)
常数项	0.313*** (0.009)	4.476*** (0.040)	0.461*** (0.014)	4.075*** (0.074)
中介效应	−0.018***		0.029***	
观测值	3618	3618	4521	4521
对数似然值	−555.850	−5114.222	−1827.991	−7495.302
AIC	1115.701	10234.440	3659.982	14996.600

注：由于 CLASS 问卷对每一个样本分配不同抽样权重，在每一列的回归分析中需要同时考虑抽样权重；括号内报告的是稳健标准误；***、**、* 分别表示在 1%、5%、10% 水平上显著。

---

① 通过前文平衡性检验结果可知，逆处理概率加权后已不存在未平衡的控制变量 X_i^*。

表 8-5 中,"机关事业单位老人"的生活支出不均等程度相较于他们在企业职工养老保险制度下的反事实情况显著提高。与之相反,"城乡居民老人"的生活支出不均等程度相较于他们在不参加任何基本养老保险时的反事实情况显著降低。列(2)(4)中,中介变量 RD_i 的回归系数显著为负,这一结果与预期一致。因此,"机关事业单位老人"通过提高处理组老年人的生活支出不均等程度降低了老年人健康状况,而"城乡居民老人"正好相反,且上述中介效应均显著。

生活支出不均等由养老金所能购买的基本生活服务数量决定。可以看出,原机关事业单位退休金制度相较于企业职工养老保险制度拉大了参保人之间的养老金差距,而养老金差距则是对工资差距的跨期反映。如果将公务员工资与同级别国有企业人员的工资(职位平均工资)比较,则会呈现明显的外部不公平(张广科,2012)。这也意味着公务员薪酬制度要比企业薪酬制度有更大的收入差距,最终恶化了生活支出的不均等状况。与"机关事业单位老人"和"企业职工老人"不同,城乡居民养老保险制度是为了实现养老保障体系从城市到农村、从职业人群到城乡居民的全覆盖,将经济发展的成果惠及更多居民。因此,城乡居民养老保险制度的政策目标更重视保障功能。在制度设计上,由中央和地方政府支付基础养老金、为困难群体代缴养老保险、实施时年满 60 岁老人不需要缴纳任何费用便可获得基础养老金等惠民措施突出了反贫困、再分配作用。因此,城乡居民养老保险制度在改善老人生活支出不均等方面能发挥更显著的作用。

第 5 节　结论与政策建议

尽管"机关事业单位老人"在养老金待遇上平均高于企业职工老人,但据反事实分析框架的估计结果,并没有证据表明高出的养老金会显著提升老年人的健康状况。类似地,"城乡居民老人"的养老金收入也没有明显拉高参保老人的健康水平。与以往研究一致,本章实证结果也驳斥了物质主义观点,即当下制度间养老金差距并不是导致我国老年人健康差异的主要因素。在机关事业单位退休金制度和城乡居民基本养老保险内部,当控制个体、家庭和社区特征的影响后,养老金差距会造成健康值的显著差异,从而解释了制度内的健康差异。进一步采用中介效应模型从个体生活支出不均等的角度探索这一效应的可能传导路径,结果发现,机关事业单位退休金制度通过拉高参保老年人的生活支出不均等程度降低了老年人的健康值,而城乡居民基本养老保险制度的作用路径相反,且中介效应均显著。

基于实证结果,我国更应重视削减同一养老保险制度内的养老金水平差距及其引致的生活支出不均等问题。这将有助于提高我国整个养老金制度的老年人健康绩效。同时,从政策执行的角度来看,相较于"伤筋动骨"以追求公平的制度间并轨改革,缩减同一制度内养老金差距的阻力显然更小,更易操作。

政策建议包括:第一,企业职工基本养老保险改革着力于缩小不同行业、地区间的养老金水平差距,消除由不同行业缴费基数差异造成的"逆向再分配"问题。第二,城乡居民基本养老保险应继续提高基础账户的补贴水平。个人账户资金较少也限制了日常生活支出水平。可通过解除捆绑缴费规定、提高个人账户收益、加大政策内容宣传力度、建立风险预防意识等方式来影响城乡居民缴费档次的选择,充盈个人账户资金,提高养老消费购买能力,进而改善健康状况。第三,我国公务员薪酬体系未来进一步改革的重心应放在完善级别工资上。级别工资能体现工作内容、年限和能力等方面的差异,通过级别与工资水平挂钩,可以使职工在不提升职务时通过提高级别来增加收入。

第9章 社区精神慰藉养老服务对老年人心理健康的影响*

第1节 引 言

近年来，我国人口老龄化呈加速趋势，"十四五"已进入中度老龄化阶段。据中国发展研究基金会发布的预测报告，2050年60岁以上老年人将从2.5亿人增加至近5亿人。伴随深度老龄化的是令人担忧的老年健康状况。按世界卫生组织的健康观，"健康不仅指身体没有出现疾病或虚弱现象，还包括一个人生理上、心理上和社会上的完好状态"。即须从生理、心理、社会等多个维度衡量和提升老年人健康水平。

目前，子女赡养、机构养老、居家养老更注重满足老人的生存与生理需求，往往忽视或淡忘老年人的精神需求和心理问题。老年群体往往患有更多的身心疾病，容易出现精神问题，产生自杀意念的风险更高。王珊等（2020）通过Meta分析得出，中国老年人自杀意念的发生率为9.9%。《中国老年心理健康白皮书》表明，95%老年人有不同程度的心理障碍，老年群体情绪容易出现问题。2019年6月国家卫健委新闻发布会指出，随着老年人生活状况、社会关系、身体状况的改变，如身体变弱、伴侣去世，都会带来自卑、无价值感的负面情绪。这些情绪如果得不到及时处理，将引起抑郁或焦虑等心理问题。长此以往，将对老年人心理健康造成不良后果，甚至可能给老人生理健康、生活质量带来冲击性的反噬后果。由此表明，我国老年人心理健康状况不容乐观。老年人心理健康将成为影响经济社会发展的重大公共卫生和社会问题。

---

* 原文发表于《四川轻化工大学学报（社会科学版）》2021年第3期。

为迎应人口老龄化和高龄化的压力,我国已提出建立"居家为基础、社区为依托、机构为补充、医养相结合"的养老服务体系,并采纳"9073"养老模式,即90％的老年人居家养老,7％的老年人在社区养老,3％的老年人采用养老机构的集中院舍式养老。这意味着有97％的养老服务需要直接或间接依托社区来提供。《"十四五"规划》也明确提出"完善社区居家养老服务网络,构建居家社区机构相协调、医养康养相结合的养老服务体系"。这些足以表明社区养老在我国整个养老服务体系中占据着关键的位置。

在我国积极推进社区养老服务的背景下,社区能否作为开展老人精神慰藉服务的主要载体平台?需要提供哪些具体的服务?这些服务能否对老年人心理健康产生正向影响?不同老年群体之间是否存在差异?这些是影响我国社区养老服务体系建设和完善的重要问题。鉴于此,本章将使用具有全国代表性的2018年CLHLS数据,探究社区精神慰藉养老服务对老年人心理健康的影响。

第 2 节　文献综述与假设

（一）心理健康的定义

心理健康,又称心理卫生。在1946年召开的第三届国际心理卫生大会上,世界心理卫生联合会将心理健康定义为"在身体智能以及感情上与其他人的心理健康不相矛盾的范围内,将个人心境发展成最佳的状态"。世界卫生组织归纳了精神健康的"三良好",具体包括良好的个性人格、良好的处事能力、良好的人际关系。学者也从不同角度和标准提出了心理健康的含义。刘华山(2001)认为,心理健康指的是一种持续的心理状态,在这种状态下,个人具有生命的活力、积极的内心体验、良好的社会适应,能够有效地发挥个人的身心潜力与积极的社会功能。随着年龄增长,老年人经历生理老化和社会角色变化,心理健康也呈现不一样的特点。吴振云(2003)提出,老年人心理健康应着重关注认知能力和适应能力,满足以下五个方面:性格健全、开朗乐观;情绪稳定、善于调适;社会适应良好、能应对应激事件;有一定的交往能力、人际关系和谐;认知功能基本正常。

综上所述,本章将老年人心理健康定义为:老年人心理的各个方面及活动过程处于良好的状态,包括情绪得当、性格完好、认知正确、适应良好、人际关系良好。

(二)心理健康的测量

在心理健康测量方面,早期研究多从单一的主观心理感受角度分析老年人心理健康。有学者认为,孤独、抑郁、主观幸福感和生活满意度是量化老年人心理健康的敏感指标(陈谦谦和郝勇,2020)。为此,研究者利用 Russel 于 1978 年设计的孤独感量表 UCLA 和 Kozma 于 1980 年制定的幸福度量表 MUNSH,从孤独感、抑郁水平和主观幸福感的维度研究老年人的心理健康(Barron et al.,1994;吴捷,2008;刘靓等,2009)。还有斯坦福大学 Yesavage 于 1982 年编制的老年抑郁量表 GDS,美国国立精神研究所 Sirodff 1977 年编制的流调用抑郁自评量表 CES-D 等,也是测量老年人抑郁程度及心理健康的常用工具(王兴华等,2006;伍小兰等,2010;张玲等,2011;唐丹,2013)。

客观全面的心理健康衡量并不局限于单一指标。中国科学院心理研究所老年心理研究中心李娟、吴振云等 2003 年编制的"老年心理健康量表(城市版)"涉及心理健康 5 个维度:认知效能、情绪体验、自我认识、人际交往、适应能力(李娟等,2009)。邓丽芳和郑日昌(2005)在文献研究、咨询案例分析、专家访谈和讨论、开放式问卷调查的基础上编制了"城市中老年人心理健康量表",维度包括孤独、抑郁、认知、人际、生活等。有研究发现,生活满意度也是老年人心理健康的正向指标,可从侧面反映老年人心理健康状况(郭晋武,1992)。

因此,仅通过主观情绪指标对老年人心理健康进行测量有一定的局限性,应搭建多维度的测量指标,从情绪人格、人际交往、生活满意度、认知能力等多个维度予以测量。

(三)老年人心理健康的影响因素

精神卫生一直是我国老年群体面临的突出问题。学者们开始关注老年人心理健康的影响因素,以求更全面地了解老年人心理问题产生的根源,解决老年人的心理疾病,提升老年人心理健康水平。影响老年人心理健康的因素可概括为生理状况(睡眠质量、是否患病等)、社会关系(家庭关系、人际关系等)、经济状况(收入水平、社会保障)等。在生理因素方面,Drageset(2004)

通过在疗养院进行结构化访谈,研究老年人日常生活基本功能(ADL)与社会孤独感之间的关系,认为 ADL 的依赖性可以降低孤独感。Berg 等(1981)分析了身体健康状况和老年人孤独感的关系,身体功能有障碍的老年人更容易感到孤独。在社会因素方面,有研究发现,家人、邻居、朋友的社会支持通过影响老年人自尊感、孤独感、恩情感,进而影响其主观幸福感和心理健康(王大华,2004;陈立新和姚远,2005;刘昊等,2019)。在经济因素方面,丁松宁等(2010)、古桔银等(2015)和苏红等(2018)的研究都显示出经济收入对空巢与非空巢老年人的心理健康有积极影响。

不少学者探究了养老模式和居住方式对老年人心理健康的影响,但未达成一致认识。一种观点认为,家庭养老模式下老年人的人际关系良好、认知和智力良好、适应能力良好、人格健全和幸福指数高,心理健康明显优于社会养老模式下的老年人(吕林等,2011;王军等,2015;迟晓华等,2018)。另一种观点则认为,社会养老模式下的老年人较居家养老老年人不易产生孤独、寂寞、焦虑等负向情绪,健康水平比居家老人高(韩露和王冠军,2013;米拉依等,2016)。在社会养老方面,有研究发现,"提供起居照料"和"上门看病送药"这两项社区养老服务对老年人心理健康有显著影响,但精神慰藉类服务对心理健康没有显著影响,可能原因是老年人的整体参与度和认知程度较低(陈谦谦和郝勇,2020)。未来我国养老重心将进一步从家庭向社区转移,在此种演化方向下,学界更应探讨社区养老服务的实施成效。

(四)研究假设

从已有文献看,一方面不乏关注老年人心理健康问题的研究,但对老年人心理健康的测量指标较为单一,大多从情绪体验出发,只考虑孤独感、抑郁感等主观心理因素,没有构建客观全面的心理健康测量指标;另一方面,关于社区养老精神慰藉服务的研究其少。陈谦谦(2020)等通过回归分析研究社区养老精神慰藉服务对老年人健康的影响,但仅利用"孤独感"的单一指标来衡量心理健康,实证结果的客观性有待验证。

社区养老是我国养老方式的主体。在我国巨大的养老压力下,大力推进社区养老精神慰藉服务能否提高老年人的心理健康水平?为此,本章将探究三类社区养老精神慰藉服务对老年人心理健康的影响,为社区养老服务发展提供经验证据,对应提出三个研究假设:

H1：社区为老年人提供聊天解闷服务有利于改善老年人心理健康状况；

H2：社区为老年人提供娱乐活动服务有利于改善老年人心理健康状况；

H3：社区为老年人提供处理纠纷服务有利于改善老年人心理健康状况。

第3节 研究设计

（一）样本数据来源

本章采用 CLHLS 2018 年数据。CLHLS 2018 年调查采用多阶段分层聚类抽样方法，覆盖全国 22 个省份，数据具有广泛的代表性。本章剔除 F14 中三项社区养老精神慰藉服务回答结果为缺失值的样本，且只保留 60 岁及以上的个体，最终获得 14312 个有效样本。

（二）变量选择与测量

其一，被解释变量：老年人心理健康。为更客观全面地测量老年人心理健康，本章选用问卷中的感到孤独、认知能力、生活满意度、参与活动四个指标。

（1）"孤独感"是心理健康的敏感指标。感到孤独对应问卷问题 b3-8："你是不是经常觉得孤独？"答案赋值为"1＝总是，2＝经常，3＝有时，4＝很少，5＝从不"。赵娜等（2016）的研究结果显示，心理健康水平与孤独感显著负相关，个体的心理健康程度越高，孤独感越低。

（2）"认知能力"是指人脑加工、储存和提取信息的能力。认知能力对应问卷问题 C6："简明社区痴呆筛查量表（认知功能部分）"，将 C6-1—C6-7 每一题答案赋值为"1＝正确，0＝错误或不知道"，汇总认知部分 7 题的得分总值。"老年心理健康量表（城市版）"和"城市中老年人心理健康量表"中也都把认知能力作为老年人心理健康的重要指标。

（3）"生活满意度"是老年人主观幸福感的关键指标。生活满意度对应问卷问题 B1-1："您觉得您现在的生活怎么样？"答案赋值为"5＝很好，4＝好，3＝一般，2＝不好，1＝很不好"。郭晋武（1992）的研究显示，老年人的生活满意指数可作为反映其心理健康状态的一项重要指标。

（4）"参与活动"属于人际交往维度，根据老年人进行社交型活动的频率来衡量。参与活动对应问卷 D11:"你现在从事/参加以下活动吗?"包括 D11-2a 太极拳、D11-2b 广场舞、D11-2c 串门与朋友交往、D11-2d 其他户外活动、D11-6 打牌或打麻将、D11-8 参加社会活动,将每项答案赋值为"1=不参加、2=不是每月但有时参加、3=不是每周但每月至少参加一次、4=不是每天但每周至少参加一次、5=几乎每天参加",汇总 6 项得分总值。吴振云和邓丽芳编制的老年人心理健康量表均把人际活动作为老年人心理健康的测量指标。

其二,解释变量:社区养老服务。本章选用调查问卷 F14"您所在的社区有哪些为老年人提供的社会服务"中的精神慰藉类服务来衡量。社区养老精神慰藉类服务包括三类:f143 精神慰藉和聊天解闷、f145 组织社会和娱乐活动、f148 处理家庭邻里纠纷。对这三项社区服务分别赋值,如果老人所在社区提供该项社会服务,取值为 1;如果老人所在社区没有提供该项社会服务,取值为 0,认为老年人没有享受该项服务。

其三,控制变量:包括年龄、性别(0=女,1=男)、户籍(0=农村,1=城市)、教育年限、居住情况(1=家人,2=独居,3=养老院)、婚姻状况(0=未婚,1=已婚)、锻炼身体(0=过去没有锻炼身体,1=过去锻炼身体)、是否失能(1=不失能,2=轻度失能,3=中度失能,4=重度失能)、经济状况(0=生活来源不够用,1=生活来源够用)、生活水平(1=很困难,2=比较困难,3=一般,4=比较富裕,5=很富裕)、社区起居照料服务(0=没有,1=有)、社区看病送药服务(0=没有,1=有)、社区日常购物服务(0=没有,1=有)、社区法律援助服务(0=没有,1=有)、社区保健知识服务(0=没有,1=有)。

(三) 实证模型

作为结构方程模型的一种,多指标多因素(MIMIC)模型的被解释变量是由多个反映型指标变量所定义或测量的潜变量,解释变量为显变量。本章模型中,被解释变量"老年人心理健康"是由感到孤独、认知能力、生活满意度、社会活动四个指标所测量的潜变量,解释变量"社区养老服务"属于显变量。MIMIC 模型整合了验证性因子分析和回归分析,可以同步完成测量、归因等研究任务。MIMIC 模型如式(9-1)所示:

$$\eta = \alpha + \Gamma X + \zeta \tag{9-1}$$

测量模型如式(9-2)所示:

$$y = \gamma \eta + \varepsilon \tag{9-2}$$

式(9-1)中,η是潜变量,代表老年人心理健康;X是社区养老精神慰藉服务,由聊天解闷服务、娱乐活动服务和处理纠纷服务组成;Γ表示解释变量每变动一个单位的潜变量变化量;ζ表示随机扰动项。式(9-2)中,$y=(y_1,y_2,\cdots,y_4)$是由测量老年人心理健康的四个指标所构成的向量,ε表示测量误差。

第4节 实证结果分析

(一) 描述性统计结果(见表9-1)

表9-1 描述性统计结果

变量	N	均值	标准差	最小值	最大值
起居照料服务	14287	0.102	0.303	0	1
看病送药服务	14369	0.343	0.475	0	1
日常购物服务	14279	0.113	0.317	0	1
法律援助服务	14318	0.206	0.404	0	1
保健知识服务	14413	0.417	0.493	0	1
聊天解闷服务	14312	0.145	0.353	0	1
娱乐活动服务	14317	0.217	0.412	0	1
处理纠纷服务	14340	0.313	0.464	0	1
生活照料类服务需求意向	14267	1.253	0.899	0	2
医疗保健类服务需求意向	14303	1.577	0.718	0	2
精神慰藉类服务需求意向	14249	2.031	1.241	0	3
感到孤独	13017	4.029	0.996	1	5
认知能力	9999	6.493	1.084	0	7
生活满意度	13536	3.888	0.796	1	5
参与活动	14489	9.630	3.830	6	30

从表9-1看出,老年人心理健康的测量指标中,孤独感的总体均值为4.03,表明被访者的总体孤独感较低,较少感觉孤单寂寞。认知能力由知觉、记忆、思维和想象力构成,是人们成功完成活动最重要的心理条件,均值为

6.49，表明被访者的总体认知能力较强，智力正常。随着我国经济不断发展，人民的生活水平得到提高，被访老人的生活满意度均值为3.89，属于较高的水平，表明生存要求和物质需求得到了较大的满足。参与活动的均值为9.63，处于极低水平，表明被访老人较少外出与人交往，人际关系能力较差。根据社会撤离理论，随着年龄的增长和角色的丧失，老年人会减少活动水平和与人交往；活动理论也认为，老年人因退出社会主流生活而导致抑郁等心理问题。

在社区养老服务方面，聊天解闷服务、娱乐活动服务、处理纠纷服务的均值分别为0.15、0.22、0.31，表明三项精神慰藉类社区服务的覆盖率比较低，精神障碍社区康复项目仍较为欠缺；起居照料和日常购物属于生活照料类服务，二者的均值分别为0.1、0.11，表明只有少部分社区为老年人提供基本的生活照料服务，而大部分受访老人居住在农村，体现出我国养老服务"重城市、轻农村"的特点，农村养老体系尚未形成；看病送药和提供保健知识属于医疗保健服务，这两项服务的均值分别为0.34、0.42，表明约40%的受访老人享受了社区提供的医疗保健服务。这也印证了我国《"十三五"规划》中医养结合养老服务的建设成效，把医疗服务融入社区养老体系，帮助老年人在熟悉的社区中看病、享受医疗照料。

将医疗保健、精神慰藉、生活照料三类服务的均值由大到小排列，比较可知，大部分受访老人所在社区提供基本的医疗保健服务，重视老年人的生理健康，但相对忽视老年人心理健康，精神慰藉类服务的供给缺口较大。周红云等（2018）的调研也发现，生活照顾类服务总体均值最高，医疗与娱乐类服务均值占中，精神慰藉类服务总体均值最低，各城市社区中心理咨询比较缺乏，老年人得不到专业的心理咨询服务。同时，对这三类服务的需求意向中，精神慰藉类服务（67.7%）排第二，仅次于医疗保健类（78.85%），说明老年群体存在精神困扰，对精神慰藉类服务的需求较高。随着社会经济发展，大部分老年人都能满足基本的生理需求，基本生活需要可以通过自理或家人照顾得到满足，而对于更高层次的社交、尊重需要则较难满足，老年人会从个人熟悉的家庭与社区中寻求心理满足。

(二) MIMIC 模型估计结果（见图 9-1）

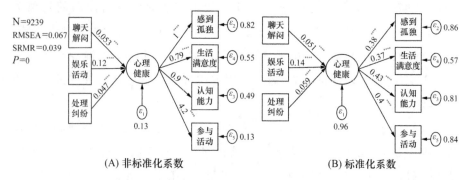

图 9-1 老年人心理健康 MIMIC 模型估计结果

注：参数估计方法为极大似然估计；**、***、**** 分别代表 5％、1％、0.1％水平显著。

图 9-1（A）的模型右侧为老年人心理健康的验证性因子分析结果。四个指标的因子载荷系数都为正，且都在 0.1％水平显著。拟合指标 RMSEA＝0.067，SRMR＝0.039，表明所构建因子模型的拟合程度较高，与真实模型之间的差异不显著。这些结果说明整个因子模型及载荷系数都是显著的，图中对"老年人心理健康"的测量模型是成立的。

图 9-1（A）的模型左侧报告了 MIMIC 模型的非标准化系数估计结果，聊天解闷服务、娱乐活动服务、处理纠纷服务这三项精神慰藉服务对老年人心理健康的回归系数均为正，且分别在 1％、0.1％、0.1％水平显著，说明这三项精神慰藉类服务在社区中实施，可以对老年人心理健康产生正向影响。聊天解闷服务、娱乐活动服务、处理纠结服务每增加 1 个单位，老年人心理健康分别提高 0.053、0.12、0.047。聊天解闷、娱乐活动、处理纠纷三项服务的实施范围均在社区内，通过专业的社会工作者和心理咨询师的介入，让老年人在自己熟悉的社区里，在不割裂原有社会关系网络的情况下，结交更多的朋友和正确处理矛盾与纠纷，彼此互相交流安慰，使老年人更易获得安全感和归属感，保持积极向上的健康心态，乐观对待生活，有利于老年人心理健康。其他学者的研究也印证了社区精神卫生服务对老年群体的正向影响。彭淑颖（2019）的研究发现，社区心理卫生服务有助于改善老年人群的焦虑、抑郁等心态。刘慧玲和田奇恒（2019）的研究表明，社区活动在老年人心理健康水平的提升上具有便利性、系统性、渗透性的优势，在具体实施路径上，结合社区

活动的三大环节:活动策划、活动实施和活动评估,围绕老年人心理健康水平的提升,科学设计和开展社区活动,为促进老年人身心健康、乐享晚年生活创造条件。郭细卿和施毓金(2020)的回归分析结果也显示精神慰藉因子对客观心理健康具有统计显著性,原因可能在于精神慰藉类的社区服务能够促进老年人与外界交流沟通,得到来自社区的精神支持,减少独处时间,减缓内心压抑情绪,提升心理健康。但也有学者得出不一样的结论,陈谦谦和郝勇(2020)把孤独感作为心理健康的指标,结论是社区养老服务中精神慰藉服务对老年人心理健康没有显著影响,但他们的研究只通过单一指标孤独感来衡量心理健康,过于片面。本章使用多指标测量出心理健康之后,实证结果显示精神慰藉服务确实能显著提升老年人心理健康。

  图 9-1(B)报告了标准化系数估计结果。对比可知,三项社区精神慰藉类服务对老年人心理健康的影响大小依次为娱乐活动服务、处理纠纷服务、聊天解闷服务。在社区中组织老年人参与娱乐活动,促进老年人的社会参与,可以丰富老年人的空闲生活,充盈老年人内心,降低他们的孤独寂寞感。周红云等(2018)基于湖北省调查数据的实证结果表明,社区文体娱乐活动对老年人各个维度的健康都有显著影响,对提升老年人心理健康有较大的帮助。家庭邻里是老年人日常接触最多的人群。若与家人邻里发生摩擦,纠纷一直郁结于心或上升到争吵而没有得到和气解决,老年人可能会心生苦恼气愤,容易导致产生心理问题,所以社区处理家庭邻里纠纷的服务可以帮助消除老年人内心的误解、苦闷。但在日常生活中,邻里摩擦偶尔发生,不会经常需要处理,所以这项服务对老年人心理健康的作用次于娱乐活动服务。聊天解闷是一种直接慰藉老年人的服务方式。社区通过与老年人交流沟通,为老年人排解忧虑,缓解孤独,一定程度上扮演了家庭亲人的角色,对空巢老人或子女工作忙碌的居家老人具有精神慰藉作用。孔令磷等(2016)在咸宁市的调研结果显示,在社区居家老人的精神慰藉需求中,志愿者陪伴服务需求排名第二,社区组织志愿者陪伴老人聊天谈心能较大程度满足老人爱与归属感的需求。但由于提供社区聊天解闷服务的人员多为志愿者或社区工作人员,与老年人之间并非长期固定的关系,很多是一次性服务,属于没有熟悉感、没有感情基础的聊天服务,使得部分老年人有所顾忌而不能敞开心扉地聊心声,降低了该项服务的效果,导致聊天解闷服务效果次于前两项服务。

（三）稳健性检验

鉴于老年人心理健康还会受其他因素的影响，为验证本章实证结果的稳健性，表9-2在MIMIC模型中增加了更多的控制变量，包括年龄、性别、户籍、居住方式、锻炼身体、生活照料类和医疗保健类社区服务等。通过观察回归系数及其显著性的变化，验证实证结果是否稳健。参数估计方法为极大似然估计。

表 9-2　扩展的MIMIC模型估计结果

	模型	(1)	(2)	(3)	(4)
A 结构模型	聊天解闷	0.023** (2.35)	0.021* (1.92)	0.027** (2.21)	0.034*** (2.58)
	娱乐活动	0.033*** (3.77)	0.033*** (3.3)	0.034*** (3.43)	0.030*** (2.65)
	处理纠纷	0.016** (2.16)	0.025*** (2.94)	0.026*** (3.01)	0.023** (2.2)
	年龄	−0.010*** (−15.01)	−0.009*** (−16.31)	−0.009*** (−16.23)	−0.009*** (−16.4)
	性别	0.060*** (7.93)	0.036*** (4.64)	0.036*** (4.6)	0.036*** (4.29)
	户籍	0.015* (1.74)	0.016 (1.62)	0.016 (1.61)	0.014 (1.31)
	教育年限		0.011*** (10.33)	0.011*** (10.29)	0.012*** (10.13)
	婚姻状况		0.048*** (4.89)	0.049*** (4.96)	0.057*** (5.39)
	居住方式		−0.012 (−1.54)	−0.01 (−1.27)	−0.021** (−2.4)
	活动能力		0.093*** (12.18)	0.093*** (12.11)	0.100*** (12.62)
	锻炼身体		0.189*** (15.8)	0.188*** (15.71)	0.202*** (16.61)
	生活水平		0.069*** (9.51)	0.070*** (9.55)	0.088*** (10.97)

(续表)

模型		(1)	(2)	(3)	(4)
	起居照料服务			−0.018 (−1.3)	−0.011 (−0.72)
	日常购物服务			−0.002 (−0.11)	0.003 (0.19)
	看病送药服务				−0.020** (−2.26)
	保健知识服务				−0.001 (−0.15)
	法律援助服务				0.018 (1.45)
B 测量模型	感到孤独	1.000 (4.738)	1.000 (4.145)	1.000 (4.143)	1.000 (4.072)
	认知能力	2.197*** (8.099)	1.562*** (6.730)	1.569*** (6.727)	1.450*** (6.614)
	生活满意度	0.444*** (4.230)	0.561*** (3.975)	0.996*** (3.194)	0.610*** (3.935)
	参与活动	8.791*** (16.455)	8.326*** (11.125)	8.326*** (11.124)	7.689*** (10.517)
	N	8026	7749	7725	7719
C 拟合指标	ll	−124012.03	−146857.02	−147460.41	−157477.05
	RMSEA	0.071	0.077	0.072	0.072
	SRMR	0.039	0.040	0.036	0.034
	R^2	0.526	0.813	0.814	0.772

注:括号报告的是 z 值;***、**、* 分别代表 1%、5%、10% 水平上显著。

表 9-2 中 B 部分是"老年人心理健康"测量模型的估计结果,与 MIMIC 模型结果基本一致。C 部分是整个模型的拟合指标,在拟合指标中,RMSEA<0.08,SRMR<0.05,$R^2 \approx 0.7312$,说明模型整体拟合较好,估计结果可以接受。

A 部分是各个因素影响"老年人心理健康"的结构模型估计结果,在(1)—(4)列中逐步加入控制变量,聊天解闷服务、娱乐活动服务、处理纠纷服务这三项解释变量对老年人心理健康仍存在显著影响,且与 MIMIC 模型的估计结果相一致,均为正向影响,说明该模型的实证结果是稳健的。

在模型(2)—(4)中,教育年限和婚姻状况都对老年人心理健康产生了显著的影响。受过高等教育的老年人孤独感程度低于初中及以下文化水平的老年人(杨茜等,2020)。有配偶的老年人心理健康比单身老年人更好。生活水平代表被访老人与当地相比的经济状况,也在1%水平显著,说明家庭经济良好的老年人心理健康相对较好。"活动能力"调查老人日常活动是否因健康问题而受限制,"锻炼身体"调查老人是否有运动的习惯。这两个控制变量都在1%的水平显著,表明娱乐活动对老年人心理健康存在显著的正向影响。安涛(2019)的调查结果显示,强化老年人的体育锻炼能有效调节老年人的心理健康水平。但描述统计结果显示,只有一小部分被访老人坚持锻炼身体,应多鼓励和组织老年人参加日常锻炼,如跳广场舞、练太极等。

在模型(3)—(4)中,加入了剩余五项社区养老服务,分别属于生活照料类、医疗保健类和法律援助类社区服务,结果显示这五项社区养老服务对老年人心理健康没有显著影响。它们主要用于满足老年人的日常生理需求,对老年人心理健康不会产生直接影响。但有实证结果表明,生活照料类与医疗保健类服务对老年人心理健康也会有正向的显著影响。两种不同结果的原因可能是对心理健康的衡量指标不同。周红云等(2018)使用了自评心理健康作为测量心理健康的指标,郭细卿和施毓金(2020)利用抑郁量表作为心理健康的测度,陈谦谦和郝勇(2020)采用孤独感作为心理健康衡量指标。而本章的心理健康是潜变量,使用多个指标测量,相比之下实证结果更客观可靠。因此,生活照料与医疗保健类服务对老年群体心理健康的影响有待进一步探查。精神慰藉类服务对老年人心理健康存在不可替代的作用,政府和社区在规划实施社区养老服务时既要照顾老年人的基本生活和医疗需求,也要注重精神健康。

(四)异质性分析

MIMIC模型及进一步的稳健性检验结果表明,社区养老精神慰藉服务对老年人心理健康有显著的正向影响,但考虑到群体差异,本部分将分别从户籍、是否独居、是否失能三个切面研究社区养老精神慰藉服务对不同群体老年人心理健康的影响是否存在异质性。异质性分析结果如表9-3所示。

表 9-3　异质性分析结果

变量	类别	城镇老人	农村老人	独居老人	非独居老人	失能老人	非失能老人
聊天解闷	总数	2826	6402	1553	7593	1367	7490
	标准误	0.041	0.028	0.061	0.017	0.052	0.025
	z 值	3.41	1.5	1.3	2	1.48	3.34
	显著性	0.142****	0.042	0.079	0.034**	0.077	0.084****
娱乐活动	总数	2826	6402	1553	7593	1367	7490
	标准误	0.04	0.024	0.058	0.015	0.045	0.022
	z 值	−0.05	3.36	2.86	6.66	0.8	6.58
	显著性	−0.002	0.082****	0.166***	0.103****	0.036	0.146****
处理纠纷	总数	2826	6402	1553	7593	1367	7490
	标准误	0.037	0.019	0.047	0.012	0.041	0.018
	z 值	−1.04	2.78	1.48	2.65	0.21	2.59
	显著性	−0.039	0.054***	0.07	0.034***	0.008	0.048***

注：***、**、*分别代表1%、5%、10%水平上显著。

从户籍的角度看，聊天解闷服务仅对城镇老人有显著的正向影响，而娱乐活动和处理纠纷服务则对农村老人有显著的正向影响。究其原因：第一，相比农村，城镇住宅户与户之间相对独立封闭，一些独居空巢老人较少与邻里交流，所以聊天解闷服务的效果对城镇老人更好；第二，相比城镇，农村住户之间的接触交流更频繁，产生摩擦的可能性也更大，同时农村老人文化水平较低，对纠纷的处理更需要村委会和社区的介入，所以处理纠纷服务对农村老人产生正向显著影响；第三，相比城镇，农村生活更单调，农村老人的文体活动与场所更少，能更多地参与社区组织的娱乐活动，所以社区娱乐活动服务对农村老人的效果更好。

对比独居与非独居老人，娱乐活动对两类老人都有显著的正向影响，而聊天解闷和处理纠纷服务只对非独居老人有显著的正向影响，可能是因为独居老人长期孤独在家，内心封闭，较难从与不固定的陌生志愿者或心理工作者的交谈中获得心理慰藉和情感支持，内心更渴望来自子女或近亲的关爱。苏红等(2018)的研究也证明，空巢老人的孤独感得分更低，与他们缺乏家庭交流有关,其子女处于工作和事业发展阶段,比较繁忙,与父母交流较少。

对比失能与非失能老人,三项社区养老精神慰藉服务对非失能老人都有显著的正向影响,而对失能老人则没有类似影响。考虑到失能老人行动不便,大部分时间只能在家中靠他人照料,难以参与到社区养老服务中,这类服务对他们的影响不大。杨茜等(2020)通过调研社区失能老人,发现他们对基础护理服务需求最大,其次才是精神抚慰服务。

第 5 节　结论与政策建议

本章利用 CLHLS 2018 年数据,探究我国社区养老精神慰藉服务对老年人心理健康的影响。实证结果表明,我国社区养老精神慰藉服务对老年人心理健康具有正向的显著影响。通过在社区向老年群体实施聊天解闷服务、娱乐活动服务、处理纠纷服务,可以显著提高老年人的心理健康水平,减少老年人的孤独感,提升老年人的生活满意度。另外,社区养老精神慰藉服务在不同户籍、是否独居、是否失能等人群存在差异性的影响作用,应着重关注农村、独居、失能老人的精神健康,制定差异化、针对性的社区养老服务。

针对以上结论,为大力推进"健康老龄化"与"积极老龄化",完善以居家为基础、社区为依托的养老模式,提升我国老年群体的心理健康水平,本章提出以下建议:

第一,依托社区,为中老年群体组织更多的精神慰藉活动,提高精神卫生服务的覆盖率。从实证结果可以看出,生活照料类与医疗保健类服务对老年人心理健康没有直接的正向影响,而目前我国社区心理慰藉类服务的覆盖率仍较低,大部分老人没有享受社区提供的精神服务。聊天解闷、处理纠纷、娱乐活动服务对老年人心理健康都有改善作用。因此,在积极推进长者饭堂、送餐配餐、助浴助医服务的同时,应加强实施心理服务。

第二,搭建老年人娱乐活动平台,扩大老年人社交网络。娱乐活动在三项社区精神慰藉服务中对老年人心理健康的改善作用最大。在社区资源有限的情况下,可以考虑优先实施娱乐活动服务,通过搭建老人活动中心,充分调动老年人力资源,定期举办老年活动等方式联结社区老人,丰富老人晚年生活。

第三,在社区中推崇亲情陪伴文化。实证结果显示,社区提供聊天解闷服务的效果不如娱乐活动和处理纠纷服务。原因可能是社区通过短期性的志愿者或非固定的社区工作者上门陪伴老人,老人难以真正打开心扉,内心的孤独抑郁情绪不能得到有效解决。而老人真正需要的是亲人陪伴,因此建议通过社区推广亲情陪伴文化、表彰优秀家庭,倡导晚辈多花时间照顾和陪伴老人。

第四,重点关注独居、失能老年群体的心理健康,在社区内营造尊老爱老的氛围。本研究中的三项社区精神慰藉服务对以上两类老年群体几乎都没有产生正向影响,而他们在居住情况、身体机能两个维度上都属于"弱势",产生精神卫生问题的风险更大。因此,在制定政策、实施服务过程中,应特别针对独居、失能老人设计差别化、精准化的社区精神慰藉服务,真正实现依靠服务提升他们的心理健康水平。

第 10 章
我国老年人健康变化趋势分析*

第 1 节 引　　言

2022 年底,我国 60 岁以上老年人已占总人口的 19.8%,65 岁以上老年人也占到 14.9%。① 进入中度老龄化阶段之后,我国实施积极应对人口老龄化战略并驶入快车道。越来越多的研究认识到健康老龄化是我国积极应对人口老龄化的必由之路。解决健康问题能基本化解老龄化的负面影响(邬沧萍和姜向群,1996;李婷,2015;Baer et al.,2016;刘远立等,2019;刘远立,2021)。

促进健康老龄化相关政策实施所关注的重要问题是,一代又一代的老年人是变得更健康,还是趋向亚健康甚至病痛老龄化? 据第六次全国人口普查,有 83.15% 的老年人自认为健康和基本健康,16.85% 的老年人自认为健康状况欠佳(王胜今和舒莉,2018)。第七次人口普查数据显示,陕西省健康和基本健康老年人占比 86.5%,比第六次全国人口普查时提高了 5.2 个百分点。② 2015 年第四次中国城乡老年人生活状况调查又显示,自认健康或一般的占 75.24%,自认健康状况比较差或非常差的占 24.76%(党俊武等,2018)。另据健康中国行动推进委员会披露,2018 年,中国老年人大约有 8.3 年处于带病生存,患有 1 种以上慢性病的老年人有 1.8 亿人,比例达 75%。③ 这些健康数值结果并不一致,由于数据来源不同、口径不一,也缺乏可比性,且大多为单一指标,难以反映我国老年人健康的总体水平及动态变化。

---

* 原文发表于《江淮论坛》2022 年第 6 期。
① 数据来源:国新办 2022 年国民经济运行情况新闻发布会。
② 老年人健康水平显著提升 人均预期寿命达 77.80 岁[EB/OL]. (2022-06-13),(2022-08-01). https://www.thepaper.cn/newsDetail_forward_18547178.
③ 数据来源:健康中国行动推进委员会办公室 2019 年 7 月 29 日新闻发布会文字实录。

不少学者基于 CLHLS、CHARLS 等微观调查数据,通过测度健康预期寿命、自评健康、ADL、ALE、MMSE、PPT 等指标或量表来评判我国老年人健康状况的变化,结果也各执一词。一些研究发现老年人越来越健康了,一些研究却得出否定结论,还有研究发现一些健康指标在改善,一些健康指标在降低,或在某些时刻上升,在另一些时刻下降。由于使用的数据、健康指标、测量方法、计量模型等都不完全相同,得到的结果也缺乏可比性(焦开山,2014;李婷,2015)。

无论是官方统计指标,还是微观调查数据,都未对我国老年人健康的总体水平、变化趋势达成一致性判断。这些研究大多是基于健康指标、指数、维度或综合评估的测量(均)值来进行评判。除了查看这些健康指标测量值的变化,还可以根据不同健康类型老年人的比例变化来判断(穆光宗,1995;熊必俊和董之鹰,1995;邬沧萍和姜向群,1996;陈小月,1998)。然而,迄今为止,考查比例变化的量化研究极为少见。

本章从以下方面进行了改进:第一,按照世界卫生组织新的"健康老龄化"概念及框架,以测量"功能发挥"为主,辅之以测量生理健康;第二,基于六期 CLHLS 数据,使用多维度多指标测量的潜剖面模型(latent profile model,LPM)将老年人个体识别为健康、一般、不健康三种潜类别,进而从三类老年人的比例变化来评判我国老龄健康水平及其变化,而不是基于某些健康指标或单一功能的测量值变化来进行研判。

第 2 节 文 献 回 顾

针对老年人的健康变化趋势,Havighurst(1961)最先提出"健康老龄化"(healthy aging)的概念,并定义其为"延长寿命、增加生活满意度"。但长寿只能反映寿命的数量,不能反映寿命的质量。1987 年,世界卫生大会将"健康老龄化"的定义拓展为"在不可阻挡的日历年龄老化的同时,通过一系列积极措施来推迟生物性老化和社会性老化"。Rowe 和 Kahn(1997)将健康老龄化定义为"积极无病的状态"。这些定义忽视了生命进程中不可避免的老化过程,而想要老年人没有疾病也不现实。同时相比其他人群,老年人健康更特殊,主要是患慢性病等非传染性疾病,绝大多数无法治愈,且很多健康问题无法诊断为某种疾病,如虚弱、尿失禁、跌倒、精神错乱、综合征等(WHO,2016)。

即使存在这些疾病也不能说明对老年人个体造成实际影响,因为通过药物抑制、器具辅助、环境支持等,老年人仍能维持良好的功能发挥,享有高水平的健康状态(Young et al.,2009)。对此,世界卫生组织在2016年《关于老龄化与健康的全球报告》中不再强调没有疾病,而将"健康老龄化"重新定义为"发展和维护功能能力以实现老年期幸福生活的过程"。该过程依赖于老年人自身的内在能力、支持性环境及二者的相互作用。

目前,基于功能发挥的"健康老龄化"定义已被广泛接受,但其测量指标、方法及模型仍较为有限(WHO,2015)。相比测量老年人的个体健康,对健康老龄化的测量有两点不同:其一,老年健康是个人在整个生命过程中逐步发展的结果(Bowling and Dieppe,2005)。个体在生命历程中不同时点的选择、环境的干预都可能使其内在能力、功能发挥产生变化,并最终影响健康老龄化的变化轨迹(杜鹏和董亭月,2015)。其二,健康老龄化关注的是老年人群的总体状况或平均水平(闻玉梅,2017)。尽管要以个体健康为基础,但少数几个人的健康寿命长短对提高整个群体平均健康寿命的影响并不大(邬沧萍,1995)。简言之,健康老龄化是对老年人整个生命历程中总体健康水平的动态考查,及对其影响因素的系统干预(WHO,2016)。

我国学者研判老年人健康变化主要沿着两条路径展开:其一,老年人健康指标测量值的变化。例如,健康预期寿命延长,相应的带病期缩短,以"无疾而终"为目标。其二,不同类型老年人的比例变化。例如,健康、长寿的老年人比重占大多数,且不断增加(穆光宗,1995;熊必俊和董之鹰,1995;邬沧萍和姜向群,1996;陈小月,1998)。

目前,绝大多数研究都是基于健康指标或量表的测量值来判断我国老年人健康的变化趋势。汤哲等(2005)使用基本生活能力量表ADL对北京市老年人的12年追踪调查数据显示,健康预期寿命比值(ALE/LE)近年呈下降趋势,健康预期寿命未能与预期寿命同步增长。谷琳(2006)对比1992年中国老年人口供养调查数据与2002年中国老年长寿跟踪数据,发现健康预期寿命(ALE)在压缩,不能自理期在扩展。曾毅等(2017)研究发现,1998—2008年,中国高龄老年人的认知功能和躯体功能相比10年前显著降低,人均预期寿命延长伴随老年人健康水平下降。

不同于上述结果,郭未等(2013)对2005年1%人口抽样数据与2010年第六次全国人口普查数据进行对比,应用Sullivan法计算健康预期寿命及预期寿命发现,2010年比2005年有所提高。据全球健康研究组织(IHME)数据,1990年至2013年中国健康预期寿命提高了7.6岁(Murray et al., 2015)。张文娟和王东京(2018)使用我国1%人口抽样数据发现,1994年老年人中不能自理的占7.5%,到2015年下降到2.3%,主要贡献来自农村老年人口的健康改善。李成福等(2018)的研究预测,2020年中国健康预期寿命为69.2岁,到2030年将进一步提升到70.9岁。杨玲和宋靓珺(2020)基于CLHLS 2002—2014年五期数据,发现ADL、MMSE、PPT三个健康量表都显示2002—2014年中国老年人健康状态呈现向好的趋势。Yang和Meng(2020)使用CLHLS五期数据,从功能状态、生理健康、心理健康、社会健康四个维度采用二阶因子模型测量老年人健康均值。结果显示,除2008年,其余四期均值都呈上升态势,且通过了各期均值差异的显著性检验,支持我国走向健康老龄化。

还有一些研究结果是部分肯定、部分否定。余央央和封进(2017)基于1991—2009年中国营养与健康调查(CHNS)数据,利用随机效应模型发现日常行为能力指标逐步改善,但慢性病和健康风险指标却在逐步恶化,且农村更为严峻。朱火云和黄雪山(2020)基于CLHLS数据使用5个维度17个指标的老龄化态度量表(B-APQ)测量发现,积极老龄化态度指数呈波动趋势,在2000年、2002年、2005年、2011年四个时期高于均值,在1998年、2008年、2014年三个时期低于均值。

根据不同类型老年人比例变化来评判的量化研究较少。穆光宗(1995)利用健康老年人占总人口的比例变化、健康老年人占全部老年人的比例变化等8个指标来反映中国老年人健康变化,但他并未使用数据开展测量工作。焦开山(2014)使用由CLHLS 2002年、2005年新增样本组成的混合横截面数据,基于ADL、IADL、MMSE、自报慢性病症4个指标或量表的潜类别模型作出的分类结果为,健康、轻度残障、认知缺损老人分别占38%、20%、18%(合计76%),而最不健康的占24%。但他的研究是基于截面数据,不足以反映我国老年人健康的变化趋势。

总体上,测量老年人健康大多采用疾病、共患疾病、死亡、伤残等生理健康指标、流行病学方法。健康老龄化是应对人口老龄化的有效路径,老年人健康评估也应基于功能发挥视角展开(王晶晶,2021)。迄今为止,还极少有研究围绕功能发挥对老年人健康进行综合评估,并分析其变化趋势。

第 3 节 研 究 设 计

（一）样本数据来源

本章使用的样本数据是 CLHLS 2002 年、2005 年、2008 年、2011 年、2014 年、2018 年共六期数据。选择从 2002 年起始是因为该年起，CLHLS 每隔 3 年调查 1 次，且将被访者的年龄范围扩大到了 80 岁以下（之前的 1998 年、2000 年是每两年调查一次，且只调查 80 岁以上高龄老人）。本章删除了样本中 60 岁以下老年人个体，最后得到 80926 个观测值，最小 60 岁，最大 120 岁。数据结构如表 10-1 所示。

表 10-1 六期 CLHLS 数据结构分布

年份	观测值（个）	平均年龄（岁）	性别比（%）
2002	16064	86.3	女＝57.39 男 42.61
2005	15638	86.2	女＝57.23 男 42.77
2008	16445	87.1	女＝57.51 男 42.49
2011	9749	85.8	女＝55.02 男 44.98
2014	7168	85.4	女＝54.00 男 46.00
2018	15826	85.5	女＝56.40 男 43.60

CLHLS 2002 年、2005 年、2008 年三期调查中，对死亡或失访的老年人按同性别、同年龄的原则就近递补样本，保证跟踪调查数据的连续性与不同时点的可比性（曾毅，2013）。2011 年、2014 年两期只在 8 个健康长寿典型调研地区新增受访者来替补已故（或失访）被访者（其他调研地区没有新增替补被访者）。2018 年又按照同性别、同年龄的原则就近递补样本，新增被访者 12411 人。这六期数据使用的是几乎完全相同的调查问卷和评估工具。表 10-1 显示，六期数据的平均年龄、性别比都很接近，样本结构总体上具有较高的纵向可比性。

（二）测量维度与指标

根据世界卫生组织的健康老龄化概念及框架，使用 CLHLS 数据中 4 个量表测量被访老人的功能能力(functional ability),包括:第一,日常活动能力(ADL)量表,又称Katz指数量表,指为维持生存及适应环境而每天必须反复进行的最基本、最具共性的活动,共有洗澡、穿衣、室内活动、上厕所、吃饭、控制大小便等6个题目,不需要帮助得3分,一个部位需要帮助得2分,2个以上部位需要帮助得1分,加总6个项目得分,最大值18,最小值6,为数值型变量。第二,器具性日常活动能力(IADL)量表,指为了独立生活所需的关键、较高级的技能,大多为需要借助工具、与环境有互动的活动,包括能否到邻居家串门、举起5公斤重物、洗衣服、做饭等8个题目,能做到得3分,有一定困难得2分,不能做到得1分,加总8个项目得分,最大值24,最小值8,为数值型变量。第三,功能受限状况(ADS)量表,指个体完成机能活动时的能力受限状况,包括手能否触及后腰、手能否触及颈根、能否从椅上站起来、能否从地上捡书以及原地转圈所需的步数,手臂能否上举等6个题目,两个手都可以做到得3分,一个手能做到得2分,两个手都不能做到得1分,加总之后,最大值18,最小值6,为数值型变量。第四,认知功能(MMSE)量表。CLHLS使用中国版认知功能简易量表测量老年人的认知功能,包括方向定位能力、反应能力、注意力和计算能力、回忆能力以及语言、理解和自我协调能力等24个题目,"一分钟内说出食物名字数量"这一题占7分,其余23个问题回答正确得1分,不正确得0分,加总之后,最大值30,最小值0,也是数值型变量。该认知功能简易量表对中国老年人群是可靠和有效的(Shyu and Yip,2001)。

此外,使用两年内患重病次数(重病是指需要住院治疗或在家卧床不起)、自评患慢病种类数(老人自报是否患有所列出的慢性疾病,除去男性或女性独有的专科疾病)这2个指标测量被访老人的生理健康(*physical health*)(具体见表10-2)。

表10-2 测量指标的描述性统计结果(全样本)

变量	符号	N	mean	sd	min	max
日常活动能力	adl	79406	16.86	2.550	6	18
器具性日常活动能力	iadl	80378	18.05	6.130	8	24
功能受限状况	ads	78015	15.85	2.760	6	18
认知功能	mmse	78352	20.86	8.670	1	30
两年内患重病次数	illness	79427	1.70	10.997	0	88
自评患慢病种类数	chronic	80921	1.11	1.325	0	20

注:illness取值88代表常年卧病在床。

表 11-2 报告了六期数据中 6 个指标的统计结果。反映老人日常活动能力的 Katz 指数均值为 16.86,说明平均能完成 6 项任务中的 5 项,只有 1 项不能独立完成。器具性日常活动能力均值为 18.05,说明平均能完成 8 项任务中的 6 项,只有 2 项需要帮助。功能受限状况均值为 15.85,说明平均能完成 6 项动作中的 5 项,只有 1 项受限。这三个指标都处于较高水平,反映 2002—2018 年我国老人的功能发挥状态总体处于较好水平。认知功能均值为 20.86。认知功能正常与不正常的分界值与受教育程度有关。由于中国高龄人群的受教育程度偏低,学者建议使用 18 分作为认知功能残障与无残障的分割点(Zhang,2006)。可见,老人的认知功能也处于较佳水平。就生理健康而言,老人两年内患重病次数的均值为 1.7,而自评患慢病种类数为 1.11 种。

从 6 个指标变量的变化看,4 个功能状态指标中,mmse、ads 呈现较明显的上升走势,adl、iadl 则呈现波动中略微上升的态势。结合来看,反映功能状态的 4 个指标是趋向更健康的走势。illness 指标的六期均值分别为 1.86、1.45、1.11、1.61、2.12、2.31,呈现先降低再上升的走势。老人患 1 种以上慢病的比率分别为 58.65%、58.34%、55.88%、58.86%、59% 和 65.46%,自评患慢病种类数从 1.06、1.09、0.96、1.10、1.08 上升到 2018 年的 1.34,趋势不容乐观。随着我国人均预期寿命的提升,慢病高发也成为老龄化社会的一大挑战。总体来看,两个疾病指标 illness、chronic 是在趋向变差的。

(三) 潜剖面模型

由于是多维度测量,且各个指标都是连续型变量,本章使用可识别潜类别变量及其比例的潜剖面模型。潜剖面模型假定每种潜类别对各个测量指标变量的取值结果具有某种倾向性的特定影响(邱皓政,2008;Collins and Lanza,2010)。Grzywacz 和 Keyes(2004)将老人整体健康分为完全健康、不完全健康、完全不健康三类。世界卫生组织将老人内在能力的变化分为能力强而稳定、能力衰退、严重失能三个阶段(WHO,2016)。参照这些做法,本章也将老年人健康分为健康、一般、不健康三个潜类别。由健康、一般、不健康这三个互斥的潜类别来解释老人 6 个健康指标值的取值变化或差异。模型如下所示:

$$f(y_i) = \sum_{j=1}^{J} P(C_i = j) f(y_i \mid C_i = j) \tag{10-1}$$

式(10-1)中,C 为潜类别变量,有 j 个水平,本章中 $j=1,2,3$。潜剖面模型首先使用 mlogit 回归估计式(10-1)中的潜类别概率 $P(C_i=j)$(类似方差解释比)。接着对 6 个连续型测量指标进行线性回归,估计出第 i 个指标变量 $(i=1,2,\cdots,6)$ 在第 j 个潜类别 $(j=1,2,3)$ 的截距。由于模型中没有解释变量,该截距等价于指标变量在每一类的预测均值(StataCorp,2017)。截距越大,说明该潜类别对此指标变量的影响越大(邱皓政,2008)。

估计出潜类别概率、回归截距之后,再把个体在各个指标变量的作答结果代入贝叶斯后验概率公式(10-2),计算出老人在三种类别 ($C=1,2,3$) 的预测概率。他在哪一类的概率最大,就将其归入对应的类别(健康、一般、不健康),完成对老年人健康类型的甄别。

$$p(C_i = j \mid y_i) = \frac{p(C_i = j) f(y_i \mid C_i = j)}{f(y_i)} \tag{10-2}$$

第4节 实证结果分析

(一) 潜剖面模型估计结果

Stata 软件采用最大期望算法(expectation-maximization algorithm,EM)对潜剖面模型进行迭代求解,参数估计结果如表 10-3 所示。

表 10-3 潜剖面模型的参数估计结果

参数	潜类别	年份					
		2002	2005	2008	2011	2014	2018
adl	C_1	10.39	10.23	10.26	9.97	9.85	10.82
	C_2	16.66	16.92	17.05	16.81	16.79	17.01
	C_3	17.89	17.93	17.96	17.92	17.93	17.94
iadl	C_1	8.41	8.44	8.28	8.34	8.22	8.47
	C_2	11.73	11.63	11.32	11.70	11.50	11.74
	C_3	22.12	22.12	22.01	22.30	22.36	22.37

(续表)

参数	潜类别	年份					
		2002	2005	2008	2011	2014	2018
ads	C_1	10.36	10.22	9.74	10.66	10.12	12.32
	C_2	14.60	14.55	13.98	14.62	14.56	14.81
	C_3	17.20	17.14	17.04	17.21	17.18	17.23
mmse	C_1	9.97	9.04	7.41	9.06	9.34	11.66
	C_2	15.62	15.29	13.42	16.18	16.48	17.07
	C_3	24.77	24.89	23.92	25.10	25.42	25.77
illness	C_1	15.21	11.28	9.11	10.72	17.18	9.02
	C_2	0.69	0.55	0.44	0.51	0.52	1.02
	C_3	0.25	0.26	0.22	0.42	0.44	0.46
chronic	C_1	1.64	1.72	1.42	1.40	1.32	1.64
	C_2	1.12	1.17	0.96	1.13	1.11	1.27
	C_3	0.94	0.96	0.89	1.07	1.09	1.39
mlogit 回归截距(γ_j)	γ_1	0	0	0	0	0	0
	γ_2	1.083	0.967	1.095	0.809	0.854	0.990
	γ_3	1.895	1.895	1.961	1.867	1.980	2.084
潜类别概率 $Pr(C=j)$	C_1	0.095	0.097	0.090	0.103	0.094	0.085
	C_2	0.279	0.256	0.269	0.231	0.222	0.230
	C_3	0.626	0.647	0.641	0.666	0.684	0.685
拟合指标	N	15872	15546	16292	8710	5765	11941
	AIC	487781.6	475025.7	492931.5	264209.7	174579.4	350787.1
	BIC	487981.0	475224.7	493131.7	264393.6	174752.5	350979.2

从表 10-3 的参数估计结果来看，adl、iadl、ads、mmse 指标都是正向测量老人健康，而 illness、chronic 指标都是负向测量老人健康。前四个指标在 C_1、C_2 类相比 C_3 类更低，后两个指标在 C_1、C_2 类相比 C_3 类更高，结合可知 C_1、C_2、C_3 类分别代表着不健康、一般、健康三个潜类别。从测量指标截距 α_{ij} 的估计结果看，adl 指标在 C_2、C_3 类差别不大，但与 C_1 类差距较大；iadl、ads、mmse 指标在三类老人之间的区分度比较均匀；illness 指标在 C_1 类的截距远大于在 C_2、C_3 类的截距。而 chronic 指标在 C_1、C_2、C_3 三类的值比较接近，反映老人患慢病的情况较为普遍。

尽管健康老人C_3平均有一种慢病在身,但在 ADL、IADL、ADS、MMSE 这四个量表中的取值都非常高,可以独立地完成日常活动,对外部环境有较强的适应能力。从潜类别概率$Pr(C=j)$的估计值来看,C_3这一类对 6 个测量指标的解释能力越来越强,从 62.6% 上升到了 68.5%,说明健康这一类老人的作用越来越强了。

一般老人C_2在 ADL、ADS 量表中的取值较高,但在 IADL 量表中的取值较低。IADL 量表中的活动在一定程度上依赖于认知功能。C_2类老人在 MMSE 量表中的取值已处于轻微缺损(得分为 18—23)或中等缺损(得分为 10—17)状态。这使得一般老人C_2在 IADL、MMSE 量表中的取值都偏低。

不健康老人C_1在 ADL、IADL、ADS 量表中的取值都较低,在 MMSE 量表中已处于严重缺损(0—9 分)状态。C_1类老人已经失去了独立生活的能力,对外部环境形成了严重的依赖。他们的 illness、chronic 取值也最高,尤其是两年内患重病次数最少的有 9 次,最多的达 17 次。

(二)老人健康类型的识别结果

1. 全样本识别结果

估计出参数α_{ij}、γ_j之后,把个体在各个指标变量的作答结果代入公式(10-2),计算出老人在三种潜类别的预测概率。他在哪一类的概率最大,就将其归入对应类别。区分之后,加总得到样本中属于健康、一般、不健康 3 类老人的比例。如表 10-4 所示。

表 10-4 潜剖面模型识别的老年人健康分类结果(单位:%)

年份	2002	2005	2008	2011	2014	2018
健康	62.77	64.91	64.49	69.82	73.41	75.49
一般	27.46	25.30	26.45	20.74	18.39	17.84
不健康	9.77	9.80	9.06	9.44	8.20	6.67

数据来源:作者根据估计结果自制。

从表 10-4 可知,六期数据中被识别为"健康"这一类的比例分别为 62.77%、64.91%、64.49%、69.82%、73.41%、75.49%,而被识别为不健康的比例则分别为 9.77%、9.8%、9.06%、9.44%、8.2%、6.67%。"健康"这一

类老人的比例超过了2/3。这与Yang和Meng(2020)基于二阶因子模型测量老人健康值的变化趋势是一致的。杨玲和宋靓珺(2020)同样基于CLHLS 2002—2014年五期数据,发现ADL、MMSE、PPT三个健康量表都显示,中国老年人健康状态呈现向好的趋势。这些测量、分类结果表明,尽管近十年来我国老人在患重病、慢病等疾病指标上有所恶化,但大多数老人仍能维持良好的功能发挥,并且相比前期,后期老人还具有更好的功能发挥状态,总体上享有较高水平的健康状态。这显然得益于我国经济社会发展带来的社保、营养、居住等经济生活条件的改善,医疗卫生事业的显著进步,活动场所的增多,以及老人教育程度、健康素养的提高等。Fogel(2003)对美国的研究也表明,老年人确实比他们的祖父母、曾祖父母拥有更好的健康状况。

2. 分组样本识别结果

为进一步揭示各个不同组群老年人健康变化的差异,本章将样本分为男性、女性两组,报告两组老人在六期的健康变化趋势,如图10-1所示。分性别来看,男性老人的健康状况整体优于女性老人。这与大多数研究的结果是一致的。男性老人中,被识别为"不健康"这一类的比例低于女性"不健康"老人,且男性相对稳定,女性则在2014年后有较为明显的下降趋势。男性老人被归入"一般"这一类从2008年后开始减少,而女性被归入"一般"这一类在2008年后减少的趋势更明显。男性老人被归为"健康"这一类有较缓慢的上升趋势,而女性"健康"老人的比例变化更快速,从54.25%增至71.22%。相比男性,女性老人的健康改善更明显。这归功于女性的社会地位上升、经济收入增多、抚育孩子数量减少、受教育程度提高等原因。

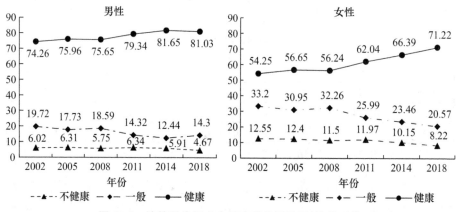

图10-1 按性别分组老人健康潜类别比例(单位:%)

同时,本章还分城镇、农村来分析老年人健康变化,结果如图 10-2 所示。城镇和农村老人健康变化趋势基本一致,农村老人的健康状态略优于城镇老人。农村老人被归入"不健康"的比例低于城镇老人,二者在 2014 年之后有所减少。城镇和农村两组被归为"一般"老人的比例在 2008 年后都有较为明显的降低。相对应,被识别为"健康"老人的在 2008 年后都呈明显的增多态势。总体上,城乡差异不大。

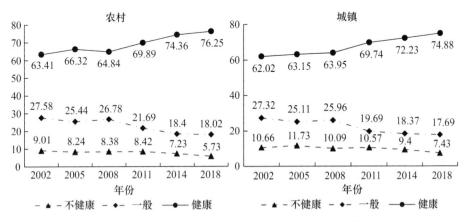

图 10-2　按城乡分组老人健康潜类别比例(单位:%)

(三) 样本选择问题

每期样本个体中,既有从前几期存活下来的老人,也有本期新增的老人。考虑到之前各期存活下来的老人在健康状况上相对更好,可能存在样本选择问题,我们借鉴焦开山(2014)的做法,对每一期的新增样本进行单独识别,包括替代老人(由本地区年龄和性别相同的替换那些去世、迁走、拒访、失访的)和首次调查老人;①作为对照,我们也报告了对每一期样本中从前面各期存活下来老人的识别结果。② 如图 10-3 所示。

---

① 新增老人:2002 年 9590 人(替代 1989 人、首次 7601 人),2005 年 7067 人(替代 3561 人、首次 3506 人),2008 年 8482 人(替代 3027 人、首次 5455 人),2011 年 1276 人(替代 713 人、首次 563 人),2014 年 1125 人(全部为替代),2018 年 12165 人(全部为首次)。
② 存活老人:2002 年 6316 人(1998 年存活 2642 人、2000 年存活 3674 人),2005 年 8175 人(1998 年 1052 人、2000 年 1578 人、2002 年 5545 人),2008 年 7475 人(各存活 358 人、593 人、3241 人、3283 人),2011 年 8405 人(分别存活 128 人、236 人、2152 人、1679 人、4210 人),2014 年 6067 人(分别存活 47 人、96 人、1539 人、1111 人、2453 人、821 人),2018 年 3673 人(各存活 10 人、20 人、760 人、570 人、1110 人、444 人、759 人)。

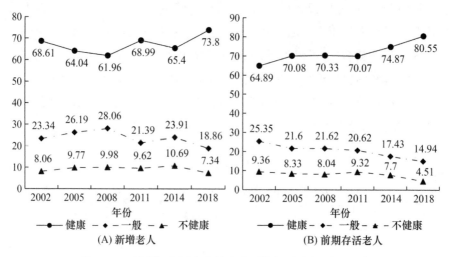

图 10-3 对新增、存活老人健康类型的识别结果(单位:%)

从图 10-3(A)可以看出,被识别为"健康"这一类老人的比例在 2008 年是降低的,但 2011 年又有较大增幅,到 2018 年新增样本多达 12165 人,代表性较好,"健康"老人达 73.8%。总体上,"健康"老人比例呈底部抬高的"W"形走势。"一般"老人在 2008 年之前是增多的,但之后总体降低。"不健康"老人在 2014 年之前都呈增多走势,但在 2018 年有一个较大幅度的降低,变为 7.34%。"不健康"老人的这种下降趋势是否会延续下去,还需后期新数据的进一步验证。从图 10-3(A)对新增老人的识别结果看,从 2011 年开始可以支持后期老人比前期老人更健康的基本结论,而前三期的 2002 年、2005 年、2008 年数据并不支持该结论。

图 10-3(B)对各期存活老人的识别结果显示,2002 年后,走向健康老龄化的趋势更强劲。由于历经各期存活下来的老人会逐期减少(如从 1998 年存活下来的老人分别为 2642 人、1052 人、358 人、128 人、47 人、10 人),相应属于后面各期存活下来的老人对应总体增多。图 10-3(B)的"健康"老人比例明显上升,说明后期存活下来的老人比前期存活下来的老人更为健康。否则,如果是逆健康老龄化趋势,随着前期健康存活老人越来越少,图 10-3(B)会呈下降走势。

第 5 节　结论与政策建议

健康是保障老年人独立自主和社会参与的基础资源。未来我国老年人将超过总人口的 1/3,老年期也占整个生命周期 1/4 以上。由此决定了实现"健康老龄化"是实施积极应对人口老龄化战略的关键所在。后期老年人是否比前期老年人更健康？研究结果对相关制度改革、体系优化、政策实施都非常重要。

本章以"功能发挥"为核心,基于 CLHLS 六期数据对老年人健康进行动态测量。使用潜剖面模型对老年人健康进行甄别,区分为健康、中等、不健康 3 种潜类别。估计结果显示,被识别为"健康"老人这一类的六期比例分别为 62.77%、64.91%、64.49%、69.82%、73.41%、75.49%,超过了 2/3,且各期比例在逐年提高。这说明后面各期老年人比前面各期老年人拥有更好的功能健康状况,支持了我国老龄化是正走向健康的老龄化。分样本来看,女性比男性的趋势更明显,而城乡差别不大,农村略好于城镇。进一步考虑样本选择问题,新增样本在后三期的趋势得以成立,而后期存活老人具有比前期存活老人更健康的走势。值得警惕的是,2018 年我国老年人患慢病比例已高达 65.46%,且慢病、重病等生理健康指标趋向变差。

根据实证结果,我们提出如下政策建议：第一,将促进和维持老年人功能发挥作为共同目标,整合各级政府及各部门资源,形成合力,提高我国老龄政策及工作的实效性。第二,针对不同健康类型老年人采取差异化干预政策。对"健康"这一类老人,主要是预防慢病,早发现、早治疗,使其尽可能久地维持身体机能；对"一般"老人,着力于保持或延缓其能力衰退,提供支持性、适老化环境；对"不健康"老人,主要是消除其日常生活、参与活动的障碍,提供照护、辅助性器具等,确保有尊严的晚年生活。第三,在全国范围内进行支撑性环境的系统性改造升级,为老年人提供照护服务、辅助器具、无障碍设施与生活条件等。第四,为患慢病、重病老年人提供康复护理和医学治疗,尤其是发展社区康复护理服务。

第 11 章
我国老年健康政策发展取向

第 1 节 引 言

健康是保障老年人独立自主和参与社会的重要基础。据世界卫生组织的数据,2019 年,我国整体人均预期寿命为 77.4 岁(男性 74.7 岁,女性 80.5 岁),而人均健康寿命仅为 68.5 岁(男性 67.2 岁,女性 70.0 岁),即我国老年人平均有 8 年多时间处于带病生存状态。2022 年 8 月《国务院关于加强和推进老龄工作进展情况的报告》指出,我国患有慢性病老年人超过 1.9 亿人,失能和部分失能老年人约有 4000 万人。

随着我国老龄化程度加深,老年健康问题日益凸显,政府对老年群体的健康问题也愈发重视。《"健康中国 2030"规划纲要》立足"大健康"的价值理念,提出把健康理念融入所有政策,创新健康领域发展方式,全方位全生命周期维护和保障人民健康。近年来,政府陆续出台多项专门针对老年健康的相关政策,并明确提出建立健全老年健康服务体系,实现"健康老龄化"。2018 年,国家卫健委新设立了老龄健康司,承担老年疾病防治、老年人医疗照护、老年人心理健康与关怀服务等老年健康工作。

针对老年健康领域的政策研究日渐增多。不少学者从政策文本、案例比较、效果评价等角度对医养结合、长期护理等老年健康政策进行分析。也有学者从政策演变的角度对老年健康政策的发展和路径优化进行梳理和总结。前者聚焦于老年健康领域的某一具体方面,缺乏对老年健康领域的整体把握,后者则着眼于老年健康政策的发展演变脉络,但忽视了政策工具内部的作用机制。

本章构建了政策工具、健康管理周期、政策发展阶段的三维分析框架,对所收集的 89 份老年健康政策进行梳理、归纳与分析,力图回答如下问题:不同政策工具在健康的前端、中端、末端发挥着何种作用？在我国老年健康政策发展过程中，倾向于何种政策工具的使用与组合？在老年健康政策发展的不同阶段，侧重于健康管理周期的哪一阶段，以及未来如何进一步建构老年健康政策？

第 2 节 资料选取与方法

（一）资料选取

在"北大法宝"法律法规数据库、国家卫健委及其他相关部门官网上，以"老年健康""老龄事业""老年医学""老年护理""医养结合""长期照护""治未病"等为关键词进行检索，将符合以下标准的政策类文件纳入选取范围：中央层级发布的政策文本，不包括地方政府及相关部门；政策内容直接与老年健康相关，或单独设立老年健康章节的政策文本。检索时间为 2023 年 5 月，共收集到 142 份相关文件，经筛选共有 89 份有效文件纳入分析。

（二）政策文本编码

政策文本具有章节分明、要点清晰等特点，能够准确反映政策的内容与主题，因此本章选择将政策条款原文作为政策文本的分析单元。政策文本编码遵循不可细分原则：首先，相同含义的语句或语段为一条政策条目，对表示不同含义的语句或语段进行拆分；其次，将纳入分析的 89 份政策文件按发文时间进行排序，并按照"政策编号—具体章节/序号—具体条款"进行编码；最后，将编号分类纳入已构建的分析框架内。若同一条政策条目涉及多个政策工具或健康管理周期，则该条目在每一政策工具或健康管理周期中均被纳入计数统计。

（三）老年健康政策三维分析框架

本章从政策工具、健康管理周期、政策发展阶段三个维度入手，对老年健康政策文本内容进行分析，再进行两两交叉分析。老年健康政策三维分析框架如图 11-1 所示。

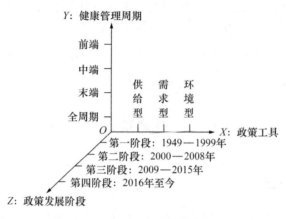

图 11-1　老年健康政策三维分析框架

1. X 维度：政策工具

政策工具，又称政府工具或治理工具，是政府为了实现特定政策目标而采取的具体手段和方式，是政策目标与结果之间的桥梁。本章采用 Rothwell 和 Zegveld 的分类方法，依据政策发生作用的方面将政策工具划分为供给型政策工具、需求型政策工具、环境型政策工具三类。该分类方法对综合复杂的政治体系进行结构化处理，具有广泛代表性。该方法弱化了政府的强制性角色，与我国主张市场与社会在健康资源使用与配置中起关键作用的目标相契合。

供给型工具指对老年健康促进起直接推动作用的政策，通过直接供应资源，为老年健康促进提供保障，具体表现为基础建设、人才投入、资金投入、信息支持、公共服务、组织建设和能力建设。需求型工具指对老年健康促进形成拉力的政策，通过创造领域内的需求，拉动老年健康促进，具体表现为试点示范、宣传推广、服务购买和市场塑造。环境型工具指对老年健康促进起间接作用的政策，为老年健康搭建良好的支持环境，具体表现为法规管制、政策落实、目标规划、政策支持、机制建设和标准制定。这三类政策工具的具体分类及释义如表 11-1 所示。

表 11-1　老年健康政策工具分类及释义

政策工具类型	具体工具	政策工具释义	关键词
供给型工具	基础建设	完善健康服务基础建设,促进老年科室、医养结合机构等建设,配套相应设备;优化资源配置	硬件设施
	人才投入	加强相关人才培训;培养老年健康专业人才、护理康复人才队伍建设等	培训;人才队伍;专家;能力提升
	资金投入	增加政府投入;落实财政补助政策;完善补偿机制等	投入;补助
	信息支持	利用信息化手段提供老年健康服务	互联网＋;远程医疗;智慧健康
	公共服务	提供基本公共卫生服务	公共服务
	组织建设	加强各部门联动和协作;各主管部门加强组织建设,统筹协调推进	统筹协调;分工
	能力建设	提升健康服务质量,扩大老年健康的服务项目和范围	高质量;能力建设
需求型工具	试点示范	试点城市选择,指导试点城市形成改革经验	试点;经验
	宣传推广	加强政策宣传和引导;积极推广;积极回应社会关切	积极;推广;营造
	服务购买	政府购买老年健康服务	政府购买;采购
	市场塑造	鼓励与引导社会资本参与合作,拓展融资渠道;自主定价	社会资本
环境型工具	法规管制	出台相关条款、行政许可、知识产权、监管政策,制定老年健康产业相关标准等;考核指导	监督;考核
	政策落实	制定老年健康工作的相关细则,促进政策落实	政策落实
	目标规划	编制老年健康相关规划;提出具体目标	目标
	政策支持	降低准入门槛;审批手段优化,税收优惠;政策优惠,提出鼓励发展但未提出具体做法	准入门槛;鼓励
	机制建设	建立健全评估机制、信息共享机制等各种机制;完善老年健康服务体系等	机制;体制;优化
	标准制定	建立和完善制度规范;制定相关标准、编写核心信息等	标准;指南

2. Y 维度:健康管理周期

老年健康作为政策的作用点,需要考虑健康的内在逻辑和发展规律。2019年,国务院发布《关于实施健康中国行动的意见》,将"实施老年健康促进行动"作为维护全生命周期健康的重要一环。结合全生命周期健康管理与老年健康服务体系,本章根据疾病发生发展的特点,将老年健康政策涉及的健康管理周期划分为前端、中端、末端及全周期。其中,健康管理周期前端包括健康教育、预防保健、长期照护;中端为疾病诊治;末端包括康复护理、安宁疗护。全周期包括未指明具体管理周期的健康全阶段与健康养老。

3. Z 维度:政策发展阶段

政策是特定历史条件和经济社会发展阶段的产物,任何老年健康政策都不能与既定的政策运行体制机制环境相脱离。本章结合我国老龄化进程与医疗卫生体制发展,将老年健康政策划分为四个阶段:第一阶段,1949—1999年;第二阶段,2000—2008年;第三阶段,2009—2015年;第四阶段,2016年至今。其中,各阶段代表性的起止节点分别为:2000年,我国正式进入老龄化社会;2009年,新一轮医疗体制改革拉开序幕;2016年,我国出台《"健康中国2030"规划纲要》,提出要立足全人群和全生命周期两个着力点,实现全民健康。

第3节 政策工具分析

(一) 单维度分析

1. 政策工具分析

统计结果显示,89份老年健康政策总计451条政策工具。其中,供给型工具188条,需求型工具109条,环境型工具154条,分别占政策工具总数的41.69%、24.17%和34.15%。在政策工具使用上,老年健康的相关政策存在使用不均衡的现象,对供给型工具与环境型工具的依赖性较强。此外,除了各类政策工具在整体数量上的差别,其内部子工具的使用也存在较大差异,具体如表11-2所示。

表 11-2 老年健康政策的政策工具使用情况

政策工具	政策子工具	频数	内部占比(%)	总体占比(%)
供给型	基础建设	16	8.51	3.55
	人才投入	30	15.96	6.65
	资金投入	10	5.32	2.22
	信息支持	16	8.51	3.55
	公共服务	39	20.74	8.65
	组织建设	28	14.89	6.21
	能力建设	49	26.06	10.86
	小计	188	100	41.69
需求型	试点示范	29	26.61	6.43
	宣传推广	47	43.12	10.42
	服务购买	10	9.17	2.22
	市场塑造	23	21.1	5.1
	小计	109	100	24.17
环境型	监督监管	22	14.29	4.88
	政策落实	20	12.99	4.43
	目标规划	17	11.04	3.77
	政策支持	45	29.22	9.98
	机制建设	28	18.18	6.21
	标准制定	22	14.29	4.88
	小计	154	100.01	34.15

注：内部占比与总体占比均取小数点后两位。

2. 健康管理周期分析

统计结果显示,老年健康政策对健康管理周期的覆盖率依次为健康全周期(51.27%)、健康前端(22.08%)、健康末端(16.88%)、健康中端(9.24%)。其中,健康养老的覆盖率最高,占总体的36.14%。从老年健康政策的健康周期覆盖总体情况来看,与我国深入推进健康中国行动、为人民提供全方位全周期健康服务、坚持预防为主的方针相符。具体覆盖情况如表11-3所示。

表 11-3　老年健康政策健康管理周期覆盖情况

健康管理周期	内容	频数	内部占比	总体占比(%)
前端	健康教育	34	33.33	7.36
	预防保健	41	40.20	8.87
	长期照护	27	26.47	5.84
	小计	102	100	22.08
中端	疾病诊治	45	100	9.24
	小计	45	100	9.24
末端	康复护理	65	83.33	14.07
	安宁疗护	13	16.67	2.81
	小计	78	100	16.88
全周期	健康全阶段	74	31.22	16.02
	健康养老	163	68.78	35.25
	小计	237	100	51.27

注：内部占比与总体占比均取小数点后两位。

3. 政策发展阶段分析

统计结果显示，在老年健康政策发展过程中，第一阶段的政策数量为2份，第二阶段政策数量为7份，第三阶段政策数量为10份，第四阶段政策数量为70份，总体呈上升趋势。

(1) 第一阶段：1949—1999年

20世纪中后期，人口老龄化已成为全球趋势。在进入人口老龄化社会之前，我国便开始重视人口结构问题和人均预期寿命延长带来的社会问题。我国于1985年1月出台第一部针对老年健康的政策文件《关于加强我国老年医疗卫生工作的意见》，提出开展老年病防治、方便老年就医、加强中医老年医学、培养人才及促进科研交流等五方面意见。

在第一阶段，我国的医疗卫生体制仍处于建设阶段，同时也经历了从注重福利性与公益性，到注重效率、强调经济利益的转变。该阶段的老年健康政策呈现出如下特点：第一，针对老年群体的健康政策较少；第二，对健康的理解局限于医疗卫生。

(2) 第二阶段：2000—2008年

2000年，我国正式进入老龄化社会。同年8月，中共中央、国务院出台《关于加强老龄工作的决定》，确立了"老有所医"的政策目标，并提出健全老年医疗保障服务网络,为老年人提供医疗保健护理服务、康复和心理咨询服务,建立起完善的社区卫生服务机构,健全老年医疗保健服务网络,提高老年人的生活质量和健康水平。为落实这一决定,卫生部于次年制定了《关于加强老年卫生工作的意见》,提出加强老年卫生工作的领导、完善老年医疗卫生服务网络、开展慢性病防治工作、开展老年健康宣传等意见,并特别提出要大力发展社区卫生保健服务体系,将老年人大部分基本健康问题就近解决在社区。

在第二阶段,为纠正以效率和市场为导向的医疗卫生政策存在的市场失灵问题,政府开始通过重新构建公共卫生体系、提高突发事件应急能力、建立覆盖城乡的医疗保障制度着手解决过度市场化带来的问题。在该阶段,老年健康政策大多以开展慢性病防治、发展社区卫生保健体系的内容呈现。该阶段的老年健康政策呈现如下特点:第一,老年健康促进依托基层医疗卫生体系;第二,重点关注健康管理的前端,注重疾病预防。

(3) 第三阶段:2009—2015 年

2009 年 3 月,中共中央、国务院出台《关于深化医药卫生体制改革的意见》,拉开了新医改的序幕。在本阶段,老年健康政策与新一轮医药卫生体制改革相结合,在健康促进、疾病预防、医养结合等方面得到了长足的发展。

在第三阶段,完善基层卫生体系、提高基层服务能力是该次医疗改革的重点之一。依托基层医疗机构向广大老年人提供基本的预防和诊疗服务,成为本阶段老年健康服务政策的重要内容。此外,政府积极探索医养结合与长期护理险等模式以应对老龄化。该阶段的老年健康政策呈现如下特点:第一,养老资源与健康资源走向整合;第二,对健康的理解覆盖健康管理的前端、中端、末端。

(4) 第四阶段:2016 年至今

国务院于 2016 年出台《"健康中国 2030"规划纲要》,提出要立足全人群和全生命周期两个着力点,实现全民健康。本阶段明确了老年健康服务的理念目标及顶层设计。2019 年 10 月,我国出台首个关于老年健康服务体系的指导性文件,即《关于建立完善老年健康服务体系的指导意见》。此外,基于信息时代和"互联网+"的背景,充分利用大数据、云计算、物联网等信息化技术以提高服务能力与效率,实现老年健康服务的智能化成为政策关注的重要领域。《国家积极应对人口老龄化中长期规划》将科技列为五大任务之一,并提出把技术创新作为积极应对人口老龄化的第一动力和战略支撑,依靠科技创新化解人口老龄化给经济社会发展带来的挑战。

在第四阶段,老年健康政策呈现如下特点:第一,老年健康政策走向体系化;第二,重视信息智能等新技术在老年健康领域的应用。

(二)双维度交叉分析

第一,X-Y 轴分析(政策工具—健康管理周期)。政策工具—健康管理周期交叉分析结果如表 11-4 所示。在不同的健康管理周期使用了不同的政策工具组合倾向。在健康管理的前端,政策工具的总体使用以需求型工具为主(占健康管理前端的 48.57%)。具体而言,在供给型工具中,健康管理前端的健康教育工作主要依赖需求型工具的宣传推广;预防保健工作主要依赖于供给型工具的公共服务;长期照护工作的政策工具组合较为均衡。在健康管理的中端,政策工具的总体使用以环境型工具为主(占健康管理中端的 44.44%)。具体而言,疾病诊治工作主要依赖于环境型工具的机制建设。在健康管理的末端,政策工具的总体使用以供给型工具为主(占健康管理末端的 55.56%)。

表 11-4 政策工具—健康管理周期交叉分析结果(n,%)

指标	供给型工具	需求型工具	环境型工具
健康管理前端	34(7.73)	51(11.59)	20(4.55)
健康管理中端	11(2.50)	9(2.05)	16(3.64)
健康管理末端	60(13.64)	26(5.91)	22(5.00)
健康管理全周期	59(13.41)	72(16.36)	60(13.64)

注:总体占比取小数点后两位。

二级指标下的政策工具—健康管理周期交叉分析如图 11-2 所示。具体而言,康复护理工作的政策工具组合较为均衡;安宁疗护工作主要依赖供给型工具下的能力建设。在健康管理全周期,健康工具的总体使用较为均衡,政策工具使用频率由高到低排序为:需求型工具(37.70%)、环境型工具(31.41%)、供给型工具(30.89%)。在健康养老工作中,使用频率最高的政策子工具分别为:环境型工具下的政策支持、需求型工具下的试点示范与法规管制、供给型工具下的能力建设。

此外,政策子工具的应用也存在不均衡现象。在供给型工具的应用上,

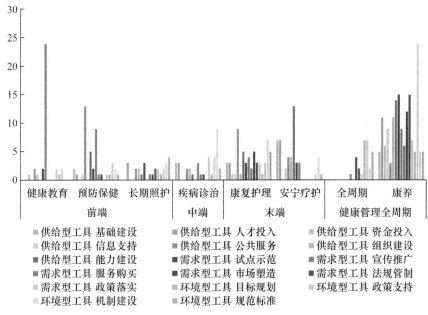

图 11-2 健康管理周期—政策工具交叉分析（含二级指标）

资金投入、基础建设与信息支持占比较少，三者累积占供给型工具总数的不到 30%。原因可能在于健康与医疗卫生有着密不可分的关系。老年健康的资金投入、基础建设大多被医疗卫生建设所囊括；而信息支持的政策起始时间较晚，导致其占比较少。但作为促进老年健康的核心要素，如何整合卫生服务资源进入老年健康促进领域，如何将信息智能等信息化技术应用于老年健康领域等问题，均是未来我国老年健康政策亟待解决的现实问题。从需求型工具的使用情况来看，宣传推广与试点示范占比最高，二者累积占需求型工具总数的近 70%。其中，健康教育与健康养老分别是宣传推广与试点示范工具运用最多的健康管理环节。然而，服务购买与市场塑造的运用不足，削弱了社会资本力量进入老年健康促进领域的热情。需求型政策工具的填补与完善或成为未来促进老年健康的重点与突破口。从环境型工具的使用情况来看，政策支持的使用频率最高，其余子工具的使用频率相当。然而，从具体政策内容来看，政策支持子工具的许多策略措施仅提出鼓励发展，具体实施层面的实际操作性不强。

总体而言，我国老年健康政策工具的组合总体呈现非均衡的差异化特征。供给型工具与环境型工具是促进老年健康的主要力量，需求型工具运用略显不足。从政策子工具的组合来看,各政策子工具的运用均存在优化空间。

第二,X-Z 轴分析(政策工具—政策发展阶段)。各政策工具的总体使用频率与增幅由高到低排序为:供给型工具、环境型工具、需求型工具。政策工具—政策发展阶段交叉分析结果如表 11-5 所示。

表 11-5 政策发展阶段—政策工具交叉分析结果(n,%)

指标	供给型工具	需求型工具	环境型工具
第一阶段	8(1.76)	5(1.10)	0(0.00)
第二阶段	17(3.74)	8(1.76)	11(2.42)
第三阶段	9(1.98)	2(0.44)	16(3.52)
第四阶段	152(33.48)	95(20.93)	131(28.85)

*注:总体占比取小数点后两位。

二级指标下的政策工具—政策发展阶段交叉分析如图 11-3 所示。

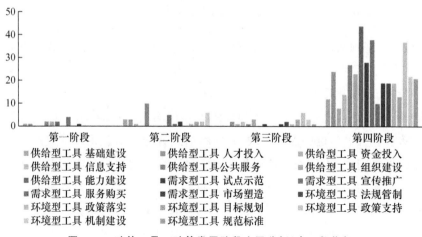

图 11-3 政策工具—政策发展阶段交叉分析(含二级指标)

从各政策发展阶段的政策工具使用频率来看,第一阶段的政策工具使用以供给型工具为主(占该阶段的 61.54%),需求型工具为辅(占该阶段的 38.46%),未使用环境型工具。这可能与我国当时的医疗卫生体制的特征有关。在该阶段,我国仍处于医疗卫生体制建设时期,当时老年健康政策的重心在于为老年健康夯实基础。因此,在第一阶段,针对老年卫生的公共服务、组织建设与能力建设的供给型工具占政策工具使用中的多数,并辅以宣传推广的需求型工具以加强政策的引导。

在第二阶段,政策工具的使用主要以供给型工具为主(占该阶段的47.22%),环境型工具次之(占该阶段的30.56%)。其中,公共服务与机制建设分别为供给型工具与环境型工具中使用频率最高的子工具。在该阶段,老年健康政策主要关注老年医疗服务网络的建立与服务能力的加强,因此,老年健康政策工具的使用多与医疗保障制度、医疗保障体系相挂钩。如2006年2月,国务院发布关于《发展城市社区卫生服务的指导意见》,明确要以社区、家庭和居民为服务对象,以老年人等为服务重点,以主动服务、上门服务为主要方式,开展健康教育、预防、保健、康复和一般常见病、多发病的诊疗服务。因此,公共服务成为在该阶段使用最频繁的政策工具。

在第三阶段,政策工具的使用以环境型工具(占该阶段的59.26%)为主。其中,政策支持是该阶段使用最频繁的政策工具。该阶段是我国探索医养结合模式的起步阶段,老年健康政策的重心在于为医养结合的发展提供良好的环境。为此,政府陆续出台了多份政策为医养结合的发展提供政策支持。如2013年9月,国务院发布《关于加快发展养老服务业的若干意见》,从扶持补贴、降低准入门槛、整合审批环节等方面对医养结合的发展进行支持。

在第四阶段,供给型工具(占该阶段的40.21%)、需求型工具(占该阶段的25.13%)、环境型工具(占该阶段的34.66%)的使用相对于先前政策阶段更为均衡。其中,供给型工具、需求型工具与环境型工具中使用最频繁的政策子工具分别为能力建设、宣传推广与政策支持。经过几十年的发展,我国的基本卫生服务体系已相对完善,但在全民健康的目标要求下,针对特定人群如老年人的健康服务能力仍须进一步提高。因此,针对老年健康的供给型政策主要集中在提升老年健康服务能力与提供各类公共服务上,具体表现为开展各类老年健康服务,提升老年健康服务的能力与质量。此外,医养结合、长期护理险等老年健康促进项目在我国仍处于探索发展阶段,因此需要配套相应的宣传推广与政策支持以辅助推进。

总体而言,尽管供给型工具占老年健康政策工具使用的大多数,但随着老年健康政策的发展,供给型工具的使用从侧重基础服务的供给转向服务能力的提高。然而,需求型工具与环境型工具的使用仍以宣传推广与政策支持为主,改善与提高需求型与环境型政策工具的使用将成为老年健康政策优化的突破口。

第三,Y-Z 轴分析(健康管理周期—政策发展阶段)。随着医疗卫生体制的发展与人们对健康理解的深入,不同的政策发展阶段对健康管理有着不同的侧重点。从老年健康政策工具使用频率来看,健康管理周期的整体政策工具使用增幅由大致小排序为:健康管理全周期(涨幅 41.55%)、健康管理前端(涨幅 17.1%)、健康管理末端(涨幅 14.93%)、健康管理中端(涨幅 5.84%)。健康管理周期—政策发展阶段交叉分析结果如表 11-6 所示。

表 11-6 健康管理周期—政策发展阶段交叉分析结果(n,%)

指标	健康管理前端	健康管理中端	健康管理末端	健康管理全周期
第一阶段	5(1.08)	6(1.30)	1(0.22)	1(0.22)
第二阶段	12(2.60)	6(1.30)	6(1.30)	18(3.90)
第三阶段	1(0.22)	0(0.00)	1(0.22)	25(5.41)
第四阶段	84(18.18)	33(7.14)	70(15.15)	193(41.77)

*注:总体占比取小数点后两位。

二级指标下的健康管理周期—政策发展阶段交叉分析如图 11-4 所示。

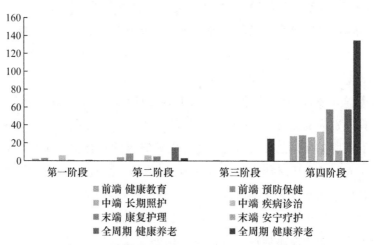

图 11-4 健康管理周期—政策发展阶段交叉分析

在老年健康政策发展的第一阶段与第二阶段,政策工具的使用主要涉及健康管理前端的预防保健内容,这符合我国坚持预防为主的健康工作方针。在第三阶段,由于人口老龄化的深入与人们对健康追求的提高,人们对老年健康的理解不再局限于医疗卫生领域,医疗资源与养老资源开始走向整合。在第四阶段,随着老年健康服务体系的提出,老年健康政策覆盖了健康管理的前端、中端、后端及全周期。

总体而言,随着政策的发展,我国的健康管理理念由"以疾病治疗为中心"转向"以人民健康为中心",逐步树立了"大健康、大卫生"的理念。此外,老年健康的内涵不断丰富与外延,老年健康开始与养老、健康产业相结合。

第4节 结论与政策建议

本章通过搭建政策工具、健康管理周期及政策发展阶段的三维研究框架,对研究所选取的89份老年健康政策文本进行量化分析。从前文分析可知,目前我国老年健康政策的政策工具及其内部子工具的使用总体呈现不均衡的特征。为此,本章针对供给型、需求型与环境型政策工具的使用提出以下建议:

第一,优化老年健康政策工具结构。首先,在供给型政策工具的使用上,加大资金投入力度,拓宽应用于促进老年健康事业的资金来源,形成政府与市场并重、事业与产业共同发展、老龄服务体系多元化发展的老龄社会局面。以现代信息技术为支撑,以慢性病高危人群、重点人群为监测对象,建立集信息采集、分析、监管为一体的健康信息平台,加快可穿戴智能医疗设备等高新设备的研发与运用。重视基础设施的建设,创造老年健康支持环境,重视各级医疗机构的老年医学科室与康复机构、护理院等建设。其次,在需求型政策工具的使用上,扩大民营资本与社会力量对老年健康领域的投入。以政府有效监管为前提,将老年康复护理、医养结合、老年护理、安宁疗护等服务交给市场,拓展公私合作领域。充分调动有助于促进老年健康发展的全部资源,以此形成老年健康发展的拉力。最后,在环境型政策的使用上,政府出台了一系列支持性政策,但因未提出具体的措施导致可操作性不强,需逐步降低使用频次。在具体落实阶段,配套措施与实施细则应配合使用,以增强政策的可施行性。

第二,扩大老年健康外延。从整体来看,随着对健康认知的不断深入,对老年健康管理的重心从疾病诊治与预防保健逐步转移至全周期健康养老。树立大卫生、大健康的观念,将健康融入所有政策,积极探索老年健康与其他领域相融合。

第三,进一步推进老年健康资源与养老资源相结合,鼓励医养结合发展。

简化医养结合机构创办、登记和审批的程序,明确规定医养结合机构的创办程序,让有资质的医疗机构可直接登记备案。扩大医养结合试点,积极探索医养结合的不同模式。

第四,推进老年健康产业发展。通过科技创新,突破老年健康用品和服务发展的技术瓶颈,建立以企业为主体、产学研用紧密结合、市场化、多元化科技开发和促进成果转化的有效模式。依托现有互联网资源和社会力量,以社区为基础,搭建养老信息服务网络平台,提供护理看护、健康管理、康复照料等居家养老服务,鼓励养老服务机构应用基于移动互联网的便携式体检、紧急呼叫监控等设备,提高养老服务水平,促进智慧健康养老产业发展。

第四部分
老 年 就 业

导读

人口老龄化要成为积极正面的，必定需要健康、参与、保障等持续的机会和过程，以实现延长健康预期寿命、提高生活质量等美好生活目标。2002年《马德里政治宣言》与《马德里老龄问题国际行动计划》认为，"当步入老年被人们视为一种成就时，依靠老年人的技术、经验和资源就会自然成为成熟、团结与人道的社会的一种财富"，同时提出"老年人应该有机会根据自己的意愿和能力决定满意而有效的工作年限，并继续享有受教育和培训的权利"。增强老年人权利，推动全面参与，是实现积极养老的基本要素，实现从"以需求为基础"的政策设计转向"以权利为基础"的政策取向。这需要政府部门、非政府组织、私人部门、志愿者组织、老年人自己、老年组织和家庭社区协同合作，其中，政府应负首要责任。

在我国中度和深度老龄化阶段，稀缺资源不仅包括社会经济资源，也包括潜在的作为长寿红利可予以开发的老年人力资源，尤其是低龄老人这一人力资源。当前我国人口年龄结构还相对比较年轻，老人中的低龄老人占大多数。据国家统计局数据，2015—2022年，60—64岁低龄老年人口分别为7814万、8083万、8259万、8291万、7785万、7338万、6680万、7026万人。① 可见，2018年是我国低龄老年人口规模的最高峰，从2019年起，低龄老年人口总量开始减少。未来10年将是我国利用和开发低龄老年人口红利的最后黄金期。错过这个黄金期，宝贵的低龄老年人力资源将会白白流失，人口结构逐步向高龄化转变。

在通过养老保障、养老服务、医疗照护服务以实现老年人"颐养"，通过老

---

① 数据来源：2020年为第七次全国人口普查数据，其他年份数据来自历年的《国民经济和社会发展统计公报》。

年健康和医养结合以实现老年人"良医""康养"的基础上,我们依然要坚持"积极老龄化"理念,通过构建并完善年长职工延长工作的就业服务和失业保障体系,让健康且有就业意愿和就业能力、就业需要的老年人(或称为高龄劳动者、临退休职工、年长职工、大龄员工、年老员工)更长久地工作或再就业;同时,鼓励并支持有条件、身体功能合适的老年人积极参与社会活动,实现人力资源的充分利用,实现"老有所为、老有所学、老有所乐、老有所教"等目标。

老龄化时代的银发经济也包括以年长职工为主要生产者的经济活动,包括通过延迟退休、退休后再就业等正式或非正式的方式来延长工作时间,提供适应性的工作环境。这就要求通过终身教育培训促进老年人力资源发展,构建老有所学的学习体系和人才需求体制。尤其是当前我国大部分步入老年的人口的识字和识数能力较低。2021年,我国老年人口中文化程度为小学及以下的占比为61%,初中文化程度占比为23.3%,高中及以上文化程度占比为15.6%。[①]

毫无疑问,目前年长劳动者在经济体系中仍旧被边缘化,在就业市场也不受认可。大多数年长或老年劳动者都还处在非正式经济之中,没有正式经济给予的良好工作条件和社会保障。社会应提供保证老有所为的恰当和可持续的支持性环境,从而促进年长劳动者全面就业,只要他们有能力工作。

除了有经济性收入的生产活动,老年人的社会经济贡献还包括对家庭、同龄人、社区和社会所做出的积极贡献,包括对家庭成员的照顾、建设性的日常工作、社区志愿者活动、培养未来劳动力。

本部分第12章基于政策体制理论,梳理了中华人民共和国成立以来的老年人力资源政策,发现我国的老年人力资源政策经过了从"安其身"到"有所为"再到"人口红利"的理念转变,并且政策演变兼具渐进性、突变性的双重特征。

本部分第13章分析了我国老年人力资源及长寿红利开发的一个关键问题,即开发的时间长度。犹如探明矿藏的储备和可开采年限,研究老年人力资源的可开发时间(年长)对量化我国老年人力资源,制定精准化、差序化开发使用政策具有参考价值。

本部分第14章基于积极老龄化的政策框架,运用多指标测量了健康、

---

① 数据来源:第五次中国城乡老年人生活状况抽样调查数据。

保障、参与三个支柱,并运用结构方程模型实证检验了三者之间的量化关系,尤其是分析了"意愿"在其中发挥的中介作用。这种以就业参与为导向的量化关系研究,且基于我国的大样本调查数据,探查了健康、保障、参与及其相关政策因素的影响,为老年就业参与政策的推出或优化提供了经验证据。

本部分第15章从就业市场和企业组织的角度探讨了如何促进年长职工就业。在人口老龄化慢性压力和延迟退休急性冲击的双重压力下,年长劳动者延迟退休或延长工作是一个必须消解的难题。相比现有研究关注就业政策、劳动者个人等角度,本章更关注直接吸收年长职工就业的企业组织层面,以实现积极应对人口老龄化的更加充分和更高质量就业,也有利于延迟退休政策的实施落地,并帮助企业组织化解人口老龄化与延迟退休的双重压力,最大化获得年长员工的智慧红利。

第12章
我国积极开发老年人力资源政策分析*

第1节 引 言

我国拥有世界上规模最庞大的老年人口。根据第七次全国人口普查数据,60岁及以上人口已有2.64亿人,占18.70%,其中,60—64岁年轻老人有7338万人,60—69岁的低龄老人有1.47亿人,分别占60岁以上老年人口的27.79%和55.83%。《中共中央关于制定国民经济和社会发展第十四个五年规划和二〇三五年远景目标的建议》提出,实施积极应对人口老龄化国家战略,积极开发老龄人力资源。有效利用老年人力价值,将给我国带来巨量的红利资源和社会财富。

以老龄化形式存在的人口问题始终是各国各领域关注的核心议题。西方国家处理老龄问题的经验来源于福利国家制度以及较早开始的老龄化理论探索。早在20世纪后半叶,西方国家就完成了现代型人口转变。老龄化时代,"积极视角"成为普遍理论,在其影响下,"成功老龄化"和"积极老龄化"成为在欧洲被广泛使用的概念(Foster and Walker,2015),并挑战了以被动和依赖为特征的老年刻板印象,强调参与和自主。由此,还衍生出"健康老龄化""正面老龄化""生产老龄化"等概念,从多个角度探讨了如何更好地应对老龄社会(熊波,2018)。

如果劳动力市场、资本市场、退休和卫生系统等领域的适当政策可以落实到位,那么人口老龄化不一定只带来负面的宏观经济后果(Bloom et al.,2015)。发达国家纷纷出台促进老年人劳动参与的人力资源政策,强调在可能的情况下继续参与劳动的重要性(Taylor and Earl,2016)。老年人的人力潜能开始显性化,并且政策层面对此进行制度回应,主要表现为控制提前退

---

* 原文发表于《社会保障研究》2022年第2期。

休、支持延长工作年限、组织老年培训教育、反对年龄歧视、提倡年龄管理与个人工作能力评估相结合等(Bardos,2006;Ilmarinen,2009;Maltby,2011;Walker and Maltby,2012;Taylor and Earl,2016)。与发达国家不同,大多数发展中国家在第二次世界大战后期呈现人口高增长态势,鼓励生育,扩充劳动力人口,并相应采取经济优先的发展导向。随着经济社会的发展,发展中国家进入老龄社会也是一个不可逆转的事实。据预测,到2050年,80%的老年人将生活在低收入和中等收入国家(WHO,2021)。尽管人口红利"窗口"出现较晚,但近年来发展中国家也开始探求如何充分发挥老年群体的人力价值。

随着积极老龄化观念的广泛传播,我国对老年人口价值的认识也在不断深化,老年角色发生转变,老年人力资源政策已然成为国家老龄政策的重要部分。关于积极老龄观、老有所为、银发资源、银发经济、长寿红利等老龄人口价值的研究也日渐增多(杜鹏和王菲,2011;金光照等,2020;袁文全和王志鑫,2021)。这些研究富有启发,也存在一些不足:缺少匹配、精细的理论框架对发展历程中的政策内涵、范式转换进行纵览分析,尚未归纳提炼出与我国老年人力资源政策相符的范式或模式;对现存或新出的政策关注度较高,而较少开展老年人力资源政策转变过程中的内在逻辑分析,缺少对转变过程中动力或影响因素等驱动机制的探究等。

第2节 理论框架

本章借鉴May和Jochim(2013)定义的政策体制理论(policy regime theory),对中华人民共和国成立以来老年人力资源政策的演进历程进行整体性分析。该理论产生于西方语境下政策过程理论的集成创新阶段(王亚华和陈相凝,2020),用于描述在复杂政策领域为将不同群体的利益引导至共同的政策目标而建立的制度安排,用以阐释政策发展的机制。

政策体制理论由Eisner、Harris、Wilson等学者的研究发展而来(李兵,2017),作为经典的第三代政策过程理论,该理论重点关注三个关键对象:第一,强调政策目的、致力于维护利益的政策理念;第二,用以规范政策制定,包括权力安排和机构建设的组织架构;第三,支持或反对相关政策的利益群体(May and Jochim,2013)。政策范式的变迁与理念息息相关,而政策制定者的理念需体现在权力安排和机构建设上才可助推政策范式的发展。利益群体如何行动在形塑社会政策的发展轨迹时也发挥着重要作用。

政策体制理论提供了描述与分析复杂政策领域发展机制的两种主要视角:在描述性视角上回溯政策的制度安排,确定其轮廓;在分析性视角上揭示公共政策重塑政治环境的过程,着重关注政策的演变与反馈过程。研究者也对社会对老年人的看法从依赖性的刻板印象到积极老龄化的变化赋予范式转换的意义(Formosa,2017)。而政策体制理论有助于从政策范式的角度研究问题,基于历史制度主义视角分析老年人力资源政策演变中的价值判断、理念和思维方式(中共中央政治局,1956)。此外,政策体制理论还提供了合理性、一致性、持久性的政策评估标准。

本章将运用政策体制理论全景式梳理中华人民共和国成立以来的老年人力资源政策,将不同时期的政策目标、政策工具与影响融入时代背景,深入把握老年人力资源政策演进历程的阶段性、时代性特征,从理念逻辑、组织架构、利益群体三个维度进一步总结政策范式变化的内在驱动机制,探讨我国经济、文化、对外环境等宏观条件如何形塑老年人力资源政策。

第3节 我国积极开发老年人力资源的政策演进

本章采用历史制度主义分析方式,沿时间轴对我国老年人力资源开发相关的政府文件、公告和会议、重要领导人讲话等进行纵向梳理,从历史和制度两个维度追踪我国老年人力资源政策的发展历程,总结其潜在的总体演变模式与价值取向。

1. 中华人民共和国成立到1980年:将老年人视为退出劳动就业后的"保障休养"对象

中华人民共和国成立初期,老年人总体的教育水平、健康水平与行为能力水平等均较低,一般被看作难以独立生活、需要保护的特殊对象。制定社会主义制度下的老年政策成为中国共产党的工作目标之一。1954年9月,我国颁布第一部《中华人民共和国宪法》,其中第93条明确指出:中华人民共和国劳动者在年老、疾病或者丧失劳动能力的时候,有获得物质帮助的权利。1956年1月,中共中央政治局提出《一九五六年到一九六七年全国农业发展纲要(草案)》,内容之一是针对农业生产合作社内缺乏劳动力、生活无依靠的鳏寡孤独人员,做到保吃、保穿、保烧、保教、保葬。1951年2月,中央人民政府政务院公布《中华人民共和国劳动保险条例》,该条例为保护工人的权益,在保险金的征集管理、工伤、养老待遇,以及兴办疗养所、休养所、养老院等方面作出了一系列规定。1953年,政务院又对该条例中的若干养老条件进行了修订。1955年和1958年,国务院先后颁布《国家机关工作人员退休处理暂行办法》和《关于工人职员退职处理的暂行规定(草案)》,完善了退休、退职、工作年限计算等内容。针对为社会主义建设做出了重要贡献的党政军老干部,1978年出台的《国务院关于安置老弱病残干部的暂行办法》、1980年出台的《国务院关于老干部离职休养的暂行规定》,提出了具体的离休界定范围和离休干部安置办法(杜鹏等,2021)。自此,退休、离休制度基本覆盖国家机关、事业单位人员,以及城镇企业职工与老干部等。老年人到达一定年龄即退出劳动力队伍并获得养老保障。退休成为深入人心的制度和观念。

总的来说,这一时期老年政策的首要目标是满足老年人的生理、安全需求。社会保障相关方面的规定主要是为了解决老年人经济上的后顾之忧,保证其基本生存权,反映出党对老年人的浓厚关怀,体现出关心、爱护老人的社会主义制度优越性。在老年人独立生活尚且困难的情况下,这一时期的老年政策基本不涉及老年人退休或离休后的社会参与及人力资源开发。

2. 1980年到2006年:支持有能力的老年人发挥余热,老有所为

改革开放后,市场经济发展如火如荼。1980年,邓小平同志在中共中央政治局扩大会议上做了题为《党和国家领导制度的改革》的讲话,特别强调了"老同志是党和国家的宝贵财富,责任重大",指出老同志要当好年轻同志的参谋,支持年轻同志的工作。1982年,我国发布《关于建立老干部退休制度的决定》和《关于发挥中央、国家机关离休老干部的作用的意见》,对离休干部发挥余热的方式和具体内容作出了安排。同年,我国颁布《关于建立老干部退休制度的决定》,鼓励老干部利用丰富经验和政治智慧,为第一线的同志出主意,并大力支持原来担任领导职务的著名专家、学者和文艺家继续研究和著述(吴玉韶,2021)。1984年,全国首届老龄工作会议召开,首次提出"五个老有",即"老有所养、老有所医、老有所为、老有所学、老有所乐",将其确立为中国老龄工作的核心目标。我国于1986年发布了《关于发挥离休退休专业技术人员作用的暂行规定》,于1990年发布了《关于进一步加强老干部工作的通知》等文件,高度重视老年精英群体。1990年,江泽民同志为中国退(离)休科技工作者团体联合会题词:"团结广大退离休科技工作者,为科技进步、经济繁荣、社会发展和民族振兴再做贡献。"综上,中央对老年人价值的认知不断加深,鼓励老年人将发挥余热的范围从政治领域延伸到技术领域。这也为1995年提出科教兴国战略作出了铺垫。

随着市场经济体制的确立和完善,老龄政策也呈现与经济环境相呼应的变化特征,更大范围、更高规格地鼓励有余力的老年人参与经济社会,创造价值。1996年,我国颁布《中华人民共和国老年人权益保障法》,单独设立一章明确了老年人社会参与的权利,鼓励老年人在自愿和量力的情况下,依法从事经营和生产活动、传授文化和科技知识、兴办社会公益事业等八个领域的活动。"老有所为"的范围从政治、科技等专业领域进一步扩展至整个社会领域,且参与主体不再局限于精英人群。老年人的精神生活和受教育权也得到重视。此外,该项法律还规定"老年人有继续受教育的权利","各级人民政府对老年教育应当加强领导,统一规划",从而通过立法形式倡导和推动老年教育。1999年,文化部审议通过了《关于加强老年文化工作的意见》,对提高认识,切实做好老年文化工作,办好老年大学等作出了详细阐述。2001年,国务院印发了《中国老龄事业发展"十五"计划纲要》,在"五个老有"的基础上增加"老有所教",并鼓励老年人继续参与社会发展,积极发挥在两个文明建设中的重要作用(吴玉韶和赵新阳,2021)。此外,这一时期还有一些政策出台,鼓励继续开发老知识分子、技术人员等的潜力,包括2003年发布的《组织开展老年知识分子援助西部大开发行动试点方案》和2005年发布的《关于进一步发挥离退休专业技术人员作用的意见》。2006年发布的《中国老龄事业发展"十一五"规划》明确提出要努力探索实现"老有所为"的新形式。

20世纪80年代以来发布的老龄政策逐渐认识到老年人的智力价值和经验价值,开发老年价值的范围也在扩大,从精英到大众,从政治到科技再到其他领域。该阶段,老年人被当作经验智慧的承载客体,更多被赋予了"传递"的责任,间接而非直接创造社会价值。这些政策的主要目的在于让年轻人从老干部、老技术骨干等手里接好班,但较少涉及对长期体力劳动较多的老年人力资源的再利用,大众对老年人仍保留"身体弱""精力差"的刻板印象。

3. 2006年到2019年:基于积极老龄观开发老年人力资源

该阶段是政策转折的关键时期,党和政府不断探索各项老龄事业,开启了积极老龄化的政策探索,老年福祉观念日益加强。这一阶段的政策呈现以

下特点:

第一,积极老龄化逐渐成为主流理念。2006年出台的《中华人民共和国国民经济和社会发展第十一个五年规划纲要》(简称《"十一五"规划》)首次以政府文件的形式提出"积极应对人口老龄化",指出"营造老有所养、老有所乐、老有所为的社会氛围。积极发展老龄产业,增强全社会的养老服务功能"。这是积极老龄化融入老龄政策的开端。同时,对积极老龄化的探索也从学术研究进入实践应用阶段。2012年,党的十八大报告提出,积极应对人口老龄化,大力发展老龄服务事业和产业。同年12月,我国修订《中华人民共和国老年人权益保障法》,将"积极应对人口老龄化"确立为国家的一项长期战略任务(朱荟和陆杰华,2021)。2016年,《"十三五"规划》将积极老龄化的战略思想纳入国家社会经济发展的总体规划。2016年5月,在中共中央政治局第三十二次集体学习时,习近平指出,坚持应对人口老龄化和促进经济社会发展相结合,着力发挥老年人的积极作用,着力健全老龄工作体制机制。积极老龄化的探索跳出学术研究的范围,在政策发展中频现新动向。

第二,老年人被视为人力资源开发的"完整主体",发挥余热的身份从"老干部""老科技工作者"扩大至全民,彰显"以人为本"的理念。2011年,国务院印发《中国老龄事业发展"十二五"规划》,提出"老年人力资源"的概念,并支持"老年人以适当方式参与经济发展和社会公益活动"。同年,国务院印发《国家人口发展"十二五"规划》,要求"提高老年人口的素质和技能,充分开发老年人力资源,鼓励老年人参与经济社会活动"。2016年,《国家人口发展规划(2016—2030年)》将"积极开发老年人力资源"单独列为第四章"增加劳动力有效供给"的一节,足见国家对开发老年人力资源的重视程度。2017年,国务院发布《"十三五"国家老龄事业发展和养老体系建设规划》,提出扩大老年人社会参与,并将"加强老年人力资源开发"作为其中的重要内容。2019年,国务院发布《健康中国行动(2019—2030年)》,明确将"各地制定老年人力资源开发利用专项规划"作为行动目标之一,鼓励引导老年人为社会做更多贡献,繁荣老年文化,做到"老有所为"。可见,老年人力资源开发的强度和范围更上一个台阶。

第三,延迟退休政策呼声渐高。2013年党的十八届三中全会通过的《关于全面深化改革若干重大问题的决定》明确提出,"研究制定渐进式延迟退休年龄政策"。自此引发了延迟退休制度改革的研究热潮。《"十三五"规划》提出,"综合应对劳动年龄人口下降,实施渐进式延迟退休年龄政策,加强老年人力资源开发,增强大龄劳动力就业能力"。此时,虽然延迟退休政策仍未正式出台,但已进入实质性的推进阶段,引发学界和社会大众的广泛关注。

这一时期,在全球化不断加强和改革开放不断深入的大背景下,我国顺应国际积极老龄化的潮流,将老年群体看作人力资源的重要组成部分,不断增强对人本价值的重视,体现了老年人力价值开发的新理念。

4. 2019 年至今:长寿红利被纳入国家战略

党的十九届五中全会提出"实施积极应对人口老龄化国家战略"(陆杰华和汪斌,2019)。在此背景下,如何开发利用"长寿红利"成为社会各界关注的新热点议题。长寿红利指的是老年人口绝对规模和相对比例的提高所带来的消费需求和社会参与对经济增长直接或间接的推动作用(原新等,2021)。它可以助推"银发经济",通常被划分为数量型、质量型、配置型等多种类型。将长寿红利纳入国家战略,有助于破解老龄风险,化危为机、危中寻机。

2019 年中共中央、国务院发布的《国家积极应对人口老龄化中长期规划》为我国积极应对人口老龄化提供了战略性、综合性的指导,并布置了应对人口老龄化的具体工作任务,包括改善人口老龄化背景下的劳动力有效供给、强化应对人口老龄化的科技创新能力等。2020 年,国家卫生健康委、全国老龄办出台《关于开展示范性全国老年友好型社区创建工作的通知》,提出积极开展社区"银龄行动",拓展老年人力资源开发,支持老年人广泛参与社区公益慈善、教科文卫等事业。2021 年 5 月,中共中央政治局召开会议,听取"十四五"时期积极应对人口老龄化重大政策举措汇报,审议《关于优化生育政策促进人口长期均衡发展的决定》,更加明确"要稳妥实施渐进式延迟法定退休年龄"。2021 年 10 月,习近平指出,"贯彻落实积极应对人口老龄化国家战略,把积极老龄观、健康老龄化理念融入经济社会发展全过程"。由此可见,长寿红利与顶层设计更加紧密结合。

针对开发长寿红利的整体性制度配套也在不断推进。《关于切实解决老年人运用智能技术困难的实施方案》《关于建立积极应对人口老龄化重点联系城市机制的通知》等政策文件,从统筹社会多方力量、各地区各部门综合施策的思路和角度,为老年人社会参与扫除障碍,确保积极应对人口老龄化国家战略顺利实施。2021 年《"十四五"民政事业发展规划》从消费需求角度提出"促进老年消费市场的繁荣与发展"。同年发布的《关于加强新时代老龄工作的意见》提出,加强落实养老、住房、医疗等领域的具体惠老政策,将老年教育纳入终身教育体系,积极培育银发经济。《"十四五"规划》提出,"逐步延迟法定退休年龄,促进人力资源充分利用"。

这一时期的相关政策更加瞄准数量越来越多的老年人,从老年人力资本红利、劳动参与红利以及消费需求红利出发,有助于在老龄化时代经济社会转型升级的背景下,人口质量机会窗口早日出现(Jochim and May,2010)。从"老年人力资源"到"长寿红利"的阶段转变没有明显的政策界线,但外部的经济社会环境发生了新变化,同时也带来了新挑战。

第4节 政策体制视角的变迁逻辑与驱动机制

至此,本章梳理了自中华人民共和国成立以来老年人力资源政策的变迁历程,接下来进一步探究蕴含其中的范式变化与驱动机制。

(一) 范式转变

政策体制理论认为,随时间推移而进行的政策变迁与改革,主要在理念、组织架构和利益群体三个维度分异(彼得·霍尔等,2007),并产生制度反馈,促进新政策范式不断实现制度化,最终引发政策范式的变迁(王婷和李放,2016)。我国老年人力资源政策变迁如表 12-1 所示。

表 12-1 我国老年人力资源政策演进比较

演进阶段	1949—1980 年	1980—2006 年	2006—2019 年	2019 年至今
政策特点	将老年人作为保障对象	鼓励老年人中的"能者"发挥余热	老年人成为人力资源	挖掘长寿红利
范式变化	被动应对范式		积极主动范式	
理念逻辑	"安其身": 1. 维护社会主义政权稳定是政策制定者优先选择的政策目标 2. 老年人因难以贡献经济增长而一定程度上被排除在社会发展的进程之外,带有"消极老龄化"色彩 3. 老龄政策尚不涉及服务老年人再就业、社会参与需求的内容		"有所为": 1. 开始探索"第二次人口红利",人口红利的挖掘视角从数量转向质量 2. 将以人为本、老有所为作为指导思想,强调老年公民的平等性、主体性、主动性	

(续表)

演进阶段	1949—1980年	1980—2006年	2006—2019年	2019年至今
组织架构		1. 权力安排:党和政府高度重视,社会参与渠道更加规范化、合法化 2. 机构建设:简化、完善涉老机构,进一步厘清机构设置与职能划分 3. 社会力量的参与:多方合作 4. 政策反馈:政策一致性、合理性、持久性较强		
利益群体		1. 政策制定者:政府 2. 政策执行者:企业、志愿组织等 3. 目标群体:老年人		

从表12-1可以看出,我国老年人力资源政策的变迁历程实现了从"被动应对式"到"积极主动式"的范式更替。本节在归纳其范式转变形态的基础上,从渐进性与突变性两方面简要揭示其演进逻辑。

(1) 渐进模式

从被动应对范式到积极主动范式兼具时间上和逻辑上的过渡,并非突兀的嬗变,也非简单的替代关系。老年人力资源政策的变迁是在原先政策的理念、组织架构等基础上的进一步改革,变化是渐进的。例如,在早期的被动应对范式中,也存在让精英群体在老年阶段"发挥余力"的"部分积极老龄化"的思想,精英的再利用为部分老年人社会参与提供了助力,同时为更大范围内的老年人社会参与埋下了伏笔,起到"以点带面"的效果。之后,倡导"老有所为"的同时,国家对老年人的各项保障仍不断完善,老年人也可选择颐养天年的退休生活。新范式并非"淹没"旧范式的优点和努力,而是在受其影响的基础上层层递进。两种范式始终双轨运行,只不过此消彼长,在不同时期的侧重点不同,呈现出范式转变的特征。

(2) 突变模式

关键节点是范式变迁的重要分析要素,是历史制度主义关注的重点之一。重大事件会对制度体制造成影响,并引起及时回应。在我国老年人力资源政策范式变迁的过程中,明显的关键节点包括:1978年,党的十一届三中全会召开,国家的工作重心转移到经济建设,由此开启改革开放的大幕;2000年,我国正式加入WTO,并根据国际标准进入老龄化社会;2006年,第十届全国人民代表大会第四次会议召开,通过《"十一五"规划》,提出"积极应对人口老龄化";2010年,"老年人力资源"一词正式出现在政策文件中,该年也恰好是劳动力人口比重的转折点。① 由于落于纸面的政策回应具有滞后性,故范式转变的节点并不一定与关键事件的发生恰好吻合,但每一步转变均是基于我国基本国情,体现了政出有因、依时而变、文中有序的政策变革特征。

(二) 驱动机制

本部分将继续基于政策体制理论,从理念逻辑、组织架构、利益群体三方面解构我国老年人力资源政策变迁的驱动机理。

(1) 理念逻辑:从"安其身"到"有所为"

政策理念是政策体制的起点和依据,起着"纲领"作用(Henstra,2017)。其生成及转变与所依托的经济社会环境息息相关。理念对政策认知与目标进行规范化、概念化,并形塑政策执行者的价值观,提升政策合理性(耿德伟,2015)。我国老年人力资源政策从旧范式到新范式的转变,根本动力源于党和政府治国理念的转变。

中华人民共和国成立后,在工业尤其是重工业优先发展的战略指导下,中青年劳动力成为国家建设的中流砥柱。老年群体受限于文化水平、健康程度等,被视为"需要保护的对象"。老年政策极少涉及老年人社会参与和人力资源利用等内容,主要目的在于保障老年人基本的生存权利,安排退休制度,使老年人能够及时退出劳动力市场并颐养天年。随着时间推移,老有余力的退休干部、科技工作者等精英群体的价值开始被发现,老年政策开始鼓励部分综合素质较高的老年群体发挥余热,而更普遍范围的老年群体的潜力则未被关注。

到改革开放前期,我国第一次人口红利已露端倪,劳动年龄人口在1978年已达5.5亿人,占总人口比重接近80%,人口出生率达18.3‰(李连友和李磊,2020)。此时平均主义的意识取向逐渐被效率优先的导向所取代,年龄结构转变开启的人口机会窗口与社会政策相协调,经济优势彰显,为我国实现"经济奇迹"做好了充足的准备。在第一次人口红利中,老年人因难以贡献经济增长而一定程度上被视为"社会发展的包袱"(原新等,2021),固化了老年人只能接受保障和照顾的刻板印象。此时,我国老龄政策尚不涉及老年人的

---

① 2010年,我国15—64岁劳动年龄人口比重达到顶峰,之后开始逐年下降。

多方面需求,尤其极少关注老年人的再就业需求。在维稳与保障视角下,老年人在自身与社会发展的进程中无疑处于被动地位。我国老龄政策基本形成了以"安其身"为指导思想的被动应对范式。

到了21世纪,"安其身"的养老理念难以匹配社会转型带来的新形势,受到多个方面的挑战。第一,人口条件改变。第一次人口红利日趋消弭,人口质量开始受到重视。国家统计局数据显示,2010年,我国15—64岁劳动年龄人口比重达到顶峰,之后开始逐年下降,"人口红利消失"的论断涌现。第二,积极老龄化国际思潮涌入,有关人口红利的探索转向。积极老龄化思潮在解决全球老龄问题上的重要地位影响着我国老龄政策的实践。严峻的人口形势下,人口数量红利式微,学界纷纷转向对人口质量红利的探索,老年人力资源的开发被不断"唤起"。第三,以人为本、老有所为的指导思想,强调老年公民的平等性、主体性、主动性,以及个人价值与社会价值相辅相成。此政策理念与该阶段市场化的目标取向和效率优先的策略相吻合。改革开放初期,老龄政策以国家的价值属性和意识形态为战略定位,对老年人力资源的探索基于社会本位、经济本位的思想,偏重实现最大化的集体利益,相对忽略人本价值的追求。2003年,党的十六届三中全会正式提出"以人为本"的科学发展观。由此,新时期老年人力资源开发政策中体现出个人价值与社会价值的相辅相成。

综上,"老有所为"的政策土壤已然成熟。老年群体被看作人力资源的重要组成部分,"老有所为"同"老有所养"不断结合,鼓励在就业、志愿服务、社区治理等领域充分发挥老年人的作用。如今,老年人的各方面保障基本完善,不仅物质生活得到保证,个人价值的实现也被提上议事日程。政策制定者已经认识到老龄政策对人民的美好生活追求以及社会和谐发展的重要性。纵览老年人力资源政策的变迁历程,政策理念由"安其身"发展到"有所为",促进了我国老年人力资源政策从"被动应对式"到"积极主动式"的范式更替。

(2) 组织架构

第一,权力安排方面,党和政府高度重视,不断构建老年人社会参与的规范化、合法化渠道。近年来,党和政府在老年人社会参与方面始终发挥总领全局的作用。2021年,习近平总书记指出,各级党委和政府要高度重视并切实做好老龄工作,贯彻落实积极应对人口老龄化国家战略,把积极老龄观、健康老龄化理念融入经济社会发展全过程,加大制度创新、政策供给、财政投入力度,健全完善老龄工作体系,发挥老年人的积极作用。这一重要指示传递出在老年人力资源开发方面,党和政府不断扩展责任范围,从各方面为老年人社会参与保驾护航的信息。总的来看,政策的数量与深度逐年增加,在细分领域,如智能手机与互联网的适老化应用、反年龄歧视等方面都作出了保障规划。老年人社会参与的渠道愈加畅通,规范化、合法化程度不断提升。

第二,机构建设方面,体现构建协同整合机制的重要性。新的政策范式下,为积极应对人口老龄化,我国对涉老机构及职能进行了一系列改革和调整,不断提高在老龄事务方面的治理能力。首先,简化机构。2005年,全国老龄办与中国老龄协会实行合署办公。其次,进一步厘清机构设置与职能划分,破解机制不畅。2018年,中共中央印发《深化党和国家机构改革方案》,保留1999年成立的全国老龄办,国家卫健委下设老龄健康司,处室包括综合协调处、健康服务处、医养结合处,负责处理全国老龄工作委员会的具体工作。民政部下设养老服务司,负责老龄政策、医养结合政策的拟定等。一系列机构的成立与改革标志着我国老年事业不断实现机构创新,在统筹规划、协同共进等方面实现了突破,有利于新范式下政策体制的巩固与发展。

第三,社会力量多方合作一直是老年人力资源政策发展的取向之一。除官方机构建设外,社会力量也被鼓励参与老年人力资源开发过程。如民政部、全国老龄办积极搭建志愿服务平台,指导各地开展互助养老试点。上海市推行的"老伙伴"计划已覆盖10万受助老人和2万老年志愿者。全国老龄办等部门进一步加强和规范基层老年协会建设,强化老年协会自我管理、自我教育、自我服务的功能,在参与公益服务等方面发挥积极作用。

第四,政策反馈方面,政策一致性、合理性、持久性较强。一项好的制度安排需要具有一致性,体现为政策制定者、执行者和目标群体之间行动和利益的协调。合理性即利益群体普遍认为政策目标和制度设计是恰当的。积极的老年人力资源政策兼顾多方利益,并与反年龄歧视政策、延迟退休政策等相互配合,能够不断提高政策的一致性与合理性。持久性则意味着政策目标和承诺需要在经历危机和动荡后仍然存在,体现全面协调、可持续的特点。老年人力资源政策的新范式就是在旧范式的基础之上,经社会变迁的催化创新而产生的,一定程度上可被认为是新环境下的适应性产物,必将长时期地稳定存在。

（3）利益群体

老年人力资源政策涉及的利益群体主要包括作为政策制定者的政府部门，雇用老年人的企业，或志愿组织等政策执行者，以及政策的目标群体老年人。在不同范式下，政府部门发布的一系列政策文本都表明全方位保障老年人权益、促进经济社会和谐健康发展是老年人力资源政策的最终目标，政策的贯彻落实有助于利益实现。而企业雇用老年人则面临不确定的"收益"：雇用老年人响应了积极老龄化的号召，体现了企业的社会责任感与人文关怀；同时老年人凭借丰富的经验与智慧能为企业创造一定的价值，但老年人的精力体力不如年轻人，急病与事故也时有发生，给企业的管理带来压力。因而，企业在雇用老年人时会多方考量，不利于政策一致性的实现。对于老年人来说，无论"安其身"还是"有所为"，都是对其自身利益的保障。即使在积极主动政策范式下，也可依据自身情况选择社会参与的方式和程度，不存在无视自身实际（如健康状况）而被强制要求社会参与的情形。在此情况下，只有各利益群体的诉求相合才能提高政策的凝聚力，打通社会发展与积极老龄化之间的逻辑通道。

第5节　结论与政策建议

本章基于政策体制理论，对中华人民共和国成立以来老年人力资源方面的政策进行了回顾与梳理，追溯了其从被动应对式到主动积极式的范式变迁的发展过程；基于历史制度主义视角指出该过程兼具渐进性与突变性的演进特征，并从理念、组织架构、利益群体三方面分析了范式转变的驱动机制。研究还发现，政策制度在我国老年人力资源利用过程中的作用日益重要，但部分政策在内在驱动方面尚显不足，较难在老年人群、企业组织之间产生积极回应。

古语云"知易行难"。新的政策范式从确立到接受，再到广泛付诸实践，需要一个较长期的过程。党的十九大提出"永远把人民对美好生活的向往作为奋斗目标"。人民的美好生活既是多维具体的，也是群体分异的。在全生命周期范围内，不同年龄段的人民的向往不同，同一年龄段内也存在多种追求。由此，本章得出以下启示：首先，在新时代背景下，特别是在长寿红利时代，人口红利的效应评估不能仅简单地参照经济收益，同时要看到"人"的构建性意义。积极主动范式的老年人力资源政策不仅要满足解决人口结构老龄化下的社会问题和经济问题,更应坚定不移地致力于建设中国特色社会主义制度下"不分年龄,人人共享"的社会,释放所有年龄阶层的潜力,实现代际公平。其次,创设完善的就业环境,把继续就业的决定权交给老年人自己,赋予老年人选择的自由,防止一刀切,构建自主、科学的长寿红利开发过程。最后,随着改革进入"深水区",持续削减对老年人力资源利用、老年人社会参与的"掣肘",为企业和老年群体营造良好的环境,增强政策的一致性、合理性、持久性。若能高效释放积极主动的政策效应,一定可以更好地收获长寿红利。

第 13 章
老年人力资源测度、析因与分类开发

第 1 节 引　　言

由于我国人口预期寿命提高、受教育年限延长、劳动力结构变化等因素，《"十四五"规划》提出要"逐步延迟法定退休年龄，促进人力资源充分利用"。我国老年人确有相当的就业参与率。2015 年全国 1‰ 人口抽样数据、CLASS 和 CFPS 等微观调查数据的结果显示，60 岁以上在业人口[①]比例约为 20%—30%，其中 60—64 岁老年人口在业率达 42.8%（党俊武、魏彦彦、刘妮娜，2018；祝慧琳等，2019；李冬等，2021）。据 2021 年第七次全国人口普查数据，我国 60—64 岁年轻老人有 7338 万人、60—69 岁低龄老人有 14740 万人，分别占 60 岁以上老年人口的 27.79% 和 55.83%。这些年轻、低龄老人拥有经验积累、社会资本等比较优势，如能有效地开发使用，将使我国收获巨量的人力资本与长寿红利。

关于我国老年人力资源及长寿红利的一个关键问题是，其开发使用的时间有多长？从检索到的文献来看，学者们大多关注老人（尤其是低龄老人）的总数或占比、在业率、劳动参与率、社会参与度等宏观指标，或研究老人个体的就业或参与意愿、能力等潜在生产力。而关于老年人力资源的可开发时长、余年、上限等确切数据则缺乏测度或探究，遑论进一步提出干预或引导使用的对策。

在评判年长劳动者的潜在生产力、就业意愿或年数时，退休年龄并非可靠指标（Cahill et al.，2011）。因为很多员工"退而不休"，会通过返聘、非正规就业等过渡就业形式继续工作，或自主创业，存在一个从"退休"到"退出"的过程（Feldman and Beehr，2011）。此过程可视为老年人力资源的使用时长，

[①] 在业人口也称就业人口，指从事一定社会劳动并取得劳动报酬或经营收入的老年人口。

其时间间隔取决于年长劳动者的最后"退出"时间。然则,老人何时才会"退出"而不再就业或劳作呢?由于老人的功能状态异质性非常大,日历年龄难以刻画个体的真实老化状态(Schulz,2000;WHO,2016;赵梦晗和杨凡,2020)。心理年龄也不准确。"廉颇老矣"就折射出一个人有就业意愿、不服老,却"力有不逮",并受制于劳动就业市场的用工需求。由此推知,日历年龄、生理年龄、功能年龄、心理年龄等任一指标都较难准确地预测老人的"退出"时间。

2018年CLASS问卷向被访老人询问:"您觉得自己多少岁算老?"本章称之为主观老龄。老人在回答主观老龄时,考虑了退休(日历)年龄、躯体功能、心理状况、智力技能、主观意愿、经济状况、家庭责任等综合的决定因素,相应能更准确地预测出老人退出就业或劳作的年龄。本章将主观老龄作为年长劳动者的"退出"年龄阈值,并与法定退休年龄相减得到老人个体的人力余年。进一步,使用有限混合模型将样本个体甄别为不同亚群体,并检验不同亚群体人力余年的决定因素及其影响作用。这对我国制定更精细、差序化的延迟退休或老年人力资源开发等政策颇有价值。

第2节 文献回顾

按日历年龄定义老年人源自工业社会养老金制度对退休年龄与养老金领取年龄的规定,参考的是群体的平均状态标准(杨团,2013)。现实中,许多员工达到法定退休年龄之后并不完全退休,而是从事一些过渡性工作,存在一个过渡就业(bridge employment)阶段(Feldman,1994;Cahill et al.,2011;Feldman and Beehr,2011)。欧盟国家60—64岁退休者的就业率为23.5%(Dirk,1987)。美国只有50%的劳动者会直接从全职工作退休(Wang and Shultz,2010)。新加坡65岁以上居民的就业率从2019年的28.7%上升到2020年的30.1%,2021年增至32.9%。[①] 几项研究甚至发现除非生病或抑郁,老人"并不觉得自己老了",存在所谓的"不老自我"(Kaufman,1986;Baars,2012)。

针对老年人力的价值,1982年第一届世界老龄大会正式提出"老年人参

[①] 数据来源:Labor Force in Singapore 2021[EB/OL]. (2022-01-28), (2022-03-01). https://stats.mom.gov.sg/Pages/Labour-Force-In-Singapore-2021.aspx.

与社会发展"。2002年第二届世界老龄大会进一步提出"老年群体是一个宝贵但又受到忽视的资源"。我国则于1983年首次提出老年人要"老有所为",发挥余热。方飞(1992)指出,"老有所为"包括全体老年人从事一切有益于经济和社会发展的实践活动、继续从事现代化建设事业以及离退休人员从事有酬或义务劳动等三层含义。然而,早期的"老有所为"主要针对老干部、老模范、老科技人才、老知识分子等"高智"人才(刘宝彬,1993;薛金坤等,1994;彭惠青,1996),实质是一种既成历史价值的老年财富思想,而未被看作可以创造新价值的人力资源(姚远,2004)。到本世纪初,学者们开始提出老年"人力"资源具有很高的"市场价值"(万克德,1998;原新,2000)。范围也从精英老年人逐渐普适至一般老年人群,由单一的政治领域向社会经济和科技领域扩展(杜鹏和王菲,2011;邬沧萍和杨庆芳,2011)。

老年人力资源又被称为"银色"人力资源。联合国教科文组织将60—69岁具有劳动意愿和劳动能力的人定义为"低龄老年人力资源"。国内学者大多将老年人力资源界定为具有一定劳动能力和工作意愿,能够被组织所利用,可以从事生产等工作,创造价值,推动经济社会发展的老人体力和脑力总和(陈月珺,2011;王淑红等,2012;陈磊等,2015;田书芹等,2017;吴宗辉和吴江,2020;王媛等,2021)。王雪辉等(2019)甚至认为低龄健康、有参与意愿的老年人口皆可纳入老年人力资源范畴,皆为可开发利用的人力资本。杨彦(2004)将老年人力资源定义为老年人群中掌握一定专业知识、具有特殊劳动技能、健康、有劳动能力的人群,并划分为三类:从事有报酬的生产与社会劳动的老年人口,从事无报酬、半劳动或辅助劳动的老年人口,以及从事社会和家庭活动的老年人口。张戌凡(2011)将这三类归为实际已投入使用的老年人力资源,并增列了第四类——尚未从事任何经济社会活动但有意参与其中的潜在老年人力资源。

总体而言,国内绝大多数研究都在论证老年人力资源开发使用的必要性、可行性、潜在价值,并探讨对策建议、开发路径等定性研究。一些学者探讨了老年人就业或劳动参与意愿、行为的影响因素。梁淑雯和李录堂(2018)利用CLASS 2012年数据并使用Logit模型分析了人口特征、社会关系、经济背景等因素对老年人参与全职工作、兼职工作、志愿活动意愿的影响,并发现老年人参与志愿活动意愿高于参与再就业活动。涂永前等(2021)借鉴CHARLES数据库设计问卷调研了北京、天津、济南三地,发现超四成低龄老年人有再就业意愿,再就业意愿与年龄、累计工龄负相关,与经济压力、退休前年薪、健康状况和社会适应性等正相关。

关于老年人力资源的数量特征,学者大多关注人数、增速、地区或空间分布、在业率、劳动参与率、社会参与度等宏观指标。陈磊等(2015)构造了老年人力资源状况的评价指标体系,使用低龄老年人口占总人口比重、主要生活来源以劳动收入为主的低龄老年人口占所有低龄老年人口比重作为数量指标,取预期余寿、健康状况、高中及以上学历低龄老年人口占所有低龄老年人口比重作为质量指标。金光照等(2020)基于中国综合社会调查(CGSS)2010—2015年四期数据构建了老年人力资本综合指数,包括健康资本、知识技术资本、心理素质资本3个维度7个指标,发现中国65岁以上老年人力资本存量保持相对稳定且有上升趋势,具有开发的可能性和长远性,但在开发使用上存在规模不足、层次较低、结构不合理等问题。崔红威(2011)、王媛等(2021)则调查报告了个体的就业或工作意愿等状况。

目前,关于我国老年人力资源可开发或使用时间的确切数据并不多见。《中华人民共和国劳动法》规定凡我国公民都有劳动的权利和义务,但只规定劳动者的最低年龄,并无对劳动时间的上限规定。陈力(1996)指出,老年人力资源开发的时效期仅有10年左右(60—70岁),但并未给出具体的计算依据及过程。王红漫(2001)调查了北京大学燕园地区的591位老人,发现72.4%的老人是退休1年后才重新就业,平均再就业时间为6.6年。谭远发等(2016)使用生命表技术计算出2005年、2010年我国男性与女性的健康工作寿命分别为62岁和58岁。陈俊宏等(2016)认为,老年人退休之后的继续工作年数受心理年龄、生物年龄、学历、工作经验等因素的影响,但并未使用微观数据计算出实际值或预测值。赵梦晗和杨凡(2020)基于CLASS 2014年、2016年、2018年三期数据计算出受访者自我认定的老年年龄平均为70岁,但未进一步深究老年人力资源的开发使用时间。

总的来看,目前对开发利用老年人力资源已达成共识,但极为欠缺的是我国老年人力资源开发使用时间、余年等确切数据,以及潜在的存量类型或模式分化,其决定因素的影响作用等。这些经验证据是开发我国老年人力资源的重要决策信息。

第3节 研究设计

(一) 样本数据来源

本章使用的样本为2018年CLASS数据。该调查采用了多阶段分层概率抽样法,在全国28个省份①获得了11418位老人个体数据,具有全国代表性。有1个男性被访者的年龄为56岁,小于60岁,去掉之后样本个体一共有11417人。

(二) 变量及其描述性统计结果

1. 被解释变量

2018年CLASS问卷向被访者询问:"您觉得自己多少岁算老?"我们将此回答结果命名为"主观老龄"。回答时对标的"变老"事件包括"退休/不工作/不劳作、行走不便、生活不能自理、老伴去世、有了(外)孙子女、脑子不好使了/记忆力下降、其他"等。老人们基于这些因素、条件或制约,认可"变老"了,大概率就不会再从事正规或非正规的就业劳作,继而安心养老,可不被视为实际已投入使用或潜在的老年人力资源。可见,"主观老龄"很接近老年人力资源开发时间的上限。为减少奇异值的影响,将回答结果为999岁的1850个老人,以及100岁以上的26个老人,都设为缺失值。

我们进一步将被访老人的主观老龄减去男性法定退休年龄60岁,女性老人则统一减去55岁,②得到本章的被解释变量"老年人力余年",可被统计为实际已投入使用或潜在可使用的老年人力资源。

2. 解释变量

参考以往研究,本章选取影响老年人力余年的主要因素,包括出生年代(1940年之前出生=1,1940—1949年出生=2,1950年及之后出生=3)、性别(男=1,女性=0)、户籍(非农户籍=1,农村户籍=0)、教育程度(没有受过教育=1;私塾、扫盲班和小学=2;初中=3;职业高中、普通高中、中专和技校、

---

① 不包括中国香港、台湾、澳门、海南、新疆和西藏地区。
② 目前女工人的法定退休年龄为50岁,女干部为55岁,正副处级以上女干部、具有高级职称的女性专业技术人员为60岁(也可以申请55岁退休)。由于样本个体的身份没有准确信息,故统一设定为55岁。

大专及以上=4)、健康(很不健康=1;比较不健康=2;一般=3;比较健康=4;健康=5,去掉"无法回答"的个体16人)、收入(2017年收入,取对数,去掉收入报告值为9999996、9999998、9999999的个体2030人)、生活满意度(很不满意=1,比较不满意=2,一般=3,比较满意=4,很满意=5,去掉"无法回答"的个体112人)、婚姻(已婚有配偶=1,丧偶、离婚、未婚=0)、职业身份(停止从事有收入的工作或活动之前是做什么的,如果目前仍从事有收入的工作或活动,则询问目前主要从事什么工作。农牧渔民=1,个体户=2,普通职工=3,专业技术人员=4,国家、企事业单位领导人员=5。去掉回答"其他"的个体180人)、领取的养老金类型(城乡居民养老金=1,企业职工养老金=2,机关事业单位养老金=3,)、领取高龄津贴(是=1,否=0)、接受低保等政府救助(最低生活保障金、贫困救助金或其他政府救助=1,否=0)。

表13-1报告了主观老龄、人力余年以及各个解释变量的描述性统计结果。

表13-1 描述性统计分析

变量	频数	均值	标准差	最小值	最大值
主观老龄	9542	69.60	11.00	40	100
人力余年	9542	12.05	11.24	−20	45
年龄	11417	71.45	7.370	60	108
婚姻	11418	0.690	0.460	0	1
教育程度	11418	2.180	0.980	1	5
职业	11229	1.920	1.160	1	5
生活满意度	11306	3.780	0.870	1	5
健康	11402	3.310	0.900	1	5
收入(元/年)	9388	9389	14948	60	400000
性别	11418	0.500	0.500	0	1
户籍	11418	0.430	0.490	0	1
养老金类型	11418	1.900	0.970	1	3
高龄津贴	11418	0.150	0.360	0	1

表13-1中,被访老人平均年龄为71.5岁,最小60岁,最大为108岁。教育程度均值为2.2,略高于小学文化程度。生活满意度均值为3.78,接近"比

较满意"状态。自评健康均值为 3.31,略好于"一般"状态。收入均值为 9389 元/年。退休前或目前所从事工作的职业身份中,农、牧、渔民占 56.63%,个体户占 6.22%,普通职工占 30.57%,专业技术人员占 2.05%,国家、企事业单位领导人员占 4.53%。社保待遇中,领取企业职工养老金的占 53.03%,领取机关事业单位养老金的占 4.11%,领取城乡居民养老金的占 42.86%。另有 15% 的老人领取高龄津贴,9% 的老人属于低保等政府救助对象。

被访老人的平均主观老龄为 69.6 岁。此均值与赵梦晗和杨凡(2020)的结果一致。其中,女性老人平均主观老龄为 69.4 岁,男性老人为 69.8 岁。男女老人的主观老龄聚集在 10 岁、5 岁等节点,其他年龄较少。其中,男性在 60 岁、70 岁、80 岁、90 岁、100 岁"服老"的分别占 28.22%、20.8%、16.01%、3.43% 和 2.26%,合计 70.72%;女性在 60 岁、70 岁、80 岁、90 岁、100 岁"服老"的分别占 24.76%、21.09%、16.64%、3.21% 和 2.18%,合计 67.88%。"服老"的前三个原因分别是失能、失智、退休/不工作/不劳作。相比之下,老伴去世、有(外)子女等家庭事务对女性"服老"的影响更大,"退休/不工作/不劳作"等工作原因对男性"服老"的影响更大。失能、失智、其他等三项原因对男女老人"服老"的影响基本相当。

图 13-1 中,老年人力余年均值为 12 年,最低为 -20 年,最高为 45 年。其中,男性老年人力余年均值为 9.78 年,女性老年人力余年均值为 14.41 年。由于男性法定退休年龄为 60 岁,女性本章设定为 55 岁,则男女老年人力余年均值的差异主要由二者法定退休年龄的差异造成。从频数分布看,女性老年人力余年占比最高的依次为 5 年、15 年、25 年,分别占 24.76%、21.09% 和 16.64%,0 年占 3.29%,0 年以下合计占 8.53%;男性老年人力余年占比最高的依次为 0 年、10 年和 20 年,各占 28.22%、20.80% 和 16.01%,0 年以下合计占 5.69%。从图 13-1 可以看出,全样本、男性、女性的老年人力余年直方图分布大体相似,呈现较为明显的多峰分布,中间呈尖峰分布,底部则呈平峰分布。这意味着整个样本、男女子样本可能是由异质性较强的不同子亚群混合而成的。

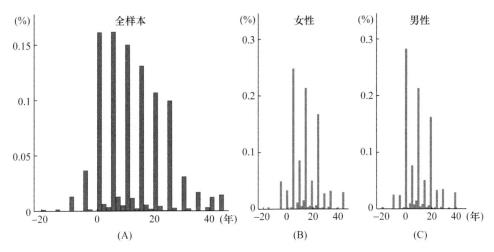

图 13-1 老年人力余年直方图

(三) 计量模型

(1) 回归模型

根据图 13-1 和表 13-1 中老年人力余年的数值特征,首先选用线性回归模型去拟合解释老年人力余年。模型如公式(13-1)所示。

$$y_i = \beta_0 + \beta_1 cohort_i + \beta_2 gender_i + \beta_3 edu_i + \beta_4 health_i + \beta_5 \ln income_i \\ + \beta_6 satisfy_i + \beta_7 identity_i + \beta_8 marry_i + \beta_9 occupation_i \\ + \beta_{10} pension_i + \beta_{11} benefit_i + \varepsilon_i \tag{13-1}$$

式(13-1)中,y 是被解释变量老年人力余年,解释变量包括出生年代、性别、教育程度、健康、收入(取对数)、生活满意度、户籍、婚姻、职业、养老金类型、高龄津贴。

(2) 有限混合回归模型

式(13-1)线性回归模型的基本假设是样本个体属于同质性群体(homogeneity)。以往研究发现老年人比其他人群的差异更大,且异质性还随着年龄增长而扩大(Baars,2012;WHO,2016)。阳义南和肖建华(2018)基于 CLDS 数据也发现,样本个体的退休行为可区分为非延迟退休、延迟退休等不同类型。从图 13-1 可以看出,人力余年不太符合对称的正态分布,更偏向混合的多峰分布(双峰或三峰)。如不能有效识别这种异质性,会导致研究结果不准确(Heckman and Singer,1984)。为此,有必要进一步区分老年个体中不同的人力余年亚群,对应不同的模式分化,并检验影响因素对不同类型所起的作用。

有限混合模型(FMM)是一种解析个体不可观测异质性的概率化、半参数模型(Heckman and Singer,1984;Kasahara and Shimotsu,2009;申曙光和马颖颖,2014;Lee and Xue,2018;王孟成和毕向阳,2018)。它假设个人选择结果受某一潜在机制的影响,该机制对子群体内部个体的影响作用相似,但对不同组个体的影响存在系统性差异,使得个体归属于不同的、难以直接观测的子群体。FMM将该难以直接观测的"潜在机制"视作一个潜变量,采用潜类别分析方法将老年人力余年区分为不同的亚群(组)。相比分组回归、Tobit、Heckman、Two-Part等传统模型,FMM是针对老人异质性"整体"的内生聚类分组,不必借助于性别、户籍等外生变量,无须假设先验分布,也不受制于研究者对分组上下限阈值的主观割舍,能更好地捕捉个体异质性,分类结果更客观准确,并可提高估计精度(Gerdtham and Trivedi,2001;Deb and Trivedi,2002;程颖,2019)。FMM给我们提供了一个从个体中心化(person-centered)来审视老年人力余年存量类型或模式分化的视角,可为分门别类开发、使用老年人力余年提供更准确的定量依据。

FMM包括两个估计步骤:第一步,使用潜类别变量C对y进行mlogit回归,将异质性的样本个体分为不同类组;第二步,对被区分为不同类组的y_i进行回归分析,检验各影响因素对人力余年不同亚群(组)的影响作用(解释变量x在每一类的回归系数不同)。FMM如公式(13-2)所示。

$$f(y) = \sum_{j=1}^{c} \pi_j f_j(y \mid x'\beta_i)(z'\alpha_i) \qquad (13\text{-}2)$$

式(13-2)中,被解释变量y是老年人力余年。潜类别变量$C=j(1,2,\cdots)$。$f_j(\cdot)$是y在第j个潜类别的条件概率密度函数,包含c个子分布。π_j是第j个潜类别的概率(混合比例),$0 \leqslant \pi_j \leqslant 1$,且$\Sigma \pi_j = 1$。$x'$是解释变量矩阵,解释变量与式(13-1)中的相同,β_i是第j个潜类别中解释变量x'的估计系数。z'是伴随(协)变量矩阵,对应估计系数为α_i。加入伴随(协)变量是为了遵循个体归属某一组群的概率并不相同的客观事实,也为个体归类提供更多依据。否则,模型就默认假定个体以相同的概率归入某一组群(StataCorp,2017)。模型中,伴随(协)变量的作用不同于解释变量。伴随(协)变量用于解释y在不同组间的差异,起着深层次的间接影响作用;解释变量主要用于

解释同一组内 y 的差异,起直接决定作用(逯进等,2019;宋马林和刘贯春,2021)。我们使用了三个伴随(协)变量:目前是否从事有收入的工作(含农业劳动);有无未成年(外)孙子女;是否有需要照料的父母(或岳父母)。是否从事有收入的工作,是判断老年人力余年类型的重要变量,而老人是否"服老"很可能受到是否需要抚养孙辈或照料高龄父辈的间接影响。

当模型(13-2)的参数估计出来之后,使用贝叶斯后验概率公式(13-3),计算出老人在不同潜类别的归属概率。他在哪一类的概率更大,就被归入对应的类别,完成个体识别。

$$p(C=j \mid y) = \frac{p(c_j=\pi_j)f(y \mid C=j)}{f(y)} \quad (13\text{-}3)$$

第4节 实证结果分析

(一)线性回归模型估计结果

首先估计公式(13-1)的线性回归模型,考虑异方差的影响,报告的是 robust 标准误。在操作上,迭次添加更多解释变量,来查验估计结果的稳健性。回归结果如表 13-2 所示。

表 13-2 线性回归估计结果

被解释变量:老年人力余年	(1)	(2)	(3)
出生年代(对照组:30 年代及之前)			
40 后	−4.0352*** (−11.48)	−3.9517*** (−10.02)	−3.8926*** (−10.03)
50 后	−5.2723*** (−14.79)	−5.4785*** (−13.53)	−5.6507*** (−13.81)
教育(对照组:小学以下)			
小学	0.4058 (1.39)	0.1581 (0.49)	1.0548*** (3.31)
初中	−0.4037 (−1.16)	−0.7707** (−2.04)	0.2809 (0.75)
高中及以上	−0.0452 (−0.10)	−0.3866 (−0.79)	0.5637 (1.16)

(续表)

被解释变量:老年人力余年	(1)	(2)	(3)
职业(对照组:普通职工)			
农牧渔民	−0.7976***	0.6483*	1.3174***
	(−2.87)	(1.72)	(2.90)
专业技术人员	2.6783***	3.1240***	3.2003***
	(3.60)	(3.85)	(4.12)
政府、企事业单位领导人员	3.3418***	4.1513***	4.1654***
	(5.67)	(6.58)	(6.85)
个体户、自由职业者	3.0735***	4.2204***	4.3824***
	(5.76)	(6.70)	(7.20)
收入(取对数)		3.4362***	2.9904***
		(4.61)	(4.18)
收入二次项		−0.1621***	−0.1392***
		(−3.55)	(−3.17)
养老金类型(对照组:企业养老金)			
城乡居民养老金		−0.7815**	−1.1189***
		(−2.48)	(−3.55)
机关事业单位养老金(退休金)		−2.1910***	−2.0762***
		(−3.52)	(−3.44)
高龄津贴		0.2568	0.0672
		(0.66)	(0.17)
性别			−4.7742***
			(−19.08)
婚姻			−0.8403***
			(−2.94)
户籍(非农=1)			−0.0289
			(−0.07)
生活满意度			1.1954***
			(8.17)
健康			0.8989***
			(6.11)
常数	15.8812***	−1.4056	−4.6309
	(40.24)	(−0.46)	(−1.55)
N	9364	8006	7947
F	40.3390	32.7420	58.7923
R^2	0.0407	0.0558	0.1166
R^2_a	0.0397	0.0541	0.1145

注:括号内为 t 值,*、**、*** 分别代表10%、5%、1%水平上显著。

从表 13-2 实证结果可以得出如下结论:

相比出生在 30 年代及之前的对照组老人,40 后、50 后老人的人力余年都在 1% 水平显著为负,且 50 后的负系数更小。其中,40 后老人的人力余年显著更低(3.89 年),50 后老人的人力余年也显著更低(5.65 年)。这种负向变动趋势在模型(1)—(3)中都保持稳健。这说明随着经济社会发展、国民收入和财富增加,老人们得以消费更多的闲暇,安心养老。而技术进步、工作压力、就业竞争等因素也可能使老人越来越早地"服老"。即从不同年代时序来看,老人们的"服老"年龄在提前,相应可开发使用的人力余年在缩短。

相比小学以下文化的对照组老人,只有小学组老人的人力余年在 1% 水平显著更长(1.05 年),其他年龄组的系数虽都是正数,但都不显著。7947 个样本老人中有 2066 人仍在从事有收入的工作或劳作,其中不办退休的占 89.39%,办退休的只有 10.61%。这说明再就业老人之前主要从事非正规的工作。办退休老人的教育程度接近高中,养老金平均每月 1732 元,只有 7.74% 在就业;而不办退休老人的教育程度接近初中,养老金每月只有 117 元,有 53.2% 仍在就业。这些数据说明实际在使用或潜在的人力余年主要是低学历老人,从而解释了为何只有小学组的人力余年显著更高。因为更高学历组老人的就业意愿或人力余年更低。

相比基准组的普通职工,农牧渔民、个体户或自由职业者、专业技术人员、政府或企事业单位领导人员等职业组老人都具有显著更长的人力余年,分别长 1.32 年、4.38 年、3.2 年、4.17 年。众所周知,"活到老,干到老"是我国农牧渔民较为普遍的劳作模式。比较而言,灵活就业者拥有更强的市场生存能力和就业机会,政府或企事业单位领导人员则拥有更广泛的社会资本,专业技术人员则有"一技之长",但普通职工往往并无特殊人力资本的优势,使得年长时持续就业或退休后再就业处于劣势地位。这也是为什么普通职工更反对延迟退休。普通职工年长时的失业风险更大,不"服老"继续发挥人力资本作用的意愿更低。

收入一次项的回归系数在 1% 水平显著为正,收入二次项的回归系数在 1% 水平显著为负,说明收入对人力余年具有倒"U"形影响,拐点收入为 46600 元每年。在此收入之前,人力余年随着收入水平的提升而延长,超过拐点收入之后,与"服老"挂钩的人力余年开始下降,说明随着收入增加,财富效应将大于收入效应,老人开始"服老"而安养。

相比企业养老金领取者,机关事业单位养老金领取者和城乡居民养老金领取者的人力余年显著更低。可以解释为机关事业单位养老金水平较高，具有更强的财富效应；而城乡居民养老金领取者以前都是没有工作过或没有正式工作的老人，养老金水平较低，收入效应偏弱，使得这两类人群的人力余年都相对更低。

结合收入、养老金的影响效应可以看出，当前老人不"服老"更多是一种当收入不高、保障水平较低时的被动之举，很大程度上还不是主动发挥余热、参与贡献社会的积极老龄行为。当收入上升或有较高水平的养老金时，更会选择"服老"而安养。收入对之前从事非正规就业、年收入较低者(如低保对象)有较强的人力余年提升作用。

最后的人口学变量中，生活满意度越高、自评越健康的老人具有显著更高人力余年。已婚者、男性的人力余年显著更低。非农户籍与农村户籍之间并无显著的差异。

（二）有限混合回归模型估计结果

为进一步解析老年人力余年的异质性，本章采用最大期望算法(EM)对式(13-2)的有限混合模型进行极大似然估计。EM首先随机选择一组初始参数，并利用贝叶斯公式计算出潜变量的期望值，而后以此为基础对模型参数进行极大似然估计，接下来用估计得到的参数替换初始参数，重复上述步骤直至参数估计结果收敛。在进行参数估计时，组别数 C 是事前未知的。本章从 $C=1$ 开始逐步增加类别的数目，直至似然函数无法收敛。根据 Everitt 等(1981)对样本潜类别的分类原理，在模型收敛的前提下根据 BIC 值最小化来判定最优分组数。① 各类别的检验结果如表 13-3 所示。

表 13-3　样本潜在类别的检验结果($N=7947$)

类别数目	对数似然值	自由度	AIC	BIC
$C=1$	-30091.75	21	60224.31	60370.9
$C=2$	-29819.78	42	59723.57	60016.75
$C=3$	-29662.78	63	59451.57	59891.34
$C=4$	不收敛	—	—	—

---

① BIC 的惩罚项比 AIC 大，考虑了样本数量，可有效防止因样本量大而导致的过拟合，并且 BIC 能防止当 n 较少时 k 值过高。

表 13-3 中,当潜类别从 1 个增加到 3 个时,BIC 逐步降低,到 4 个时变得不收敛,故选择三类别模型拟合效果最好。据此,我们选用了分成三类的有限混合回归模型及其估计结果。① 根据三类老年人力余年的均值大小,将其命名为低人力余年、中人力余年、高人力余年。表 13-4 汇报了利用 EM 拟合三类别有限混合模型的极大似然估计结果。

表 13-4 有限混合回归模型估计结果($N=7947$)

被解释变量:老年人力余年	(4) 低人力余年	(5) 中人力余年	(6) 高人力余年
伴随(协)变量			
从事有收入工作	基准组	−1.640*** (−5.32)	−0.954*** (−6.00)
未成年孙辈	基准组	−0.688*** (−4.77)	−1.122*** (−8.22)
照料父母	基准组	0.563 (1.37)	1.328*** (5.13)
常数	基准组	0.469*** (3.10)	−0.821*** (−5.84)
出生年代(对照组:30 年代及之前)			
40 后	−0.868 (−1.03)	−3.567*** (−4.04)	−3.364*** (−2.90)
50 后	−2.487*** (−2.85)	−5.237*** (−5.49)	−2.577** (−2.10)
教育(对照组:小学以下)			
小学	−0.551 (−1.14)	1.975*** (2.93)	3.676*** (3.29)
初中	0.994 (1.63)	−1.136 (−1.39)	2.039 (1.54)
高中及大专以上	−0.561 (−0.66)	1.484 (1.32)	0.835 (0.51)
职业(对照组:普通职工)			
农牧渔民	4.643*** (6.27)	−4.732*** (−4.96)	5.088*** (4.20)

---

① 考虑到篇幅,没有报告有限混合模型估计结果。

(续表)

被解释变量:老年人力余年	(4) 低人力余年	(5) 中人力余年	(6) 高人力余年
个体户、自由职业者	5.353***	3.025**	6.123***
	(6.15)	(2.39)	(2.85)
专业技术人员	4.570***	6.861***	−14.531***
	(2.61)	(4.18)	(−4.11)
政府、企事业单位领导人员	11.038***	−2.633	1.135
	(7.20)	(−1.47)	(0.55)
收入(取对数)	−3.852**	5.970***	18.163***
	(−2.54)	(3.63)	(6.05)
收入二次项	0.364***	−0.402***	−1.146***
	(3.66)	(−3.84)	(−5.96)
养老金类型(对照组:企业养老金)			
机关事业单位养老金	−3.180***	1.106	−2.185
	(−2.70)	(0.75)	(−0.92)
城乡居民养老金	−2.652***	3.079***	−0.763
	(−4.96)	(4.37)	(−0.72)
高龄津贴	−2.439***	5.100***	−0.468
	(−3.76)	(5.61)	(−0.28)
生活满意度	0.841***	1.702***	−1.231**
	(3.62)	(5.11)	(−2.00)
性别	−3.875***	−5.098***	−3.766***
	(−9.12)	(−9.37)	(−4.43)
婚姻	−0.950**	−0.250	−1.435
	(−2.01)	(−0.42)	(−1.43)
户籍	−0.428	−1.624**	0.250
	(−0.63)	(−2.05)	(0.22)
健康	−0.038	2.420***	0.732
	(−0.14)	(7.68)	(1.36)
截距	13.856**	−16.331**	−37.013***
	(2.29)	(−2.42)	(−3.16)
潜类别概率(π_j)	0.503	0.391	0.106
N	4116	3060	599
ll=−29000.532;AIC=58139.06;BIC=58619.21			

注:括号内为 z 值,*、**、*** 分别代表10%、5%、1%水平上显著。

表 13-4 中,就伴随(协)变量而言,从事有收入工作对三组都有辨识作用。相比基准组,已经在从事有收入工作的老人进一步成为中人力余年、高人力余年的概率显著更低了;需要照顾未成年孙辈使得老人成为中人力余年的概率显著更低,成为高人力余年的概率也显著更低。而需要照顾高龄父母则使老人成为中人力余年的系数为正,成为高人力余年的概率在 1% 水平显著为正。因为照顾孙辈更多是时间的花费,而照顾高龄父母不仅费时,还需要经济上的赡养支出。

总体上看,相比表 13-2 中针对全样本的估计结果,三类别有限混合回归模型的估计结果有所不同。三组老年人的人力余年依然出现了迭期减少的总体变化趋势。尤其是中人力余年组的 40 后、50 后老人减少得更多。教育依然只在小学组具有显著正向影响,尤其是人力余年越长的老人组,小学学历的差异越显著,中人力余年只比小学以下组多 1.975 年,但高人力余年组则多出 3.676 年。

就职业的影响而言,相对对照组的普通职工,人力余年更长的趋势在低人力余年组仍保持着不变。在中人力余年组,职业对农牧渔民的影响更低,而对政府或企事业单位领导人员的影响则不显著。在高人力余年组,职业对专业技术人员的影响变得显著更低,而对政府或企事业单位领导人员的影响则不显著。这说明中人力余年组主要是个体户或自由职业者、专业技术人员等群体;高人力余年组,即更不"服老"的,主要是农牧渔民、个体户或自由职业者等人群。

收入的影响也出现了分化。收入对低人力余年组的影响呈"U"形,超过 200 元/年之后,人力余年开始上升;对中、高人力余年组依然是倒"U"形影响,分别超过 1680 元/年、2800 元/年之后,人力余年开始降低。

养老金的影响在低人力余年组依然保持不变,城乡居民养老金、机关事业单位养老金领取者的人力余年比企业养老金领取者的更低。但在中人力余年组,城乡居民养老金领取者的人力余年显著更高。

在低人力余年组,有高龄津贴者的人力余年显著更低,但在中人力余年组,有高龄津贴者的人力余年显著更高。生活满意度的影响在低、中人力余年组保持不变,但在高人力余年组,生活满意度越高,人力余年越低。在中人力余年组,非农户籍的人力余年显著更低。婚姻的显著更低影响只出现在低人力余年组,而健康的显著更高影响只出现在中人力余年组。性别的影响在三组都保持着男性显著更低的趋势,但在中人力余年组表现得更为强烈。

(三) 进一步讨论

本章进一步使用 Stata 命令计算出基于公式(13-3)的老人个体归于某一类的后验概率,汇总得到,被识别为第一类的老人有 4116 人,占 52.94%;被识别为第二类的老人有 3060 人,占 39.36%;被识别为第三类的老人有 599 人,占 7.70%。整个样本的人力余年均值为 12 年(见表 13-1),低、中、高人力余年组老人的人力余年均值分别为 6.88 年、14.21 年、34.1 年。直方图如图 13-2(a)所示。区分为三类之后,各类的直方图更加接近对称分布。从图 13-2(b)的正态曲线看,识别归类后更符合正态分布,且三类之间有较为明显的组间区分度。

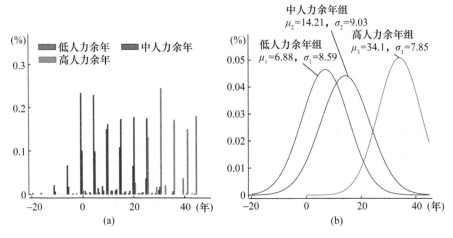

图 13-2 不同潜类别的直方图、正态曲线

样本个体区分为三组,得到不同人群差异化的人力余年均值,利于更有针对性地分类施策。世界卫生组织 2002 年发表《积极老龄化:政策框架》,指出老年人发展方向可以包括三个方面:推迟退休年龄,尽可能长久地工作;退休后继续从事兼职工作、非正规就业、农业耕作等;积极参与非收入性、志愿性活动,为社会、社区、家庭做贡献。基于此,我们将老年人力余年的开发使用途径也归为三类:延迟退休从而工作更久、非正式就业或劳作、积极活跃的参与贡献社会,并将表 13-5 中低、中、高三个人力余年均值作为这三种使用方

式的年龄上限值。具体地,将低人力余年均值作为延迟退休的上限年龄,这样符合大多数利益相关人群的实际要求,也便于政策实施。取整数,按低人力余年均值7年,则男性职工的退休年龄最迟不超过67岁,女性最迟不超过62岁。从事非正规就业或劳作的人力余年上限取14年,则男性为74岁,女性为69岁。参与贡献社会的人力余年上限取34年,则男性为94岁,女性为89岁。之后老人不再纳入实际使用或潜在的人力资源,成为完全的被供养照料者。我们还进一步报告了按城乡、文化程度、职业等更多变量分组的延迟退休、非正规就业或劳作、参与贡献社会的年龄上限。① 如表13-5所示。

表13-5 不同特征老人人力余年三种开发途径的年龄阈值　　　　单位:岁

分组变量	延迟退休		非正规就业或劳作		参与贡献社会	
	男性	女性	男性	女性	男性	女性
总体	67	62	74	69	94	89
城镇	67	65	71	71	90	90
农村	65	63	73	73	93	93
小学以下	65	63	72	73	93	92
小学	64	63	72	73	93	93
初中	66	66	69	69	90	90
高中及以上	66	64	73	72	89	87
农牧渔民	65	63	71	71	94	93
普通职工	64	67	72	78	90	93
灵活就业	66	62	79	71	96	89
专业技术人员	67	68	80	79	—	—
领导人员	78	79	—	—	92	94

注:男性法定退休年龄为60岁;女性法定退休年龄设为55岁。

我国官方制定的渐进式延迟退休方案是基于日历年龄(出生年月)。一些学者也提议按工龄或工作岗位等因素划分延迟退休年龄,但未进一步提供具体的实施方案。表13-5基于"服老"年龄进而其人力余年的做法纳入了更多考虑因素。延迟退休从而更长就业,或称之为全日制工作,城镇男性的上限年限为67岁,女性为65岁,而农村男性为65岁,女性为63岁;非正规就业或劳作,或称之为非全日制、兼职、部分时间工作,城镇男性和女性的年龄上

---

① 限于篇幅,本章没有详细报告基于出生年份的三类开发使用途径的年龄阈值。

限均为71岁,而农村的更长,分别为73岁;参与贡献社会的年龄上限,城镇男性、女性为90岁,而农村为93岁。从职业来看,农牧渔民、普通职工的年龄上限为65岁、64岁,而灵活就业、专业技术人员、领导人员等更有优势的老年人可分别为66岁、67岁、78岁。

第5节 结论与政策建议

人口预期寿命延长,且相比过去的同龄人更为健康、文化程度更高,为老年人力资源储量提升、人力余年顺延奠定了基础。如果将老年人的权利从社会归还给每个个体,就能激励每个人为自己的功能年龄低于年代年龄而继续努力,更能延长人力余年。在我国,合理开发利用老年人力资源,使"退休"了的生产力转化为现实的生产力,既能增加劳动资源,又能节约劳动成本,是发展银发经济的有效途径之一。

从基于CLASS 2018年数据的实证结果来看,人力余年显著更高者,具有出生更早、教育程度更低、更多从事非正规工作、收入更低等特征。老人不"服老"更多是一种当收入不高、保障水平较低时的被动之举。当收入上升或有较高水平的养老金时,更会选择"服老"而安养。可见,总体上我国老年人力资源的使用或开发还不是积极主动型的,而属于一种被动生存型。收入具有倒"U"形影响,会对之前从事非正规就业、年收入较低者(如低保对象)有较强的人力余年提升作用。

我国老年人力余年均值为12年,其中男性10年、女性14年。鉴于老年人力余年的异质性,本章使用有限混合回归模型将样本识别为低人力余年、中人力余年、高人力余年三个亚群,分别占52.94%、39.36%、7.70%,三类人力余年均值分别为7年、14年、34年。对这些老年人力余年的开发使用可包括三个方面:推迟退休年龄,尽可能长久工作;退休后继续从事兼职工作、非正规就业、农业耕作等;积极参与非收入性、志愿性活动,为社会、社区、家庭做贡献,并使用低、中、高三个人力余年均值作为这三种使用方式的年龄上限值。男性职工的退休年龄最迟不超过67岁,女性不超过62岁;男性从事非正规就业或劳作的年龄上限为74,女性为69;男性参与贡献社会的年龄上限为94岁,女性为89岁。之后,老人不再纳入实际使用或潜在的人力资源,成为完全的被供养照料者。

为促进老年人力余年的开发使用,相关政策应从以下方面入手:第一,宜尽早开发出台老年人力余年政策,因为我国老年人力余年在40后、50后老人中迭次降低。老年人力资源不可再生,不及早开发,将浪费并逐年衰减。第二,针对不同年代、教育、职业、性别、收入等特征的老年人分类施策,根据其人力余年的高低分群,采取延迟退休、鼓励非全日制就业、参与贡献社会等不同方略。第三,发挥收入对经济收入偏低的老年人群的激励作用,进一步释放其人力余年的长度或效率。第四,积极发展年长者就业市场或就业服务,推动老年社会组织发展,为高人力资本、较高收入老人积极就业或参与贡献社会提供更多、更便捷的机会或渠道。

第 14 章
老年人就业参与意愿及行为

第 1 节 引 言

对中国等发展中国家,积极发挥老人潜力和余热极为重要(陈社英等,2010)。早在 2006 年,我国《"十一五"规划》和《关于全面加强人口和计划生育工作统筹解决人口问题的决定》就提出要"积极应对人口老龄化"。2019 年,中共中央、国务院印发了《国家积极应对人口老龄化中长期规划》。截至 2019 年底,我国 60 岁以上老年人有 25388 万人,65 岁以上有 17603 万人,60—65 岁老人有 7785 万人。① 据预测,2030 年之前,我国新增老龄人口仍以低龄老人为主(葛延风等,2020)。尽管人口年龄结构已难改变,但积极促进老年人社会参与,使老年人转化为最大可能的经济社会发展动力,无疑具有重要价值。

目前,积极老龄化战略已成为世界各国普遍采纳的指导老龄事业发展和应对人口老龄化挑战的政策框架体系。"积极老龄化"是在"成功老龄化""健康老龄化""生产老龄化"的基础上延续发展而来。1997 年西方七国丹佛会议首次提出"积极老龄化",并在"健康""参与"之外增加了"保障"维度。2002 年,世界卫生组织提出积极老龄化的核心是强调"健康老年人仍是家庭、社区及经济发展的宝贵资源","不断参与社会、经济、文化和公共事务",并将积极老龄化正式定义为"为提高老人生活质量而最优化其健康、保障、参与等机会的过程"(WHO,2002)。积极老龄化的"健康""保障""参与"都是多维的。"健康"包括身体、精神、社会适应等,"保障"远超社会保障与经济安全,"参与"还包括终身教育和学习机会、政治参与、社区或社会志愿服务、家庭生活等(WHO,2002)。只有使用多个指标才能捕捉"积极老龄化"的多维面貌

---

① 数据来源:《中华人民共和国 2019 年国民经济和社会发展统计公报》。

(Zaidi et al.,2013)。

如何促进老年人社会参与、提升老年人生命价值和生活质量,愈益成为学术研究的焦点和重点。一些实证研究检验了"健康"对"参与"的影响,但对二者关系未能形成定论(邬沧萍和彭青云,2018)。也有不少学者检验了社会保障对"参与"的影响。这些研究往往聚焦于老年人的经济活动参与,大多使用某一个指标变量来测度"参与""健康""保障",或虽有多个可用的指标变量,但在实证研究中却分别——考察。从测量的角度来看,现有研究存在片面性、局部性,未能反映我国老人"健康""保障""参与"的全貌,存在的测量误差会影响对三者内在关联、影响效应的准确估计。

本章将基于中国老年社会追踪调查数据,定量解析"健康""保障"对"参与"的作用机制、影响效应。相比已有研究,本章的边际创新在于:第一,使用多个指标测量"健康""保障""参与"的潜变量,尤其是使用就业、投票选举、服务社区或社会三个变量来反映老人经济、政治、志愿活动等不同"参与"行为,克服使用单一指标时存在的片面性、测量误差等偏误;第二,在模型设计上,使用一个中介效应结构方程模型,以考查老年人"意愿"在"健康""保障"影响"参与"中的中介作用。从本章实证模型估计得到的经验证据对我国更好地实施积极老龄化战略具有参考借鉴的作用。

第 2 节 文 献 回 顾

20世纪80年代,人口老龄化已成为全球现象。国际组织、学者们都纷纷探索人口老龄化的应对战略(刘文和杨馥萍,2019)。Rowe和Kahn(1987,1997)阐释并推广了"成功老龄化"概念:没有疾病和残疾、身体和心理功能正常、积极参与社会生活。该战略过于强调结果导向,忽略了老人的躯体功能差异及更重要的健康影响因素,对"成功"的评判也只关注躯体健康这一核心指标,且带有强烈的个人价值判断。1987年,世界卫生组织提出"健康老龄化",由注重结果转向更关注老年人健康的影响因素。[①] 此时提出的"健康老龄化"的不足在于它基于老人的需要而不是老人的权利,仍留有"消极老龄观"印记。Butler(1982)提出的"生产老龄化"则开始强调老人的社会参与,但

---

① 2016年,世界卫生组织又将"健康老龄化"进一步阐释为"发展和维护老年健康生活所需的功能发挥的过程",强调"功能"而不是没有"疾病"。

偏重于经济活动参与及贡献。

在"成功老龄化""健康老龄化""生产老龄化"的基础上，2002年世界卫生组织提出了"积极老龄化"战略。它在"健康""参与"之外增加了"保障"维度，构成三个支柱，并将"参与"从经济领域扩大到社会、文化、精神、社会事务等各方面。OECD将"积极老龄化"定义为"在社会和经济领域领导生产活动的能力"。欧盟则将其定义为"在工作中得到满足，在生活中保持独立以及作为公民更多地参与社会"。Zaidi等（2013）在构建积极老龄化指数（active aging index，AAI）时将"积极老龄化"阐释为"人们可以继续参与正常的劳动力市场，也可以参与其他无偿的生产性劳动，并且依然能够健康、独立、有保障地生活"。

不难看出，上述国际组织都把"参与"置于积极老龄化战略的突出、核心位置。2002年《马德里政治宣言》第10条提出，"老年人的潜能是未来发展的一个强有力基础……老年人能够通过自己的积极参与使整个社会更加美好"。2002年，前联合国秘书长安南将积极老龄化行动计划目标总结为"越来越多的人教育水平的提高，寿命越长以及健康状况越好，老年人相比以前可以对社会做出更大的贡献……任何想要工作并且能够工作的老年人都应拥有工作的机会"[①]。在发展中国家，老年人在非正规就业部门工作、在家里的无报酬贡献、志愿者行动都为社会做出了贡献（WHO，2002）。

关于"健康""保障""参与"三者之间的内在结构关系，Zaidi等（2013）提出的积极老龄化指数把以健康为核心的能力与支持环境维度作为就业、社会参与等其他维度的基础。陈社英等（2010）、宋卫芳（2016）等也认为，健康是积极老龄化的前提或基石，参与是核心，保障是条件。老年人如果想保持有意义的生产活动，就需要在工作中不断接受培训以及在社区有终身学习的机会（OECD，1998）。同时为城市和农村老年人提供方便又支付得起的公共交通服务，使他们能充分参与家庭和社区生活，参与影响他们权利的政治活动。苗元江等（2013）认为，积极心理、身体健康、社会关系、社会活动参与四种影响因素之间存在相互作用。邬沧萍（2013）指出，健康、保障、参与三位一体的最优结合是实现"积极老龄化"的关键，但他并没有阐释三者应如何结合。

我国也高度重视促进老年人的经济社会参与。早在1983年国务院批复

---

① 资料来源：联合国秘书长安南在联合国第二届世界老龄大会开幕式上的讲话.[EB/OL].(2002-04-08), (2022-03-01). http://www.un.org/chinese/events/ageing/docs.htm.

的《关于我国老龄工作中几个问题的请示》中提出的两个"老有"就包括"老有所为"。《"十三五"国家老龄事业发展和养老体系建设规划》第九章"扩大老年人社会参与"中也提出，培育积极老龄观，引导全社会正确认识、积极接纳、大力支持老年人参与社会发展。老年人仍是我国社会财富的创造者和社会发展的积极贡献者(陈爱华，2020)。老年人的人生阅历积累带来的经验和智慧可以进一步为社会做贡献，完全可以组织起来，继续为社会创造财富(吴江，2011)。积极老龄化的目的在于促进我国老年人与社会的融合，不仅承认老年人的积极品质，并将其转化为社会发展动力(宋卫芳，2016)。目前，我国已基本实现了"老有所养、老有所医"目标，但在"老有所乐、老有所为、老有所教、老有所学"方面进展缓慢(阳义南，2020)。由于机会和资源有限，为培育年轻一代，老年人的就业和教育都遭遇了困境，还没找到促进老年广泛参与的有效办法(陈社英等，2010)。

在上述对"健康""保障""参与"结构关系的理论分析或预判的基础之上，学者们也开展了丰富的实证检验研究。田艳芳(2010)、方涛和易润(2015)利用CHARLS两期预调查数据检验发现，健康是影响老年人继续从事劳动的重要因素，包括社会健康、一般健康和疾病史、生活方式和健康行为、身体功能障碍以及精神和心理等五个健康指标。李翌萱(2016)利用2010年中国妇女社会地位调查数据分析了65岁以上老人经济活动参与，发现老人经济活动参与度不高，多为满足基本生活需要的消极型参与，自评健康对老人经济活动参与具有显著正向影响，社会养老保险也具有显著正向影响，而医疗保险无显著影响。童玉芬和廖宇航(2017)利用2014年CLHLS数据发现，健康状况与老年人参与正相关，且影响具有城乡、性别、年龄的异质性。邓力源等(2019)利用2011年和2013年CHARLS数据发现，自评健康和生活自理能力对老年人劳动参与具有显著正向影响，而慢性病、心理健康等具有负向影响，养老保险具有显著正向影响，但医疗保险的影响不显著。邓力源等(2019)和李翌萱(2016)的研究都发现养老保险有显著影响，但医疗保险影响不显著，意味着经济动机可能是老人劳动参与的重要原因，但他们的解释变量都是虚拟变量(是否有养老保险)，并未检验养老金水平高低的影响。谢立黎和汪斌(2019)利用2014年CLASS数据根据老人参与经济、社会、政治和家庭活动的情况，运用潜类别模型将老人分为高参与、低参与、家庭照顾型三类模式。尽管他们对"参与"的测量很全面，但仅用于对老人归类，而未进一步分析"参与"的影响因素。于泽浩（2019）的研究还揭示了经济、健康会显著影响老年人的参与意愿。

对老年人政治参与、志愿活动等参与形式的实证研究则较为少见。刘岚等（2017）利用 2000 年、2006 年、2010 年中国城乡老年人口状况调查的三期北京数据检验了老年人参与家庭生产活动状况，发现参与比例在下降，并发现养老金收入、是否有医保没有显著影响，但社会救助收入增加会显著降低老年人做家务的概率。他们解释为接受社会救助的老年人缺乏做家务的能力。张祥晶（2018）利用第三期中国妇女社会地位调查（涉及浙江省 422 个 65 岁以上老年人个体），发现老年人政治参与具有城乡"一高一低"特征，选举参与水平较高，但决策参与水平较低，健康状况是政治参与的前提因素。于泽浩（2019）基于 2015 年第四次中国城乡老年人生活状况抽样调查数据分析发现，良好的经济、健康状况会促进老年人志愿服务的参与意愿，但他没有进一步检验参与"意愿"是否会影响老年人最终的参与行为。

总体而言，学者们实证检验了"健康""保障"对老年人"参与"的定量影响，但往往聚焦于老年人的经济活动参与，很少检验政治参与、社区或社会志愿服务等其他活动。前文已述，"健康""保障""参与"都是多维多指标的。而现有研究都是考察某一个代理变量，或尽管使用了几个指标但却分开——研究。这些操作办法很难反映我国老年人"健康""保障""参与"的整体面貌，以及三者的影响效应和它们之间的作用机制。

第 3 节　研 究 设 计

（一）理论框架

基于已有文献结果，本章提出如图 14-1 所示的结构关系理论模型。图中，"健康""保障"为外生变量，"意愿"为内生中介变量，"参与"为内生结果变量。相比已有研究，图 14-1 理论模型的改进之处在于，对"健康""保障""参与"都使用了多指标测量的潜变量，还考虑了"意愿"的中介效应，能更全面地考察"参与"的多维特征，以及"健康""保障"影响老年人"参与"的路径机制、影响效应。

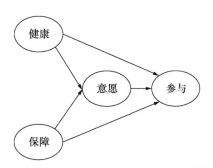

图 14-1 积极老龄化的健康—保障—参与结构关系模型

(二) 数据来源

本章选用的样本数据源自 CLASS。本章使用的是 2014 年第一次全国基线调查数据,从 2014 年 5 月开始到 2014 年 11 月结束,共完成居民问卷 11510 份。

(三) 变量选择及测量

为更全面反映"健康""保障""意愿""参与"的多维属性,减少测量误差,对它们都采用多指标测定的潜变量。测量指标及其变量含义如下:

(1) 健康:采用 3 个测量指标变量。第一,主观自评健康。您觉得目前的身体健康状况怎样?回答选项为很不健康、比较不健康、一般、比较健康、很健康,设置为取值 1、2、3、4、5 的有序分类型变量。第二,基本活动能力。询问了 11 个问题,包括:您能自己打电话、收拾干净整齐、穿衣服、洗澡、吃饭、吃药、有小便失禁、有大便失禁、上厕所、移到床边椅子、室内走动吗?回答选项为完全做不了、需要一些帮助、不需要别人帮助,分别赋值为 1、2、3,再对这 11 个变量求和。第三,日常生活能力。询问了 9 个问题,包括:您能上下楼梯、摔倒过、在外面行走、乘坐公共交通工具、购物、管理自己钱财、提起 10 斤重东西、做饭、做家务吗?回答选项为完全做不了、需要一些帮助、不需要别人帮助,分别赋值为 1、2、3,再对这 9 个变量求和。

(2) 保障:采用 3 个测量指标变量。第一,社会保障收入。询问了 10 个问题,包括:城镇职工基本养老金、机关事业单位离退休金、城镇居民养老保险金、农村养老保险金、城乡无社保居民养老金、低保金或贫困救助金、高龄津贴、居家养老服务补贴、计划生育家庭扶助金、政府其他救助。我们对这10种收入来源进行求和,得到该老人的社会保障收入。第二,老人社会优待。询问以下问题:您在本地是否享受过免费乘坐公交车、游览公园等老年人优待?回答选项为是、否,设置为取值0、1的虚拟变量。第三,社区养老设施。询问以下问题:您所在的社区是否有以下活动场所或设施,包括7项:老年活动室、健身室、棋牌室、图书室、室外活动场地、其他、都没有?回答选项为有、没有,分别赋值1、0。对这7个题目进行求和,得到0、1、2、3、4、5、6。由于取值为6的个体只有9个,故归入5这一类。

(3) 意愿:采用4个测量指标变量。询问:"您觉得以下描述是否符合您当前的实际情况?"包括4个小问题:如果有机会,乐意参加村/居委会的某些工作,常常想再为社会做点事,喜欢学习,善于主动获取新信息。这4个问题的回答选项都是完全不符合、比较不符合、一般、比较符合、完全符合。我们将其设置为取值1、2、3、4、5的四个有序分类型变量,并命名为服务社区、服务社会、学习知识、获取信息。

(4) 参与:采用3个测量指标变量。第一,志愿活动。询问:在过去3个月,您是否参加过以下活动,包括8类:社区治安巡逻、照料其他老人、环境卫生保护、调解纠纷、陪同聊天、专业服务、照看别人家小孩、其他?这些问题的回答选项为:曾经参加过、从没参加过,分别赋值为1、0。对这8个问题的回答结果进行加总,得到0、1、2、3、4、5、6,代表没有参加过(这3个月内没有参加过、从没有参加过),参加过其中的1、2、3、4、5、6项活动。由于取值5、6的观测个体较少(分别只有10个、3个),故将取值5、6的并入取值4这一类。第二,有酬工作。询问:目前您是否从事有收入的工作或活动?回答选项为是、否,分别赋值为1、0。第三,投票选举。询问:近3年您是否参加过本地居民委员会或村民委员会的投票选举?回答选项为是、否,分别赋值为1、0。

"健康""保障""意愿""参与"四个测量指标变量的描述性统计结果如表14-1所示。

表 14-1　测量指标变量的描述性统计结果

变量	N	mean	sd	min	max
基本活动能力	11377	31.93	2.690	11	33
日常生活能力	11281	25.24	3.290	11	27
主观自评健康	11311	3.210	1.110	1	5
服务社区	8538	2.930	1.460	1	5
服务社会	8532	2.960	1.340	1	5
学习知识	8592	2.930	1.370	1	5
获取信息	8552	3.240	1.310	1	5
志愿活动	11496	0.270	0.610	0	4
投票选举	11488	0.460	0.500	0	1
有酬工作	11503	0.190	0.390	0	1
老人社会优待	11479	0.290	0.460	0	1
社区养老设施	11484	1.190	1.450	0	5
社会保障收入(元/月)	11511	1119	1434	0	14400

表 14-1 的基本活动能力、日常生活能力、主观自评健康的均值都较高,反映出被访老人有较高水平的躯体功能和生活自理能力。测量"意愿"的 4 个指标变量中,获取信息的均值最高。测量"保障"的指标中,能获得老人社会优待的有 29%;社会保障收入的均值为 1119 元/月,但仍有 9.56% 的老人没有任何社保收入。从图 14-2 可知,社区没有提供活动场所或设施的占 42.07%,提供 1 项的占 26.99%、提供 2 项的占 13.47%、2 项以上的只有 17.47%。测

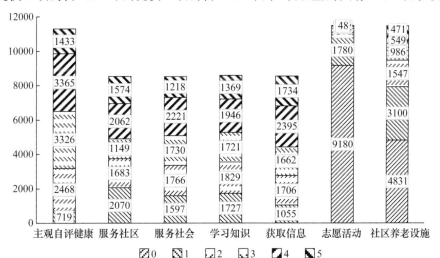

图 14-2　分类型指标变量柱形图

量"参与"的指标变量中,老人目前从事有酬工作的比例为 19%,参加过投票选举的比例为 46%,但覆盖社区治安巡逻、照料其他老人等广泛内容的"志愿服务"比例均值只有 27%。没有参加过志愿活动的为 9180 人,占 79.85%,参加过 1 项的有 15.48%,而参加过 2 项以上的仅有 4.66%。这说明我国老人的志愿活动参与程度较低。

(四) 结构方程模型

由于"健康""保障""参与""意愿"都是潜变量,对应使用结构方程模型(structural equation modelling,SEM)来估计。结构方程模型由反映潜变量之间关系的结构模型和测量潜变量的测量模型两个部分构成。其中,结构模型矩阵方程如下:

$$\eta = B\eta + \Gamma\xi + \zeta \tag{14-1}$$

具体可写为:

$$\begin{bmatrix} \eta_1 \\ \eta_2 \end{bmatrix} = \begin{pmatrix} 0 & 0 \\ \beta_{21} & 0 \end{pmatrix} \begin{bmatrix} \eta_1 \\ \eta_2 \end{bmatrix} + \begin{pmatrix} \gamma_{11} & \gamma_{12} \\ \gamma_{21} & \gamma_{22} \end{pmatrix} \begin{bmatrix} \xi_1 \\ \xi_2 \end{bmatrix} + \begin{bmatrix} \zeta_1 \\ \zeta_2 \end{bmatrix} \tag{14-2}$$

式中,η_1 为内生中介变量"意愿",η_2 为内生结果变量"参与",β_{21} 代表"意愿"对"参与"的影响效应,外生潜变量 ξ_1、ξ_2 分别为"健康""保障",γ_{11}、γ_{12}、γ_{21}、γ_{22} 分别代表外生潜变量"健康""保障"对内生变量"意愿"和"参与"的影响效应,ζ_1、ζ_2 是两个内生变量"意愿"和"参与"的预测误差。

测量模型矩阵方程为:

$$Y = \Lambda_y \eta + \varepsilon \tag{14-3}$$

$$X = \Lambda_x \xi + \delta \tag{14-4}$$

式(14-3)是内生潜变量测量模型。向量 Y 包括测量内生中介变量"意愿"的 4 个指标:服务社区 y_1、服务社会 y_2、学习知识 y_3、获取信息 y_4;测量内生结果变量"参与"的 3 个指标:有酬工作 y_5、投票选举 y_6、志愿活动 y_7。Λ_y 是载荷系数矩阵,ε 为测量误差。式(14-4)是外生潜变量测量模型。向量 X 包括测量"健康"的 3 个指标:自评健康 x_1、基本活动能力 x_2、日常生活能力 x_3;测量"保障"的 3 个指标:社会保障收入 x_4、老人社会优待 x_5、社区养老设施 x_6。Λ_x 是载荷系数矩阵,δ 为测量误差。

第4节 实证结果分析

（一）基本估计结果

Stata 软件对 SEM 的默认估计方法是极大似然估计 MLE。在大样本情况下，即使测量指标不服从正态分布，MLE 的估计结果仍是无偏、渐近有效的（West et al.，1995；王孟成，2014）。故而选用 MLE 法来估计本章的 SEM。考虑到模型测量指标中有 3 个二值变量，也报告了 Satorra-Bentler 标准误。当指标变量非正态时，Satorra-Bentler 标准误更稳健（Satorra and Bentler，1994）。结果如表 14-2 所示。

表 14-2 模型极大似然估计结果（$N=8061$）

模型		(1) OIM 标准误	(2) Satorra-Bentler 标准误
A. 结构模型			
	健康→参与	0.1198*** (10.14)	0.1198*** (14.58)
	健康→意愿	0.6315*** (16.53)	0.6315*** (16.87)
	保障→参与	−0.0001*** (−16.53)	−0.0001*** (−22.14)
	保障→意愿	0.0002*** (11.62)	0.0002*** (11.87)
	意愿→参与	0.0518*** (7.31)	0.0518*** (10.37)
B. 测量模型			
参与	有酬工作	1.000 (.)	1.000 (.)
	常数	0.1995*** (44.65)	0.1995*** (44.82)
	投票选举	0.1501*** (4.09)	0.1501*** (4.73)
	常数	0.4929*** (88.51)	0.4929*** (88.51)
	志愿活动	0.2526** (2.20)	0.2526*** (5.48)
	常数	0.2960*** (41.07)	0.2960*** (41.08)

（续表）

模型		(1) OIM 标准误	(2) Satorra-Bentler 标准误
健康	主观自评健康	1.000 (.)	1.000 (.)
	常数	3.3290*** (277.91)	3.3290*** (277.90)
	基本活动能力	2.6902*** (32.17)	2.6902*** (17.93)
	常数	32.4645*** (1862.10)	32.4645*** (1861.98)
	日常活动能力	5.2608*** (28.59)	5.2608*** (26.60)
	常数	25.9187*** (980.61)	25.9187*** (980.55)
意愿	服务社会	1.000 (.)	1.000 (.)
	常数	2.9728*** (199.88)	2.9728*** (199.47)
	服务社区	0.9473*** (55.67)	0.9473*** (45.84)
	常数	2.9340*** (180.55)	2.9340*** (180.27)
	学习知识	0.7542*** (34.25)	0.7542*** (45.28)
	常数	2.9412*** (192.77)	2.9412*** (192.55)
	获取信息	0.6009*** (28.87)	0.6009*** (36.67)
	常数	3.2569*** (223.04)	3.2569*** (222.85)
保障	社会保障收入	1.000 (.)	1.000 (.)
	常数	1335.6962*** (79.89)	1335.6962*** (79.89)
	老人社会优待	0.0002*** (21.89)	0.0002*** (26.38)
	常数	0.3292*** (62.90)	0.3292*** (62.90)

(续表)

模型		(1) OIM 标准误	(2) Satorra-Bentler 标准误
	社区养老设施	0.0004*** (19.67)	0.0004*** (22.67)
	常数	1.3208*** (82.06)	1.3208*** (82.06)

C. 拟合指标：$ll=-201259.01$；$SRMR=0.072$；$R^2_{意愿}=0.094$；$R^2_{参与}=0.332$；$R^2_{总模型}=0.969$

注：每个潜变量第 1 个测量指标的载荷系数默认为 1，括号内为 z 值，**、*** 分别代表 5% 和 1% 水平上显著。

从表 14-2 的估计结果来看，4 个潜变量的测量指标载荷系数都在 1% 水平显著。由于指标变量都是正向测量的，对应的载荷系数也都为正数，说明 4 个潜变量的测量模型是成立的。"健康""参与""保障"可以解释"参与"方差的 33.2%。整个模型的 R^2 系数为 0.969。比较模型(1)和模型(2)可知，MLE 得到的参数估计值是一样的，但标准误不同。Satorra-Bentler 标准误更小，从而相应的 z 值更大，且显著性水平更高。根据推断统计量的有效性原则，选择标准误更小的模型(2)的估计结果予以分析。

从估计系数来看，健康对老人"参与"具有显著为正的促进作用，老人"健康"每提高 1 个单位，老人"参与"提高 11.98%；"健康"对老人参与"意愿"也具有显著的正向促进作用，"健康"每提高一个单位，参与"意愿"提升 63.15%，而"意愿"也对"参与"具有 1% 水平的显著促进作用。这说明"健康"不仅能提升老人的"参与"行为，也能提升参与"意愿"，并最终促进老人的实际参与，包括有酬工作、投票选举、社区志愿活动等行为。本章模型所得"健康"的影响效应和其他学者的结果是一致的。

"保障"对"参与"具有 1% 水平的显著负向影响，老人"保障"每提高 1 个单位，老人"参与"将下降 0.01%。尽管该负向影响效应的系数较低，但仍应引起重视和思考。对美国老年职工的研究发现，经济动机是老人退休后就业参与的最主要动机(Quinn and Kozy，1996；Cahill et al.，2006)。我国学者的研究也发现，大多数老人再就业的主要动机是增加收入，而经济状况好的职工再就业意愿就没那么强了(张翼，2000；王海燕，2006)。李翌萱(2016)的分析也发现，老人经济参与多为满足基本生活需要的消极型参与。本章测量"保障"的三个指标分别为社会保障收入、老年社会优待、社区养老设施，偏向经济、服务、设施等"物质保障"方面。这些指标的影响系数为负,意味着物质保障水平不宜过高,不能以最优化、最大化为政策导向,而应坚持"适度"保障水平。

于泽浩(2019)研究发现,良好的经济、健康状况会促进老人志愿服务的参与意愿,但没有进一步检验"意愿"会否影响老人的参与行为。表14-2的估计结果显示,"健康""保障"对"意愿"具有显著正向影响,而"意愿"对"参与"又具有显著正向影响。这说明更好的健康、保障可以通过提升参与意愿的间接作用来促进老人的参与行为。

从实证结果可知,"保障"对老人"意愿"和"参与"的影响系数是相反的,说明提高物质保障水平确实有助于提升老人的参与意愿,但对实际参与的影响效应却又为负,现实中我国老人的参与率也确实偏低。这说明经济保障因素只是老人考虑"参与"的一个方面原因,老人作出参与决策还会考虑社会公正、危机救援、防止被虐待、权益维护等其他条件。这也启示我们仅仅注重对老人"参与"的经济、物质、设施等"硬"保障是不够的,还应注重老年人力资源规划、教育培训、就业政策、权益保障、爱好兴趣培育等精神、文化、法律保障,这样才能进一步将老人的参与意愿转变为最后的参与行为。

为得到"健康""保障""意愿"影响"参与"的总(净)效应,本章使用路径图的形式报告了三者影响效应的标准化系数。如图14-3所示。

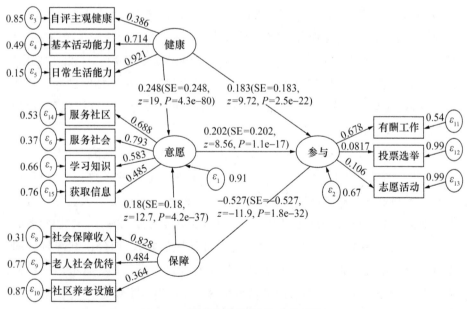

图14-3 模型估计结果(标准化系数)

从图 14-3 的标准化系数可知,"健康"对"参与"既有直接的正向效应(0.183),也有间接的正向效应,即健康→意愿→参与(0.248×0.202＝0.05),二者之和为 0.233;"保障"对"参与"既有直接的负向影响(-0.527),也有间接的正向效应,即保障→意愿→参与(0.18×0.202＝0.036),二者之和为-0.491。由于二者都是标准化系数,对比可知,"保障"对"参与"的负面效应大于"健康"的促进作用。就本章使用的 2014 年 CLASS 数据而言,"健康"与"保障"的影响效应抵消之后,总体上对老人"参与"的净效应为负。这启示我们还需要进一步提升老人的健康水平。据健康中国行动推进委员会披露,2018 年中国人均预期寿命为 77 岁,其中健康预期寿命为 68.7 岁,老人大约有 8.3 年是在带病生存,其中失能老人 4000 万人,完全失能老人 2000 万人。另患有 1 种及以上慢病的老人有 1.8 亿人,比例达 75%。[1] 我国还需通过多种举措提升老人的内在能力、改善支持性环境,以延长老人的健康预期寿命,提升老人生活自理能力,促进老人功能发挥。同时,要坚持适度的物质保障水平,大力发展精神、文化、社会、法律、社会组织等非物质保障内容,从而在更大程度上将保障提升老人"意愿"转为实际的参与行为。

(二) 多组比较结果

1. 按年龄分组

相比年轻人,老年人的躯体功能差异要大得多,有的老人已经失能,有的老人体力脑力还和年轻人接近(WHO,2016);并且随着增龄,老人的个体差异还呈增大的趋势(WHO,2002)。为考查老人"参与"差异性,我们进一步使用多组比较的结构方程模型进行估计。以 5 年期为一间隔,将老人按年龄分为 60—64 岁、65—69 岁、70—74 岁、75—79 岁和 80 岁以上共五组。由于随着老人年龄增加,数据缺失会增多,为减少缺失值的影响,我们使用保留缺失值极大似然估计(maximum likelihood with missing values,MLMV)方法。MLMV 是一种完全信息估计法,不会删除有数据缺失的样本观测值,而是根据数据的实际缺失类型,提出修正的对数似然函数[2],做到对全部样本观测值的极大似然估计(易丹辉,2008;Acock,2013;王孟成,2014)。估计结果如表 14-3 所示。

---

[1] 数据来源:《健康中国行动推进委员会办公室 2019 年 7 月 29 日新闻发布会文字实录》。
[2] 修正的对数似然函数见易丹辉(2008)。

表 14-3 按年龄分组的多组比较估计结果（$N=11510$）

模型 年龄组别	(3) 60—64 岁	(4) 65—69 岁	(5) 70—74 岁	(6) 75—79 岁	(7) 80 岁以上
A. 结构模型					
健康→参与	0.1598*** (6.77)	0.0748*** (4.11)	0.1049*** (4.88)	0.1045*** (4.45)	0.1145*** (4.82)
保障→参与	−0.0002*** (−7.88)	−0.0001*** (−6.51)	−0.0001*** (−8.18)	−0.0001*** (−6.51)	−0.0001*** (−4.61)
健康→意愿	0.3493*** (2.98)	0.5992*** (4.43)	0.7331*** (5.83)	0.9595*** (8.69)	0.6869*** (10.67)
保障→意愿	0.0005*** (7.18)	0.0003*** (8.35)	0.0001*** (4.09)	0.0000 (0.18)	−0.0001 (−1.55)
意愿→参与	0.1082*** (5.03)	0.0715*** (3.37)	0.0439*** (2.64)	0.0236** (1.99)	0.0093 (1.08)
B. 测量模型	略	略	略	略	略
N	3616	2399	1950	1690	1855
R^2	0.977	0.963	0.965	0.972	0.972

注：参数估计方法为 MLMV，稳健标准误，括号内为 z 值，**、***分别代表 5% 和 1% 水平上显著。

表 14-2 使用 ML 法删除缺失值后只有 8061 个样本，而表 14-3 使用 MLMV 法一共有 11510 个样本。这能更充分地提取出样本中所含的总体信息，提高了统计推断的质量（何晓群，2015）。

从表 14-3 的估计结果可以看出，"健康"对老人"参与"的影响在 5 个年龄组中都在 1% 水平显著为正，并且"健康"对"意愿"的促进作用随着年龄的增加而增强，直到 80 岁以上才开始减弱。这表明只要健康条件许可，老人的参与意愿及行为仍保持活跃，充分说明了健康对老人参与的基础性支撑作用。"保障"对"参与"的影响在 5 个年龄组中也依然显著为负，说明收入等物质保障水平越高，越会降低各个年龄段老人的参与度。"保障"对"意愿"的影响在前 3 个年龄组显著为正，但在 75—79 岁、80 岁以上这两个组变得不再显著。这说明 75 岁以上的高龄老人更倾向于"安享晚年"，提高物质保障待遇不再能提升他们的参与意愿。"意愿"对"参与"的影响在前 4 个年龄组中的系数逐渐降低，说明意愿转变为参与行为的可能性随着年龄的增加而减弱。到了 80 岁以上这一组，"意愿"对"参与"的影响变得不再显著，说明高龄老人在参与上已是"有心无力"。

2. 按性别分组

性别是积极老龄化政策的一个"透镜"。由于女性预期寿命更长,老龄化甚至被称为女性化过程,尤其是高龄女性化的特征更为突出(WHO,2002)。女性在老年期遭受贫困、残疾、社会隔离等的可能性比男性更大。为考察老年人参与的性别差异,我们还基于性别采用了多组比较结构方程模型来进行估计。估计方法仍为 MLMV。估计结果如表 14-4 所示。

表 14-4 按性别分组的多组比较估计结果($N=11510$)

模型	(8)	(9)
组别	女性	男性
A. 结构模型		
健康→参与	0.0693*** (6.48)	0.1068*** (8.13)
健康→意愿	0.6626*** (12.33)	0.7429*** (11.10)
保障→参与	−0.0000*** (−8.61)	−0.0001*** (−9.43)
保障→意愿	0.0002*** (8.93)	0.0001*** (7.58)
意愿→参与	0.0267*** (3.31)	0.0515*** (4.35)
B. 测量模型	略	略
N	5945	5479
R^2	0.993	0.988

注:参数估计方法为 MLMV,稳健标准误,括号内为 z 值,*** 代表 1% 水平上显著。

从表 14-4 可知,相比女性老人,"健康"对男性老人的"意愿""参与"的影响效应都要更大,而"保障"对男性老人的"意愿""参与"的影响效应都要更小。这说明男性老人的"参与"更依赖于"健康",而女性老人的"参与"更取决于物质"保障"条件。"意愿"对男性老人的影响效应要大于女性老人,说明男性老人的"意愿"会在更大程度上转化为"参与"行为。家庭中男性作为户主,只要健康条件允许,参与程度会更高、时间会更久。而女性老人需要照顾孙子女和老伴、承担家务等,相比更看重物质条件的吸引力,且"意愿"变为"参与"行为的可能性更低。

第5节 结论与政策建议

《中华人民共和国老年人权益保障法》提出:"国家和社会应当重视、珍惜老年人的知识、技能、经验和优良品德,发挥老年人的专长和作用,保障老年人参与经济、政治、文化和社会生活。"2016年,习近平总书记在中共中央政治局第三十二次集体学习时也强调:老年是人的生命的重要阶段,是仍然可以有作为、有进步、有快乐的重要人生阶段,要着力发挥老年人积极作用。如何在积极老龄化政策框架体系下,统筹安排我国的健康、保障、参与等政策体系,无疑具有重要的理论和实践价值。而来自定量实证研究的经验证据则能为相关政策制定实施提供更量化、精细的指引和参考。

本章基于中国老年社会追踪调查数据定量解析了"健康""保障"对"参与"的作用机制、影响效应。从实证结果可以得出如下结论:第一,健康不仅能提升老人"参与"行为,也能提升其参与"意愿",最终促进老年人的实际参与。第二,"保障"会显著正向影响老年人的参与"意愿",而"意愿"又会显著正向影响其"参与",说明提高物质保障水平确实有助于提升老年人的参与"意愿",但"保障"对"参与"的直接影响却显著为负,说明物质保障只是老年人"参与"的一个考虑因素。老年人还会考虑社会公正、危机救援、防止被虐待、权益维护等其他条件。第三,对比标准化系数可知,"健康"与"保障"的影响效应抵消之后,总体上对老人"参与"的净影响效应为负。第四,分组来看,健康对老年人"参与"的影响在5个年龄组都显著为正,并且对"意愿"的促进作用随着年龄增加而增强,直到80岁以上才开始减弱。"保障"对"参与"的影响在5个年龄组也依然显著为负,"保障"对"意愿"的影响在前3个年龄组显著为正,但对75—79岁、80岁上两个组的影响不再显著。这说明75岁以上老年人倾向于"安享晚年"。分性别来看,男性老年人"参与"更依赖于"健康",而女性老年人"参与"更取决于物质"保障"。相比女性老年人,"男性"老年人的"意愿"会在更大程度上变成实际"参与"行为。

基于实证结果,本章得出如下政策建议:第一,促进实现老年人健康生活,进一步延长老年人健康预期寿命,提升老年人生活自理能力;第二,对老年人的物质保障必须坚持"适度"原则,而不是"最优"原则,要更注重发展精神、文化、社会、法律、社会组织等非物质保障内容;第三,促进老年人参与,发掘老年人力资源价值,应以年轻老年人为重点,而对高龄老年人则应侧重于促其"安享晚年";第四,物质保障的激励政策更能促进女性老年人参与,而促进男性老年人参与的政策应注重提高健康水平,促进功能发挥。

第15章
老年职工就业促进政策与企业管理制度变革

第1节 引　言

2021年第七次全国人口普查数据显示,60岁以上人口已有2.6亿人,占总人口的18.7%。① 预计2025年将突破3亿人,2053年将达到4.87亿峰值(李纪恒,2020)。受人口老龄化趋势的影响,企业员工的年龄结构也将逐渐老化。以深交所上市公司为例,2010年以来30岁以下员工的占比逐年下降,30—50岁、50岁以上员工占比则逐年递增(张敏,2017)。鉴于人均预期寿命提高、受教育年限增加、生育率下降等因素,经过10多年的酝酿期,我国在2021年《"十四五"规划》中正式提出"逐步延迟法定退休年龄,促进人力资源充分利用"。延迟退休将使企业组织、用人单位的员工结构更趋向中高龄化。

传统刻板印象认为,年长职工体弱多病、行动迟钝、记忆力差、保守、固执、跟不上时代步伐(罗国立,2016)。老年歧视(ageism)被列为与种族歧视、性别歧视并列的社会三大歧视(Maddox,1995)。为化解延迟退休带来的成本增加,企业有可能采用招募冻结、退休返聘、非全日制用工、劳务外包等方式来减少正式员工,甚至利用并购重组等机会裁员、提前解聘,把年长员工推给社会(郭正模和张玮,2012;罗燕,2013;丁亮,2019)。这会导致部分员工陷入既找不到工作又领不到养老金的困境,不仅损害员工权益,还可能影响社会稳定。

可见,延迟退休能否"落地",能否顺畅实施,关键在于能否确保年长职工的就业延续性,能否实现更长时间的就业,相应就需要劳动就业市场的改革建设,需要企业人力资源管理活动的积极干预。现有研究都是从养老金、就业等公共政策或劳动者个体角度展开研究,极少有学者从就业市场、企业组

---

① 数据来源:《2019年我国卫生健康事业发展统计公报》。

织等机构层面探讨年长职工就业、人力资源开发,以及伴随实现的退休年龄延迟。

本章梳理总结了国内外的年长职工就业市场建设,以及企业组织雇用年长职工、营造年龄多元化工作氛围、开发和管理老年人力资源等典型案例及经验做法。本章研究可为我国延迟退休改革在企业组织、员工层面"落地"提供更细化的决策依据,并有助于企业组织降低老龄化不良影响,最大限度发掘年长职工"智慧红利"。

第 2 节　年长职工的就业市场

(一) 打造"年龄友好"型就业市场

早在 2002 年,《马德里国际老龄行动计划》就提出"老年人有机会根据自己的意愿和能力决定满意而有效的工作年限,并继续享有受教育和培训的权利;只要老年人有工作能力,就应该允许他们想工作多少年都可以"。这包括一直工作到法定年龄退休、延迟退休,或退休后的再就业,从事正规或非正规的工作。在老龄化时代,需要建立一个灵活公平的"年龄友好"型就业市场,基于专业知识、技能水平、经验与资历进行招聘,而不是年龄歧视;营造老龄劳动者自主就业和创业的氛围,保障老龄劳动者的就业权利,为老年人就业提供更多的平台、机会和资源。政府可以采取免除部分税负、发放补贴或奖励、直接购买产品或服务等多种方式鼓励企业保留、培训、雇用年长职工(WHO,2016)。

国际上,日本企业一向有重用长期任职员工的传统,只要员工愿意,到了退休年龄也不必强制离开。不少日本企业还聘用退休人才,如保圣那(Pasona)猎头公司一共雇用了 80 名老龄顾问,在经营、财务、观光设施运营、创业等领域发挥工作经验优势。该猎头公司还为老龄顾问举办入职仪式以表重视。① 韩国的 EverYoung 公司只招聘老年人,目前拥有 420 名老年员工,最低年龄为 55 岁,工作内容是对 Naver Maps(本土搜索引擎公司)的敏感信息进

---

① 日本保圣那公司为 65 名老龄员工举办新入职仪式 最大年龄 70 岁[EB/OL]. (2019-03-28),(2022-03-01). http://japan.people.com.cn/n1/2019/0328/c35421-31001316.html.

行审查,对博客平台进行内容监管。①

(二)拓宽年长职工的就业渠道

相比中青年职工,老年职工的谋职方式更被动,渠道更少。就业市场中,需要架起中老年谋职群体与企业组织之间的桥梁。日本为解决伴随老龄化的劳动力下降问题,在全国设立了 900 个银发散工派遣站来为劳动力不足的各行业安排老龄人手。例如,1983 年成立了最著名的老年人招聘场所——福冈市老年人才中心,为老年人提供再就业咨询和中介服务。在派遣站登记愿意打临时工的 65 岁以上老人有 73 万人。②另外,日本也有专门猎聘退休人才的猎头公司——高龄人才。该公司采取会员制,主要业务是帮助注册的老龄会员寻找工作机会。目前,注册退休人员有 750 人,平均年龄 69 岁,其中年龄最大的 81 岁,可以选择 30 多个工种,包括接待员和私人司机等。③在韩国,政府通过组织"银发招聘会"等措施推动老年人就业。在美国也有"美国退休人员协会",旨在为退休老人提供工作机会和其他就业帮助。我国香港向来重视宣传和帮助长者就业,定期举办"长者就业博览会",发布关于医护、销售、文职、餐饮和安保等岗位的招聘信息(陈薇,2018)。

智能时代还催化了网络招聘。早在 2000 年,丹麦国家劳动力市场委员会就在全国建立了 25 个求职网站,专为 50 岁以上中老年人提供本地的免费就业服务(Cook,1999)。我国针对中老年人择业的招聘软件、网络渠道较少。比较有代表性的是"全国离退休人才网",专门致力于中老年人网络招聘,一方面为企业提供招聘中老年人的信息发布渠道,另一方面给予中老年人公开个人简历主动求职的机会,主要岗位有焊工、花卉种植员、厨师、保洁员等。面对四通八达的网络招聘,中老年求职群体由于不了解、不适应,往往沦为使用网络的边缘群体,陷入智能招聘的困境。企业人力资源(HR)通过网络招聘中老年人的效率和效果都不尽如人意。可以预见,随着未来中老年人的文化水平和网络化程度越来越高,主流的招聘软件和网站都将更多涉及中老年人招聘。年长职工的就业渠道如表 15-1 所示。

---

① 惊呆了!这家 IT 企业只招聘 55 岁以上的员工[EB/OL].(2017-06-22),(2022-03-01). https://www.sohu.com/a/151139259_505825.
② 日本老龄员工月薪资不到 500 新元 新加坡算不错了[EB/OL].(2019-08-21),(2022-03-01). https://mp.weixin.qq.com/s/DYCpajb4fu2ljCiuEYMG-g.
③ 日本银发族现"就业潮" 退休老人兼职赚钱[EB/OL].(2020-02-13),(2022-03-01). https://mp.weixin.qq.com/s/_IQ8oesnudt2uxq3tI43Rg.

表 15-1 年长职工的就业渠道

招聘渠道	例子	目前使用程度	适合招聘的岗位类型	特点
伯乐推荐	内部员工推荐认识的中老年人	此渠道应用较为广泛	轻劳动、低技术劳动	推荐人选精准度高、意向度高、招聘效率高且成本低
政府中介	日本的"老年人才中心"、韩国的"银发招聘会"	老龄化程度严重的发达国家使用此渠道较多,我国目前使用较少	轻劳动、低技术劳动	推荐人选数量多且成本低,适用于技术含量低的岗位
猎头中介	日本猎头"高龄人才"	老龄化程度严重的发达国家使用此渠道较多,我国目前使用较少	重视知识、经验、技能	招聘周期较长、成本较高,适用于技术含量高的岗位
企业官方招聘门户	公司招聘官网、公司公众号	目前较少使用此渠道,有待发展	要求具有较高的文化程度	招聘周期长但成本低、传播度低、候选人数量少
招聘网站或软件	全国离退休人才网、智联招聘、58同城、BOSS直聘	老龄化程度严重的发达国家使用此渠道较多,我国目前使用较少	要求具有较高的文化程度	招聘周期长、传播度高、候选人数量少但意向度高
职场社交软件	领英、脉脉	目前较少使用此渠道,有待发展	要求具有较高的文化程度	招聘周期长、传播度低、消耗HR较大的时间成本

(三)开发适合年长职工的就业岗位

伴随年龄增长,老年员工的身体机能和认知能力下降,工作态度、绩效水平、工作满意度都可能会受到一定影响,难以从事高强度、高难度的工作。并非各行各业的岗位都适合年长职工,目前就业市场中适合年长职工的工作岗位大致可分为三类:

一是知识、经验积累型工作。例如,教师、医生、律师、工程师、咨询顾问等。在我国老年人才需求排序中,排前几位的均属于知识经验型人力资源,分别是具备丰富市场经济知识和营销经验的人才、建筑咨询认证人才、高层次的管理人才、ISO 9000质量体系管理技术人员、副主任医师以上职称的医务人员、教师等(王树新,2005)。老年人力资源在该类岗位中有独特的经验、智力和文化等优势,具备"越老越吃香""姜还是老的辣"特点。这类员工积累了几十年工作经验,50—65岁还处于职业黄金期,到了年龄要退休,职业知识和经验没有得到充分发挥,是一种人力资源浪费。我国体制内一直存在"退而不休"现象。体制外用人单位"退而不休"现象则暂不普遍,一般以智力型劳动力为主的企业更可能支持延迟退休政策(郭正模和张玮,2012)。

二是依赖人脉创造价值的销售工作。例如,金融保险行业的客户经理、医药公司的医药代表、软硬件设备和云厂商的大客户销售等。销售工作业绩很大程度上取决于员工的客户资源,年长职工拥有多年从业经验,积累了大量高价值的人脉资源,也建立了相当的客户信任度,退休后继续从事同类销售工作可以继续发挥所积累的客户资源价值。日本宝丽集团约有5万老年"美容主管",其中约5000人70多岁,约2500人80多岁,约250人90多岁。她们会签署委托销售合同,到公司的主要顾客主妇家登门拜访,建立长期密切的关系。① 日本电子产品零售商野岛也表示,"资深销售人员拥有丰富的产品知识和客户服务技能,是宝贵的资源,如果员工愿意的话,可以让他们工作到80岁"。为留住有经验的员工,该公司已将退休年龄从65岁提高到80岁。①

三是简单、低技术含量的辅助性体力劳动。例如,农业、服务业、家政业、制造业一线工人。该类岗位偏向轻劳动力型,难度小,对员工的学历、专业知识、工作经验等方面要求都比较低。招聘老年员工从事这类工作可以降低企业的用工成本。老年工作者在美国等8个国家的制造业就业比例超过了20%(王树新,2005)。宝马汽车公司于2007年在丁戈尔芬工厂率先打造一个特殊团队——"老员工生产线",专门返聘退休员工从事车间劳动。韩国也早于2001年开设了"银发地铁快递公司",专门招收65岁以上的退休老人送轻便的货物,工作时间一般为早上8点到下午5点。由于韩国65岁以上的人可以免费坐地铁,因此老大爷坐地铁送快递成为一道独特的风景线。② 在我国,由于过去人们受教育程度低,大部分老人只能从事低技术含量的工作,所以招聘老年员工的轻劳动型岗位尤为常见,比如企业的清洁工、楼层管理值班员、门卫安保工作人员、家政或社区服务人员等。

---

① 花式挽留高龄资深员工!日本一企业将退休年限放宽至80岁[EB/OL].(2020-07-28),(2022-03-01). https://t.qianzhan.com/caijing/detail/200728-2d70eb04.html.
② 78岁韩国老人送快递……最近行业发生了这些新鲜事儿[EB/OL].(2018-09-02),(2022-03-01). https://www.sohu.com/a/251453957_165430.

（四）采取灵活多样的就业形式

20世纪60年代，英国阿特金森教授提出的"弹性企业模型"和爱尔兰管理思想大师查尔斯·汉迪提出的"三叶草组织"等观点，成为灵活用工理论的雏形，也为多元化的老年用工方式奠定了理论基础。企业可根据不同时期的事务安排与不同类型的用工需求，采用弹性、多元的用工模式。返聘、劳务派遣、劳务外包、兼职、顾问等是常见的雇佣形式（具体见表15-2）。这种多元化用工方式满足了老年人的特殊工作要求，也满足了企业的弹性用工模式要求，有助于企业长远发展。

表15-2　年长职工的就业形式

用工形式	特点	适合老龄员工的岗位	风控建议
退休返聘	双方建立劳务关系，签订劳务合同；成本低，工作强度低	大学教授、医生、药剂师、管理干部	依法适用劳务关系；适当购买商业保险，降低企业风险
劳务派遣	员工与派遣公司构成劳动关系，签订劳动合同；与用人单位构成用工关系	基层服务人员，如清洁工、保安门卫	明确界定招聘主体和服务主体；书面约定冲突解决办法
劳务外包	退休人员与企业签订劳务合同，属于非企业核心人员，负责处理非核心业务或核心业务中的边缘事务	人事行政或财务会计类的基础岗、教师助理、政府或事业单位助理	避免"假外包、真派遣"的风险
顾问	技术或专业知识经验丰富的人员通过服务形式为企业提供劳动，签订劳务合同	技术顾问、法律顾问、建筑设计顾问、医药顾问	明确顾问是否有规定的服务时长、服务方式、服务成果验收
兼职	提供非全日制非长期固定的服务，签订劳务合同	基层服务人员，如推销员、清洁工、餐饮服务员	明确界定服务时限、薪酬待遇、薪资结算方式；适当购买意外险
互联网平台用工	雇主与劳动者之间不是传统劳动关系，而是合作关系	送货员、外卖员、司机、配音员等零工	保证劳资双方信息对称，意愿合适，避免平台向老年人强制派单
自营劳动者（独立承包人）	个人身份从事职业活动，非劳动关系，与合作企业签订合作合同	独立律师、独立设计师、独立媒体人、自由撰稿人	合同约定双方权利与义务、保密条款

对于技术含量低的简单劳动，企业更青睐通过劳务派遣或外包的方式雇

用中老年人。老年员工通过与派遣单位或外包公司签约，在企业或单位中从事一线服务性质工作，如办公室助理、清洁工、保安门卫等。这种方式既节省了企业的用工成本，也减轻了人力资源部门的招聘和管理压力。对于临时性、非全日制的简单劳务，雇主可以通过兼职的方式聘请中老年员工，如超市促销员、导购员、家政服务人员等。对于知识或技术水平要求高的岗位，企业倾向于通过顾问或返聘的方式雇用老年员工。以顾问为例，老年员工通常以项目咨询或合作的形式为企业提供服务，如腾讯公司以一年一签的形式雇用高校老教授作为项目合作指导顾问，不要求顾问的坐班或投入时间，以项目成果作为顾问考核方式。

另外，互联网平台用工愈益成为新型的用工方式。BBC 报道显示，打零工成为美国退休老人的就业新趋势。专门打零工的美国人中有约 1/3 是 1946 年至 1965 年出生的婴儿潮一代。① 美国热门零工网站"跑腿兔"(Task-Rabbit)和"5 美元服务区"(Fiverr)成为退休老人兼职的集中地。在 Fiverr 自由职业社区中，只要注册成为卖家，就可以在网站上销售个人服务。目前，网站服务十分丰富，热门的岗位包括配音员、视频解说员、翻译、编辑、编程开发、商业咨询等。

随着健康水平提升、预期寿命延长，老年人逐渐从"逢老必病"的刻板印象中走出来，代之以健康、活力、经验丰富的长者形象。在国家即将实施延迟退休背景下，促进年长职工就业，对年长职工人力资源进行开发利用，既可以确保拥有一定量的熟练员工，提升经济与组织效率，也可以通过老年骨干培养后备人才，为组织创造源源不断的人力资本价值。

第 3 节 年长职工的工作环境

年长职工的工作胜任情况受工作时长、工作环境、工作方式等因素的综合影响。当下，以互联网、大数据、云计算和人工智能为依托的数字技术正持续推动我国企业管理的数字化创新，员工的工作内容、办公环境和工作方式也随之被重塑（李茹和赵曙明，2021）。对年长职工，互联网的广泛应用和人

---

① BBC:打零工的老年人越来越多,退休族为什么选择再就业？[EB/OL].(2019-02-19),(2022-03-01).https://www.sohu.com/a/295557177_100022076.

工智能的引入使得他们必须去适应人机交互的工作环境。在企业层面,可为年长职工提供具有针对性的培训、适老化工作环境、弹性工作与休假制度。这对年长职工的职业发展和企业管理都有重要意义。

(一) 打造"适老化"与无障碍工作环境

人与环境的匹配程度影响员工的工作态度、行为及其结果,是雇员择业的重要依据(Darrow and Behrend,2017)。年长职工一般伴随着慢性疾病或隐性健康问题,对工作环境与工具、工作动作与姿势都有一定的特殊要求。工作环境和工作负荷往往是老年人离开工作的主要原因(Wolf and Siedl,2021)。因此,雇用年长职工的公司要关注老年就业群体,做好工作环境的适老化改造,让工作场所适应年长职工,从而提升他们的生产力。宝马公司的老年生产线专门引入 70 项措施,比如办公室配备缓解身体疲劳的智能工作椅,车间里铺设有利于膝关节的软木地板,职工换穿符合人体工学的鞋子,厂房的角落摆放天然绿色植物,聘用专业体能教练带领员工做放松操等。通过人体工程学设计和工作环境改善可以提高生产率,间接鼓励年长职工留在组织(Aaltio,2017)。

(二) 实施人机交互的培训策略

老年人力资源拥有丰富的实践经验、社会资本、知识积累的优势,心理成熟度和稳定性高,但同时也存在劣势,比如对新技术与新事物的接受程度低、思想固化、工作套路老旧等。互联网技术、人工智能、云计算作为社会和科技发展的产物,已成为企业技术创新和变革的核心驱动力。对于年长职工,与新技术交换信息、熟悉新系统运行方式的能力越来越重要。只有对年长职工进行针对性的开发培训,才能形成良好的人机互动,老年人力资源的价值与优势才能得到充分发挥。老年人力资源的培训方式一般采用反向导师制或集中开课式培训。反向导师制是由年轻职工向年长职工传递必要的新知识和新技能。美国 IBM 公司为年长职工推出为期 6 个月的"传帮带"(mentoring pools)计划。在反向的师徒关系中,指导者是年龄较小和在公司资历较少的职工。年轻导师和年长职工之间的知识共享内容通常是最新的技术,如

Web 2.0 技术、Facebook、LinkedIn、Twitter 等(杜娟,2013)。对于老年群体的"数字鸿沟",我国香港地区专门针对老年人开展"ICT 无障碍支援活动",旨在通过集中培训向老年人普及智能手机、终端设备的操作,在将信息技术教给老年人的同时,也将他们宝贵的职业经验收集下来,使培训具有双重价值(陈薇,2018)。

(三)采取弹性工作制与休假制度

经济压力是老人退休后再就业的主要原因,但也受其他现实因素的限制。越来越多的退休职工还肩负着照顾孙辈或年迈父母的责任,很难提供固定且连续的工作时长。年长职工由于身体原因有更多的休假看病需求,较难保证投入工作的精力和时长。企业组织应充分考量年长职工的特殊性,安排弹性工作制,灵活设计工作时间和休假制度,为有照料责任或看病需求的年长职工建立弹性的工作时长和休假制度。研究显示,人性化的制度设计有利于企业的人才招聘和保留,弹性工作时间对年长职工的就业吸引力有积极影响(Rau and Adams,2005)。弹性工作制能够降低职工的缺勤率和病假次数,提高职工工作积极性,进而提高生产效率(孙健敏等,2020)。

芬兰的工作文化一直强调灵活工作的重要性。早在 1996 年通过的《工时法案》里就明确大多数职工拥有调整每日工时的权利,每天有三个小时的机动时间,可以提早上班或推迟下班。2011 年,芬兰又出台一项新法律加强照顾职工的照顾假选择,职工可与雇主协商照顾假的长度,照顾需求完成后可重返原岗位。这项法律正式承认芬兰就业立法中照顾者的作用(Aaltio,2017)。日本的丰田汽车公司也积极为继续雇佣者推出每周工作 3 天的办法,以使年长职工平衡工作与生活(陶建国和时阳,2013)。韩国 EverYoung 公司年长职工每天工作 4 个小时,而且每隔 50 分钟可以休息 10 分钟。④

参考国外灵活的工作文化,我国企业人力资源部门可以灵活弹性地安排老年员工的工作。基于工作时间、工作空间、工作内容、雇佣形式设计灵活的弹性工作制。在保证按时完成总任务量的前提下,允许老年员工自由协调工时,比如针对有孙辈或长辈照料需求的老年员工,可以适当延长午休时间和赋予机动时间,允许他们在饭点时间回家料理;对于有请病假需求的,可以安排灵活休假与补班天数;在网络和云技术越来越发达的时代,也可允许有需求的员工远程办公、居家办公;根据任期长度为老年员工提供额外的休假天数;等等。

第4节 年长职工的薪酬福利与职业生涯退出

(一) 适合年长职工的薪酬福利政策

老年人退休再就业的主要动机是"增加收入"(张翼,2000)。而由于老年员工用工形式多样,在组织中定位复杂,已享受养老保险,因此难以保证老年人力资源薪酬设计的公平合理性。一般来说,以体力或低技术要求为主要特征的老年人力资源,由于在企业中地位低、可替代性强、体能下降导致效率低,薪酬远远不如同样岗位的年轻人。而一些以经验、知识或技术为特征的老年人力资源,企业可能以高薪聘请他们。

薪酬设计包括年薪制、计件工资制、等级工资、提成工资制、职务工资制、宽幅薪酬等多种模式。目前,大多数企业实行以岗定薪、按岗分级、一级多档的动态晋升的等级工资制(王麒凯等,2012)。针对老年人力资源开发的薪酬设计,有学者提出采用弹性工资制。具体而言,在经济报酬中,企业在按不同岗位、不同职级、不同档位进行工资划分的基础上,采用"部分浮动工资"的工资制度,即将工资分为固定的基本工资和依据个人的工作成果、工作时长以及对企业具体贡献而定的浮动工资两种类型(王全美和高天,2018)。固定工资和浮动工资建议根据市场采取中等水平,以满足老年员工维持正常的健康生活需要(王树新,2005)。年长职工的薪酬设计具体如表15-3所示。

表15-3 年长职工的薪酬设计

薪酬分类	具体项目	性质
固定工资	基础薪酬*	保健因素
浮动工资	绩效奖金	激励因素
	年终奖	

（续表）

薪酬分类	具体项目	性质
福利	五险一金*（根据年龄及当地政府规定）	保健因素
	餐饮补贴或公司包餐*	保健因素
	交通补贴或公司班车	激励因素
	租房补贴或公司宿舍	
	商业保险*	
	企业年金	
	健康管理（体检、理疗、健身等）*	
	额外的休假天数*	
	过节费或节日礼物*	
	旅游团建	

注：*标记的项目为重要项目。

对年长职工的激励方式不应只是外在薪酬，可以采用根据职工多元需求及其变化及时调整的全面薪酬（董青和黄勇，2021）。在基本工资结构一致的情况下，老年人力资源对福利类非经济报酬具有比较强烈的诉求。企业应认识到福利在老年人力资源薪酬结构中的重要性，适当提高福利性报酬的比重，让老年员工可以按需选择福利项目，以达到激励效果。根据怡安翰威特咨询公司发布的《企业退休政策与福利待遇报告简要》，调研企业为退休职工持续提供的福利待遇包括补充养老金（企业年金）、节假日礼品礼金、补充医疗、人寿意外险、亲属婚丧礼金、聚会活动等。[①] 企业聘请退休职工的福利项目也可以此作为参考。

（1）商业保险。由于退休职工已享受国家的社会保险待遇，企业聘请他们将不再需要为其缴纳五险一金，但工作场所或上下班途中的工伤事故和意外难以避免，且他们由于身体机能较弱，存在一定的职业健康风险，受到职业伤害的可能性更大。一旦发生事故，企业可能面临巨大的经济赔偿纠纷。而企业为员工额外购买的商业医疗保险适用人群一般为18—64周岁。因此，企业可为65周岁及以上年长职工购买定制化的商业医疗保险和人寿意外险。

---

① 怡安微调研 | 图解企业退休政策与福利待遇报告［EB/OL］.（2018-04-12），（2022-03-01）. https://mp.weixin.qq.com/s/Ms4girjMUJvc218Cu1kyng.

浙江省衢州市于2019年率先下发《退休返聘人员参加工伤保险试行办法》,提出用人单位聘用男性65周岁及以下、女性60周岁及以下退休职工期间,可为其单独办理工伤保险、缴纳工伤保险费。① 因此,企业人力资源部门可及时关注所在地的社会保险政策,在政策允许的情况下为退休返聘人员购买工伤保险,解决返聘人员的后顾之忧,保障企业与职工利益。

(2) 健康管理。随着年龄增长,职工会愈加重视健康问题。健康管理将是企业吸引年长职工的一种手段,可采取以下途径:第一,开展职工入职体检、定期体检,增加返聘人员定期体检的次数。第二,在企业内部建立医疗服务室或与附近的私立医疗机构合作,为职工提供常见病诊疗、医疗急救、职业健康管理、健康文化活动、中医理疗等服务。我国某大型互联网企业建有7所医务室、多间理疗室,配置医生8名、护士10名、理疗师20名、健康管理师1名,日接诊量352人。一年内,该企业降低缺勤约17.6万小时,相当于2.2万个工作日。如按此公司人均单位时间产值计算,约创造2亿元价值,商业保险费年度下降220万元,职工体检数据显示职工整体健康水平上升12.6%。② 第三,开展理疗服务。企业可选择与理疗机构合作或外包聘请专业的理疗按摩师,为职工提供保健按摩和康复治疗服务。腾讯公司就为职工提供了此项服务,职工可通过"Tencent Home"小程序进行理疗服务预约。第四,建立老年健身区。年长职工占比升高后,企业可对部分健身区域进行适老化改造,为年长职工运动锻炼提供机会。第五,为年长职工建立健康档案。企业可根据健康情况安排与调整年长职工的工作,实时追踪其身体情况。

(3) 自助福利。为达到福利效果最大化,公司还可设置一定的福利预算,由年长职工自主选择最看重的福利项目,每年可进行修改。

(二) 完善年长职工的职业生涯退出

传统认知上,退休属于可预知、已设定的"突发"事件。除了退休前一段时间的工作交接之外,企业组织不会为退休职工安排退休的过渡准备。解除劳动合同后,退休职工开始领取养老金,除企业年金外,企业也不再为退休职

---

① 关于印发衢州市退休返聘人员参加工伤保险试行办法的通知(衢市人社发〔2019〕50号)[EB/OL]. (2019-06-19),(2022-03-01). http://www.qz.gov.cn/art/2019/6/19/art_1229052250_43295649.html.
② 企业医务室案例一 [EB/OL]. (2021-11-24),(2022-03-01). https://isite.baidu.com/site/wjzpjym6/27db951f-358b-416a-864d-84c1764f14d1?fid=rHRvrHbLP1cYPWcvnHT1njfYndtznWNxn6&ch=4&bfid=fbuFw0cKBds00FGW13f00rD00674ybfK_w-3u0R000K_MevO700000f0N00fsnODlVik8piqCUSd8I10ewHctQazYoLKkVik8piqCUSd8I10ew3sCjt&_bd_vid=7939355185120109760&uniqId=6ad69adb1b774c6c8da057ef6577f66f.

工提供其他退休福利。但事实不应如此,企业和职工都要提前主动做好退休过渡,实现职工退休生活的软着陆。

退休策略可包括退休计划和退休福利两方面。退休计划属于职工职业生涯发展规划的一部分。法国欧莱雅集团为 55 岁以上的职工制定了主题为"退休:迈向一个新人生的计划"的系列培训,培训内容涉及如何面对退休、如何适应身份转变、如何规划新生活、如何管理个人健康和资产,以及共同讨论退休管理和相关社会问题(肖刚,2016)。法国电信公司、燃气苏伊士集团都为 55 岁职员开展"职业访谈",帮助他们制定退休过渡和退休生涯的计划和目标,适当调整临退人员的工作目标与内容(杜娟,2013)。退休计划完善了企业职工的长效管理机制,有助于减轻工作场所老龄化带来的管理压力和运营成本,促进企业和职工为老龄化趋势做好多方面的准备。

随着知识技术型与管理型人才越来越稀缺、年长职工的存在成为企业常态,雇主不得不考虑将退休福利纳入人力资源管理的一部分,以作为吸引和保留优质人才的手段。在退休福利方面,2021 年 11 月,腾讯公司正式推出了职工退休待遇方案,职工在腾讯退休后能同时享有定制纪念品、长期服务感谢金、退休荣誉金三项福利。其中,长期服务感谢金为 6 个月固定工资。退休荣誉金共有"服务年限金"和"50%的未解禁股票期权"两个方案,职工可自由选择其一。① 阿里巴巴集团也有针对高层管理人员的退休福利。阿里合伙人在退休后可继续担任荣誉合伙人,每年享受奖金池的分配。除现金福利外,华为公司的退休福利则以股权形式享有,华为退休职工可继续持有华为股权,享受分红。

第 5 节 结论与政策建议

随着健康水平提升、预期寿命延长,年长职工逐渐从"逢老必病"的刻板印象中走出来,代之以健康、活力、经验丰富的长者形象。在国家实施延迟退休的背景下,促进年长职工就业、对年长职工人力资源进行开发利用,既可以确保拥有一定量的熟练职工,提升经济与组织效率,也可以通过老年骨干培养后备人才,为组织创造源源不断的人力资本价值。

---

① 腾讯正式推出员工退休待遇方案[EB/OL].(2021-03-22),(2022-03-01).https://baijiahao.baidu.com/s?id=1715554516055948270&wfr=spider&for=pc.

本章对国内外企业组织的用工、招聘、配置、培训、薪酬福利、退养计划等老年人力资源管理活动进行了梳理总结、案例枚举,对企业实践的政策启示主要包括:第一,为企业组织提供招聘与配置年长职工的策略。由于中老年"数字融入"困难,常见的招聘渠道很难高效地招聘中老年人才,本章梳理了六种招聘渠道的案例与特点,为企业 HR 的招聘提供思路。中老年劳动力的用工方式也有别于年轻劳动力。本章对比了七种中老年劳动力用工方式的特点、岗位和风控建议,用人单位可根据自身发展和岗位特点,制定相应的用工政策。第二,从培训、弹性工作与休假制度、适老化环境改造三个维度归纳年长职工的经验,为用人单位提供管理年长职工的建议。第三,基于年长职工的特殊性提供个性化的薪酬福利策略。第四,在工作胜任方面除了培训、工作环境、弹性工作制之外,还可以研究年长职工的绩效管理。企业组织应根据年长员的身心特点制定个性化的绩效考核机制,激发年长职工的工作积极性,提升组织效益。第五,关注年长职工的退养策略,通过帮助职工制订退休计划和提供退休福利,实现职工退休生活的软着陆。企业组织的这些变革措施也可为我国实施延迟退休改革提供支撑,减少改革阻力与成本,促进人力资源得到充分利用。

第 16 章
结论与展望：走向老年政策科学研究

现代市场经济能生产和提供民众所需的绝大多数产品和服务。然而，由于资源稀缺导致必须进行权衡和选择，同时，经济社会充满不确定性决定了必须在有限时间内利用有限信息去决策，这使得市场机制的结果并不必然完美。公共政策能通过集体决策反映民众的总体偏好，引导和约束每个成员的行为，增强市场机制的力量和作用，提高总体的社会福利。

公共政策的制定、执行及结果都是为了解决一定的社会问题。早在1987年党的十三大审议通过的报告中就明确指出："要注意人口迅速老龄化的趋向，及时采取正确的对策"。人口老龄化问题主要包括老龄问题与老年人问题两个方面。老年人问题又可归类为"备老""养老""用老"等主要问题。老年政策对应着受人口老龄化影响的老年人问题，从个人到群体，从个体到总体，包括满足老年人需求、化解老年人风险、解决老年人问题等方方面面。

在我国老龄工作和老龄战略的总体安排部署下，我国的老年政策不仅包括根本法、基本法、行政法规、地方性法规、国务院部门规章、地方政府规章和规范性文件等法律法规中对老年人的基本规定，也包括发展规划、建设规划等操作性政策和办法，形成了包括战略层面、规划层面、制度层面、操作层面等层级的纵向体系，包括养老保障与服务、健康保障与服务、就业保障与服务、居住保障与服务、老年福利、老年救助、老年优抚、文化教育、旅居娱乐等内容的横向体系。这些老年政策也可以分为社会政策、经济政策、政治政策、健康政策、文化政策等。需要指出的是，当前，我国老年政策由人力资源和社会保障部、民政部、国家医保局、卫健委等政府部门分别制定、分别实施、各自发展，也涉及国家发改委、商务部、国家金融监督管理总局、国家市场监督管理总局、工业和信息化部、文化和旅游部等部门的相关职责。

在我国公共政策中,老年政策将是一个愈益重要的政策领域。参照政策科学的定义,可以将老年政策定义为国家机关、政党及其他政治团体在人口老龄化时期为实现或服务于一定社会、政治、经济、文化等目标所采取的政治行为或规定的行为准则,是一系列战略、法令、措施、办法、方法、条例等的总称。老年政策体现了政策主体的意志,具有法定的权威性和强制性,具有明确的方向性、时效性和目标指向、可操作性,有具体的作用对象或客体,为政策对象所遵守,从而实现特定的社会目标。

由于我国老年政策林林总总,本书主要选择老年保障、老年服务、老年健康、老年就业等四个方面进行了研究,采用政策描述与评估、基于实证研究的政策分析、政策科学分析等多种方法,分别解决老年人养老的资金、服务、健康、人力资源充分利用等问题,从而实现让老年人得到康养、颐养;让患病的老年人能得到及时、有效的诊治,尽量康复;让失能、半失能的老年人得到优质的照护服务,缩短失能照护周期;让健康且有就业意愿、能力和需要的老年人延长工作或延迟退休,实现其人力资源的充分利用。此外,鼓励并支持有条件、身体功能适宜的老年人积极参与社会活动、服务贡献社会。这些老年政策将促使广大老年人不仅属于传统的养老人群,而且还具有劳动者、消费者、创业者、投资者、志愿者等多重身份,共同实现"颐养、优护、良医、延长工作、积极参与、贡献社会"等更多元、更积极的老年发展目标,从而提高老年生活质量,提升老年生命价值,增进老年福祉,实现老年美好生活。

第1节 我国老年政策研究的主要问题

总体上可以认为,当前我国对老年政策整体、结构、逻辑、环境的系统研究还不多,尚未引起足够的关注。已有的老年政策研究,更多是自发开展的对老年政策的至上而下式研究,偏重研究老龄战略、老龄事业、老龄产业等宏观层面的政策,大多针对性研究养老金、养老服务、养老产业等具体活动或养老问题的政策,缺乏对备老、用老、养老的完整政策周期和政策体系的研究,缺乏分析老年政策总体、各项老年政策之间以及与其他相关政策之间如何协同配合、关联作用、系统集成,从而构筑成一个完整的老年政策体系。思路上,更多是为解决老年人问题而制定对策,不是通过制定政策来应对老年人问题。

内容上，目前研究侧重于老年保障政策、老年服务政策、老年社会政策等，而老年经济政策、老年金融政策、老年产业政策、老年就业创业政策、老年消费政策、老年居住政策、老年设计政策、老年设施和辅具器械政策等的研究较为缺乏。老年政治、老年文化、老年健康、老年心理、老年法律等方面的政策更是不多见。针对公共事业、公共物品提供的老年政策居多，而针对产业市场、私人物品提供的老年商业政策不多。专门细化的老年政策研究还滞后于老年政策的实践及实际需要。

方法上，我国老年政策研究主要仍在人口学、老年学、老龄工作、社会保障等领域进行，以政策描述和评估的方法为主，或在进行某个制度政策分析、实证分析或案例分析之后附带地提出政策建议，极少有基于政策科学的研究范式和研究方法，也缺少多学科的交叉研究、跨学科的融合研究，以及超学科的整体研究。

对象上，目前研究多针对老年人，专门针对备老人群的政策研究不多；偏重实践领域的政策应用和应对性研究，总体性、管长远的全策和长策少；缺乏包括政府、社会、企业组织、家庭的多层面政策研究。

层次上，目前研究缺乏更为基础的老年政策科学研究、老年政策理论研究，较少涉及个人养老及群体养老的偏好、行为、决策等基础性理论研究，相应公共政策及决策的微观基础和改革立基不清晰、不充足，缺少理论依据、缺乏说服力，远不能满足政策决策的需求。政策制定难以获得政策理论的解释和指导，在实施中往往"含糊其词"，很难"以理服人"。

第2节 我国老年政策研究的未来取向

随着我国的老年人越来越多、老年期越来越长，老年政策在积极应对人口老龄化政策乃至整个公共政策中的分量会越来越重，作用越来越大，越来越受到全社会的关注。迄今为止，针对老年政策的理论研究、实证研究、政策研究的知识生产链条还没有形成，多层次、多维度、全周期的知识生产方式还有待转型。未来的老年政策研究需要重点瞄准以下五个主要方面：

第一，从多学科知识中淬炼和建构老年政策的基础理论。理论为实证研究提供模型框架和解释，为继之的政策制定提供依据和指导，从是什么、为什么、怎么样的角度更好地制定政策、实施政策和优化政策。老年政策的混合政策特征,需要逐步型构并建立与之相匹配的相对独立的基础理论和研究方法,将科学研究、知识生产和老年政策制定结合起来。老年政策的理论基础包括经济学、管理学、社会学、人口学、老年学、政治学、法学、心理学、医学、生物学、设计学、环境科学等多个学科的相关基础理论,并考查老年政策与经济、社会、人口、政治、文化、心理等环境生态等之间的关联耦合。不仅仅是从这些多学科中寻求理论支持,从多因素、多情景、多模态中探求解释来源,更需要深度的融汇撮合、提炼凝萃,从而获取并构筑老年政策的基本原理、基本规律和基本方法,使之能真正解释老年现象和问题,真正理解老年人的偏好及行为,为政策制定和出台提供合理、有力的理论解释和依据,更好地服务于积极应对人口老龄化国家战略。

第二,开展基于政策科学分析框架的老年政策研究。老年政策是老龄化社会、经济、政治生活中的政策领域,以老年政策实践、老年政策系统、老年政策过程作为研究对象,具有相对独立的研究领域。对于老年政策,不能仅将其作为老龄科学或老年学的一门分支学科,更不能将其当做主管政府部门制定的若干政策,而需要把老年政策作为政策科学的一个分支进行研究,从老年政策研究进一步转向老年政策科学研究。通过采用现代政策科学的研究框架、方法和技术,遵循政策理论—政策过程—政策体系—政策应用等的政策研究路线,构建包括政策问题、政策制定、政策执行、政策评估等的政策分析系统,主要研究老年政策制定的理论和方法、老年政策的属性及特点、老年政策制定和执行的规律。从科学研究,包括基础研究、应用研究等角度对理论、方法、技术、政策、结果等方面进行探讨,既要研究老年政策的本质、原因和结果,注重内容分析;又要研究老年政策系统及政策过程,包括老年政策的制定、执行、评估等环节,注重系统过程分析。通过更系统的老年政策框架和研究体系的构建,促进对老年政策科学的更深入理解和更清晰认识,并加快转化为政府决策。

第三,推进采用政策科学理论、方法与模型的规范性老年政策分析。老年政策分析是一个探寻有助于发现并解决老年问题的政策方案的过程,需要探寻、凝练并回答政府做什么、为什么这么做、这样做有什么作用和影响等老年政策的科学问题,以便为政策制定者提供用于解决老年问题的科学信息。同时需要使用现代政策科学的主要研究方法,分析包括议程建立、政策形成、政策采纳、政策执行、政策评价、政策调整、政策延续、政策终结的老年政策过程,分析如何构建老年政策问题、预测老年政策结果、选择优先老年政策、监测老年政策结果、评估老年政策绩效、终结老年政策及具体形式等。其中,政策理论模型及分析方法是理解和解释老年政策产生的原因,认识和分析其社会效果,思考和预测未来发展的重要工具和手段,包括制度主义模型、过程模型、追求最优解的传统理性模型、追求满意解的有限理性模型、补充和修正旧政策的渐进模型、团体理论模型、精英模型、公共选择模型、博弈论模型等政策分析模型,基于混合扫描理论、批判性理论、实验性理论、取舍理论等的政策分析理论。

第四,研究构建应对人口老龄化的系统性老年政策。目前,我国的各项老年政策分布在多个部门,跨部门协调与配合存在不连贯或困难,甚至出现政策断裂、决策冲突;评价政策功效的标准尺度也不统一,还没有整合成为一个政策体系,还没有构造出形成合力、发挥合力的工作机制和运行模式,有待走上"系统集成、协同高效"的资源高效配置使用、事业产业高质量发展的道路。

未来的老年政策研究,不仅要分析一项一项的单个老年政策,还要研究各项老年政策之间的协同配合、系统集成,更要研究横向的包含问题确定、政策调研、政策起草、贯彻落实、评估更替等老年政策过程,而且要进一步开展多层面、纵贯、横通、互馈的老年政策系统分析。基于政策科学的研究框架和分析系统,剖析现有老年政策的"缺位""错位""失位"领域,相应阐明我国老年政策的政策目标、政策问题;综合运用多学科知识和方法研究老年政策系统和政策过程,探求老年政策的实质、原因和结果,提供老年公共政策知识,改善老年公共政策系统,提高老年公共政策质量。系统研究老年政策主体、政策客体、政策环境等之间的内在联系和相互作用,追踪分析老年政策系统的动态运行。研究政策之间的整体性、协同性和耦合性,并从可行性建构、合法性建构等方面提出使老年政策相衔接的路径,使之在积极应对人口老龄化国家战略及其统一目标体系和内在适应机理下,成为联系紧密、协同一致的老年政策体系,形成并真正发挥政策合力。此外,还需要研究构建基于同一目标的综合评价指标体系,公允衡量各项政策工具的实施效果。

第五,树立实现健康老龄化、增进老年福祉的老年政策导向和评价。目前,我国老年政策的另一个主要问题在于,尚未构造基于生命周期的系统性、整体式解决老年人问题、满足老年人需求的总体架构,增进老年福祉的政策滞后、不健全、导向不明确且不一致。显然,老年政策的最终目的是促进和提高老年生活质量、增进老年福祉,实现健康老龄化、积极老龄化。未来老年政策需要研究如何构建和增进老年福祉的实现机制、保障机制、政策措施等,提出针对不同生命周期、不同生活场景、不同养老资源的老年政策。同时探究增进老年福祉的跨层、跨域、跨时的政策衔接,提升政策的适切性和综合性。尤其要注重研究如何进一步解决中国老年政策总体上的供给不充分、发展不平衡问题,以及在政策执行层面的不适老、不衔接问题,如何矫正和化解养老、医疗、照护、就业、社会参与等老年政策中的低效率与不公平问题,从而最大程度发挥出我国老年政策的经济效应、管理作用和社会功能。

参考文献

[1] Aaltio, I. *Ageing, Organisations and Management*[M]. Springer, 2017.

[2] Acock, A. C. *Discovering Structural Equation Modeling Using Stata* [M]. Stata Press, 2013.

[3] Baars, J. *Ageing and the Art of Living* [M]. The Johns Hopkins University Press, 2012.

[4] Baer, B., A. Bhushan, H. A. Taleb, et al. The Right to Health of Older People[J]. *The Gerontologist*, 2016, 56(Suppl 2).

[5] Bardos, P. European Foundation for the Lmprovement of Living and Working Conditions[J]. *Office of Official Publications of theEuropean Communities*, 2006, 59(1).

[6] Barr, N. Long-Term Care: A Suitable Case for Social Insurance[J]. *Social Policy and Administration*, 2010, 44(4).

[7] Barron, C. R., M. J. Foxall, K. Von Dollen, et al. Marital Status, Social Support, and Loneliness Invisually Impaired Elderly People[J]. *Journal of Advanced Nursing*, 1994, 19(2).

[8] Berg, S., D. Mellstrm, G. Persson, et al. Loneliness in the Swedish Aged[J]. *Journal of Gerontology*, 1981, 36(3).

[9] Bloom, D. E., S. Chatterji, P. Kowal, et al. Macroeconomic Implications of Population Ageing and Selected Policy Responses[J]. *The Lancet*, 2015, 385(9968).

[10] Bowling, A., P. Dieppe. What Is Successful Ageing and Who Should Define It? [J]. *BMJ*, 2005, 331(7531).

[11] Butler, R. N and H. P. Gleason. *Productive Aging: Enhancing Vitality in Later Life*[M]. Springer, 1985.

[12] Cahill, K. E., M. D. Giandrea, J. F. Quinn. Reentering the Labor Force after

Retirement[J]. *Monthly Labor Review*, 2011, 134(6).

[13] Cahill, K. E., M. D. Giandrea, J. F. Quinn. Retirement Patterns from Career Employment[J]. *The Gerontologist*, 2006, 46(4).

[14] Case, A. Does Money Protect Health Status? Evidence from South African Pensions[J]. *NBER Workig Papers*, 2001, (8495).

[15] Chan, C. H., H. K. Wong, P. S. F. Yip Associations of Relative Income Deprivation with Perceived Happiness and Self-Rated Health among the Hong Kong Chinese Population[J]. *International Journal of Public Health*, 2017, 62(6).

[16] Collins, L. M., S. T. Lanza. *Latent Class and Latent Transition Analysis: With Applications in the Social, Behavioral, and Health Sciences*[M]. John Wiley & Sons, Inc., 2010.

[17] Cook, K. Lifelong Learning: Some Examples from the European Union[J]. *Perspectives: Policy & Practice in Higher Education*, 1999, 3(2).

[18] Costa-Font, J., J. L. Fernandez, K. Swartz. Transitioning between 'the Old' and 'the New' Long-Term Care Systems[J]. *Health Economics*, 2015, 24(s1).

[19] Daly, M., C. Boyce, A. Wood. A Social Rank Explanation of How Money Influences Health[J]. *Health Psychology*, 2015, 34(3).

[20] Darrow, J. B., T. S. Behrend. Person-Environment Fit Is a Formative Construct[J]. *Journal of Vocational Behavior*, 2017, 103.

[21] Deb, P., P. K. Trivedi. The Structure of Demand for Health Care: Latent Class Versus Two-Part Models[J]. *Journal of Health Economics*, 2002, 21(4).

[22] Ding, C. S. Using Regression Mixture Analysis in Educational Research[J]. *Research and Evaluation*, 2006, 11(1).

[23] Dirk, J. Europe's Second Demographic Transition[J]. *Population Bulletin*, 1987, 42(1).

[24] Drageset, J. The Importance of Activities of Daily Living and Social Contact for Loneliness: A Survey among Residents in Nursing Homes[J]. *Scandinavian Journal of Caring Sciences*, 2004, 18(1).

[25] Eibner, C., R. Sturn, C. R. Gresenz. Does Relative Deprivation Predict the Need for Mental Health Services[J]. *The Journal of Mental Health Policy and Economics*, 2004, 7(4).

[26] Eibner, C., W. N. Evans. Relative Deprivation, Poor Health Habits, and Mortality[J]. *Journal of Human Resources*, 2005, 40(3).

[27] Eling, M., O. Ghavibazoo. Research on Long-Term Care Insurance: Status

Quo and Directions for Future Research[J]. *The Geneva Papers on Risk and Insurance-Issues and Practice*, 2019, 44(2).

[28] Elstad, J. I. The Psycho-Social Perspective on Social Inequalities in Health[J]. *Sociology of Health & Illness*, 1998, 20(5).

[29] Evans, R. G., G. L. Stoddart. *Why Are Some People Healthy and Others Not?* [M]. Aldine de Gruyter, 1994.

[30] Everitt, B. S., D. J. Hand. *Mixtures of Discrete Distributions* [M]. Chapman and Hall, 1981.

[31] Feldman, D. C., T. A. Beehr. A Three-Phase Model of Retirement Decision Making[J]. *The American Psychologist*, 2011, 66(3).

[32] Feldman, D. C. The Decision to Retire Early: A Review and Conceptualization [J]. *Academy of Management Review*, 1994, 19(2).

[33] Fisher, C. R. Differences by Age Groups in Health Care Spending[J]. *Health care Financing Review*, 1980, 1(4).

[34] Fogel, R. W. Changes in the Process of Aging During the Twentieth Century: Findings and Procedures of the Early Indicators Project[J]. *Population and Development Review*, 2003, 30.

[35] Formosa, M. Responding to the Active Ageing Index: Innovations in Active Ageing Policies in Malta[J]. *Journal of Population Ageing*, 2017, 10(1).

[36] Foster, L., A. Walker Active and Successful Aging: A European Policy Perspective[J]. *The Gerontologist*, 2015, 55(1).

[37] Gerdtham, U. G., P. K. Trivedi. Equity in Swedish Health Care Reconsidered: New Results Based on the Finite Mixture Model[J]. *Health Economics*, 2001, 10(6).

[38] Gruat, J. V., S. Chuan. China: Towards the Introduction of Dependency/Long-Term Care Insurance[J]. *International Social Security Review*, 2021, 74(1).

[39] Grzywacz, J. G., C. L. Keyes. Toward Health Promotion: Physical and Social Behaviors in Complete Health[J]. *American Journal of Health Behavior*, 2004, 28(2).

[40] Gunasekara, F. I., K. N. Carter, P. Crampton, et al. Income and Individual Deprivation as Predictors of Health over Time[J]. *International Journal of Public Health*, 2013, 58(4).

[41] Havighurst, R. J. Successful Aging[J]. *The Gerontologist*, 1961, (1).

[42] Heckman, J., B. Singer. A Method for Minimizing the Impact of Distributional Assumptions in Econometric Models for Duration Data[J]. *Econometrica*, 1984, 52(2).

[43] Henstra, D. Climate Adaptation in Canada: Governing a Complex Policy Regime [J]. *Review of Policy Research*, 2017, 34(3).

[44] Holly, A., L. Gardiol, G. Domenighetti, et al. An Econometric Model of Health Care Utilization and Health Insurance in Switzerland[J]. *European Economic Review*, 1998, 42(3-5).

[45] Ilmarinen, J. Work Ability—a Comprehensive Concept for Occupational Health Research and Prevention[J]. *Scandinavian Journal of Work, Environment & Health*, 2009, 35(1).

[46] Jensen, R. T., K. Richter. The Health Implications of Social Security Failure: Evidence from the Russian Pension Crisis[J]. *Journal of Public Economics*, 2004, 88.

[47] Jochim, A. E., P. J. May. Beyond Subsystems: Policy Regimes and Governance[J]. *Policy Studies Journal*, 2010, 38(2).

[48] Johnston, G., A. Teasdale. *Population Ageing and Health Spending: 50-Year Projections*[M]. Ministry of Health, 1999.

[49] Kasahara, H., K. Shimotsu. Nonparametric Identification of Finite Mixture Models of Dynamic Discrete Choices[J]. *Econometrica*, 2009, 77(1).

[50] Kaufman, S. R. *The Ageless Self: Sources of Meaning in Late Life* [M]. University of Wisconsin Press, 1986.

[51] Kondo, N., I. Kawachi, S. V. Subramanian, et al. Do Social Comparisons Explain the Association between Income Inequality and Health?: Relative Deprivation and Perceived Health among Male and Female Japanese Individuals[J]. *Social Science & Medicine*, 2008, 67(6).

[52] Lee, K. H., L. Xue. Nonparametric Finite Mixture of Gaussian Graphical Models[J]. *Technometrics*, 2018, 60(4).

[53] Lorgelly, P. K., J. Lindley. What Is the Relationship between Income Inequality and Health? Evidence from the Bhps[J]. *Health Economics*, 2008, 17(2).

[54] Luo, Y., B. Su, X. Zheng. Trends and Challenges for Population and Health During Population Aging-China, 2015-2050[J]. *China CDC weekly*, 2021, 3(28).

[55] Maddox, G. L. *The Encyclopedia of Aging: A Comprehensive Resource in Gerontology and Geriatrics* [M]. Springer, 1995.

[56] Magidson, J., J. K. Vermunt. Latent Class Factor and Cluster Models, Bi-Plots, and Related Graphical Displays[J]. *Sociological Methodology*, 2002, 31(1).

[57] Maltby, T. Extending Working Lives? Employability, Work Ability and Better Quality Working Lives[J]. *Social Policy and Society*, 2011, 10(3).

[58] May, P. J., A. E. Jochim. Policy Regime Perspectives: Policies, Politics, and Governing[J]. *Policy Studies Journal*, 2013, 41(3).

[59] McCaffrey, D. F., B. A. Griffin, D. Almirall, et al. A Tutorial on Propensity Score Estimation for Multiple Treatments Using Generalized Boosted Models[J]. *Statistics in Medicine*, 2013, 32(19).

[60] McCaffrey, D. F., G. Ridgeway, A. R. Morral. Propensity Score Estimation with Boosted Regression for Evaluating Causal Effects in Observational Studies[J]. *Psychological Methods*, 2004, 9(4).

[61] Murray, C. J., R. M. Barber, K. J. Foreman, et al. Global, Regional, and National Disability-Adjusted Life Years (Dalys) for 306 Diseases and Injuries and Healthy Life Expectancy (Hale) for 188 Countries, 1990-2013: Quantifying the Epidemiological Transition[J]. *The Lancet*, 2015, 386(10009).

[62] Pak, T. Y., Y. Choung. Relative Deprivation and Suicide Risk in South Korea [J]. *Social Science & Medicine*, 2020, 247(1).

[63] Quinn, J. F., M. Kozy. The Role of Bridge Jobs in the Retirement Transition: Gender, Race, and Ethnicity[J]. *The Gerontologist*, 1996, 36(3).

[64] Rau, B. L., G. A. Adams. Attracting Retirees to Apply: Desired Organizational Characteristics of Bridge Employment[J]. *Journal of Organizational Behavior*, 2005, 26(6).

[65] Rosenbaum, P. R., D. B. Rubin. The Central Role of the Propensity Score in Observational Studies for Causal Effects[J]. *Biometrika*, 1983, 70(1).

[66] Rowe, J. W., R. L. Kahn. Human Aging: Usual and Successful[J]. *Science*, 1987, 237(4811).

[67] Rowe, J. W., R. L. Kahn. Successful Aging[J]. *The Gerontologist*, 1997, 37(4).

[68] Rowe, J. W., R. L. Kahn. Successful Aging[J]. *The Gerontologist*, 1997, 37(4).

[69] Satorra, A., P. M. Bentler. Corrections to Test Statistics and Standard Errors in Covariance Structure Analysis[M]. Sage, 1994.

[70] Schulz, J. H. *The Economics of Aging*[M]. Bloomsbury Publishing, 2000.

[71] Shyu, Y. I. L., P. K. Yip. Factor Structure and Explanatory Variables of the Mini-Mental State Examination (Mmse) for Elderly Persons in Taiwan[J]. *Journal of the Formosan Medical Association*, 2001, 100(10).

[72] StataCorp. *Stata Multivariate Statistics: Reference Manual* [M]. A Stata

Press Publication, 2017.

[73] Steves, C. J., T. D. Spector, S. H. Jackson. Ageing, Genes, Environment and Epigenetics: What Twin Studies Tell Us Now, and in the Future[J]. *Age and Ageing*, 2012, 41(5).

[74] Subramanian, S. V., I. Kawachi. Being Well and Doing Well: On the Importance of Income for Health[J]. *International Journal of Social Welfare*, 2006, 15(S1).

[75] Subramanyam, M., I. Kawachi, L. Berkman, et al. Relative Deprivation in Income and Self-Rated Health in the United States[J]. *Social Science & Medicine*, 2009, 69(3).

[76] SunWoo, D. Long-Term Care Policy for Functionally Dependent Older People in the Republic of Korea[J]. *International Social Security Review*, 2004, 57(2).

[77] Taylor, P., C. Earl. The Social Construction of Retirement and Evolving Policy Discourse of Working Longer-Corrigendum[J]. *Journal of Social Policy*, 2016, 45(4).

[78] Walker, A., T. Maltby. Active Ageing: A Strategic Policy Solution to Demographic Ageing in the European Union[J]. *International Journal of Social Welfare*, 2012, 21.

[79] Wang, M., K. S. Shultz. Employee Retirement: A Review and Recommendations for Future Investigation[J]. *Journal of Management*, 2010, 36(1).

[80] West, S. G., J. F. Finch, P. J. Curran. *Structural Equation Models with Nonnormal Variables: Problems and Remedies*[M]. Sage, 1995.

[81] WHO. Active Ageing: A Policy Framework[R], 2002.

[82] WHO. Ageing and Health[EB/OL]. (2021-10-04), (2022-03-01). https://ww.who.int/news-room/fact-sheets/detail/ageing-and-health.

[83] WHO. *Cglobal Strategy on People-Centered and in-Tegrated Health Services*[M]. World Health Organization, 2015.

[84] WHO. *World Report on Ageing and Health*[M], World Health Organization, 2016.

[85] Wilkinson, R. G. Socioeconomic Determinants of Health: Health Inequalities: Relative or Absolute Material Standards? [J]. *BMJ*, 1997, 314(2).

[86] Wolf, M., S. M. Siedl. Aging Workers in Industry and Retail Sector—a Holistic Approach for an Age-Related Evaluation and Design of Work[C]. Congress of the International Ergonomics Association. Springer, 2021.

[87] Wood, A. M., C. J. Boyce, S. C. Moore, et al. An Evolutionary Based Social Rank Explanation of Why Low Income Predicts Mental Distress: A 17 Year Cohort Study

of 30,000 People[J]. *Journal of Affective Disorders*, 2012, 136(3).

[88] Wu, S. C., C. M. Chu. Public Attitudes toward Long-Term Care Arrangements for the Elderly in Taiwan[J]. *Australian Journal on Ageing*, 1996, 15(2).

[89] Yang, Y., Y. Meng. Is China Moving toward Healthy Aging? A Tracking Study Based on 5 Phases of Clhls Data[J]. *International Journal of Environmental Research and Public Health*, 2020, 17(12).

[90] Young, Y., K. D. Frick, E. A. Phelan. Can Successful Aging and Chronic Illness Coexist in the Same Individual? A Multidimensional Concept of Successful Aging[J]. *Journal of the American Medical Directors Association*, 2009, 10(2).

[91] Zaidi, A., K. Gasior, M. M. Hofmarcher, *et al*. Active Ageing Index 2012: Concept, Methodology and Final Results[R]. European Centre Vienna, 2013.

[92] Zhang, Z. Gender Differentials in Cognitive Impairment and Decline of the Oldest Old in China[J]. *The Journals of Gerontology Series B: Psychological Sciences and Social Sciences*, 2006, 61(2).

[93] 安平平,陈宁,熊波. 中国长期护理保险:制度实践、经验启示与发展走向——基于青岛和南通模式的比较分析[J]. 中国卫生政策研究,2017,10(8).

[94] 安涛. 体育锻炼对老年人心理健康的影响[J]. 中国老年学杂志,2019,39(3).

[95] 北京市地方志编纂委员会. 北京志·政务卷·人事志[M]. 北京出版社,2004.

[96] 彼得·霍尔,彭科,温卓毅. 政策范式、社会学习和国家:以英国经济政策的制定为例[J]. 中国公共政策评论,2007,(0).

[97] 曹信邦,陈强. 中国长期护理保险费率测算[J]. 社会保障研究,2014,20(2).

[98] 陈爱华. 积极老龄化的生命伦理意蕴解读[J]. 湖湘论坛,2020,33(2).

[99] 陈俊宏,曹卫,张琳等. 再识年龄概念与老年人力资源的有效开发[J]. 人力资源管理,2016,(2).

[100] 陈磊,周丽苹,班茂盛等. 基于聚类分析的中国低龄老年人力资源水平区域差异研究[J]. 人口学刊,2015,37(4).

[101] 陈力. 老年人力资源的特点与开发原则[J]. 中国人才,1996,(12).

[102] 陈立新,姚远. 社会支持对老年人心理健康影响的研究[J]. 人口研究,2005,(4).

[103] 陈娜,邓敏. 基于Anderson模型的我国失能老人机构养老意愿及影响因素分析[J]. 中国卫生统计,2021,38(1).

[104] 陈谦谦,郝勇. 社区养老服务对老年人心理健康改善的影响研究[J]. 西北人口,2020,41(3).

[105] 陈社英,刘建义,马箭. 积极老龄化与中国:观点与问题透视[J]. 南方人口,

2010,25(4).

[106] 陈寿灿. 伦理视阈下的老年社会保障[J]. 浙江学刊,2014,(5).

[107] 陈薇. 老有所为:日本和中国香港老年人力资源开发的经验和启示[J]. 天水行政学院学报,2018,19(4).

[108] 陈小月."健康老龄化"社会评价指标的探索[J]. 中国人口科学,1998,(3).

[109] 陈昫. 城市老年人对机构养老模式的拒斥问题分析——基于建构主义的老龄视角研究[J]. 湖北社会科学,2014,(7).

[110] 陈月珺. 关于老年人力资源开发的思考[J]. 海南师范大学学报(社会科学版),2011,24(2).

[111] 程亮. 医养融合:养老机构发展新路径探究[J]. 中州学刊,2015,(4).

[112] 程颖. 城乡一体化下的居民医疗消费分层研究——基于医保系统数据[J]. 山西农业大学学报(社会科学版),2019,18(5).

[113] 迟晓华,吕静,王双艳等. 不同养老模式下老年人的心理健康状况[J]. 中国老年学杂志,2018,38(8).

[114] 仇雨临. 人口老龄化对医疗保险制度的挑战及对策思考[J]. 北京科技大学学报(社会科学版),2005,(1).

[115] 崔红威. 低龄老年人口特征及其人力资源开发潜力研究[J]. 河北大学学报(哲学社会科学版),2011,36(2).

[116] 崔树义,田杨. 养老机构发展"瓶颈"及其破解——基于山东省45家养老机构的调查[J]. 中国人口科学,2017,(2).

[117] 党俊武,魏彦彦,刘妮娜. 老龄蓝皮书:中国城乡老年人生活状况调查报告[M]. 社会科学文献出版社,2018.

[118] 岛添悟亨. 医疗保险制度一元化新医疗制度改革[M]. 东京,畴事通信社. 2010.

[119] 邓大松,李玉娇. 医养结合养老模式:制度理性、供需困境与模式创新[J]. 新疆师范大学学报(哲学社会科学版),2018,39(1).

[120] 邓大松,杨晶. 中国城镇职工基础养老金给付水平及其非均衡性评价——基于省级统筹和全国统筹的测算[J]. 华中科技大学学报(社会科学版),2019,33(1).

[121] 邓力源,唐代盛,陈思. 健康资本对我国中老年人劳动参与影响研究[J]. 哈尔滨商业大学学报(社会科学版),2019,(2).

[122] 邓丽芳,郑日昌. 城市中老年人心理健康量表的编制[J]. 应用心理学,2005,(1).

[123] 邓诺,卢建华. 经济因素对医养结合养老认知及意愿的影响[J]. 中国老年学杂志,2017,37(11).

[124] 狄金华,季子力,钟涨宝.村落视野下的农民机构养老意愿研究——基于鄂、川、赣三省抽样调查的实证分析[J].南方人口,2014,29(1).

[125] 丁建定,樊晴晴.SWOT分析视角下城镇失能老人医养结合服务模式研究[J].社会保障研究,2017,(4).

[126] 丁亮.退休年龄与养老金年龄关系之辨与变[J].学习与探索,2019,(4).

[127] 丁松宁,徐小林,黄水平等.徐州市区空巢老人心理健康状况及其相关因素[J].中国老年学杂志,2010,30(7).

[128] 丁一磊.新加坡健康保障制度演变的特点及启示[J].中国卫生政策研究,2018,11(10).

[129] 丁志宏,王莉莉.我国社区居家养老服务均等化研究[J].人口学刊,2011,(5).

[130] 董红亚.市场化进程中公办养老机构的改革及其发展[J].浙江大学学报(人文社会科学版),2018,48(4).

[131] 董克用,王振振,张栋.中国人口老龄化与养老体系建设.经济社会体制比较,2020,(1).

[132] 董青,黄勇.员工全面薪酬平衡感知研究——基于心理平衡视角的解释性案例[J].经济管理,2021,43(8).

[133] 杜恒波,张同全,魏莹莹.城市老年人选择养老院养老的影响因素研究——基于扎根理论的分析[J].人口与经济,2016,(3).

[134] 杜娟.高龄员工的人力资源管理[J].WTO经济导刊,2013,(10).

[135] 杜鹏,董亭月.促进健康老龄化:理念变革与政策创新——对世界卫生组织《关于老龄化与健康的全球报告》的解读[J].老龄科学研究,2015,3(12).

[136] 杜鹏,王菲."老有所为"在中国的发展:政策变迁和框架构建[J].人口与发展,2011,17(6).

[137] 杜鹏,王永梅.中国老年人社会养老服务利用的影响因素[J].人口研究,2017,41(3).

[138] 杜鹏,谢立黎,王煜霏.中国共产党老龄工作的思想与政策演变——百年历程的回顾与思考[J].人口与经济,2021,(5).

[139] 方飞."老有所为"的实践与认识[J].老年学杂志,1992,(4).

[140] 方涛,易润.城市退休低龄老年人健康状况对自身劳动参与的影响——基于中国健康与养老追踪调查问卷数据[J].南方人口,2015,30(2).

[141] 冯占联,詹合英,关信平等.中国城市养老机构的兴起:发展与公平问题[J].人口与发展,2012,18(6).

[142] 高骞.企业人力资源管理要加强社会保险工作[J].中国商界,2023,365(4).

[143] 高庆波.长期护理保险制度规模的影响因素分析:以郑州市为例[J].残疾人研

究,2019,(3).

[144] 高晓路. 城市居民对养老机构的偏好特征及社区差异[J]. 中国软科学,2013,(1).

[145] 葛延风,王列军,冯文猛等. 我国健康老龄化的挑战与策略选择[J]. 管理世界,2020,36(4).

[146] 耿德伟. 改革开放以来中国的劳动投入增长[EB/OL]. (2015-02-13),(2022-03-01). http://www.sic.gov.cn/news/455/4241.htm.

[147] 龚秀全,高菁颖. 中国社会医疗保险管理应谨慎私有化——基于美国Medicare私人计划改革的经验[J]. 毛泽东邓小平理论研究,2017,(2).

[148] 古桔银,周璇,李洁媚等. 广州市空巢老年人心理健康状况及其影响因素[J]. 广东医学,2015,36(21).

[149] 谷琳. 我国老年人日常生活自理健康预期寿命的差异性分析[J]. 市场与人口分析,2006,(5).

[150] 谷甜甜,李灵芝,李德智. 保障房住区老年人居家养老服务需求及其影响因素分析——基于南京岱山保障房住区的调查[J]. 兰州学刊,2019,(7).

[151] 关于建立积极应对人口老龄化重点联系城市机制的通知[EB/OL]. (2021-01-14),(2022-03-01). http://www.govcn/zhengce/zhengceku/2021-02/03/content_5584551.htm.

[152] 郭晋武. 城市老年人生活满意度及其影响因素的研究[J]. 心理学报,1992,(1).

[153] 郭竞成. 农村居家养老服务的需求强度与需求弹性——基于浙江农村老年人问卷调查的研究[J]. 社会保障研究,2012,(1).

[154] 郭未,张刚,杨胜慧. 中国老年人口的自理预期寿命变动——二元结构下的城乡差异分析[J]. 人口与发展,2013,19(1).

[155] 郭细卿,施毓金. 家庭养老、居家社区养老对农村老年人健康的影响——以厦门市的实证研究为例[J]. 江汉大学学报(社会科学版),2020,37(1).

[156] 郭正模,张玮. 延长法定退休年龄的利益主体行为分析与政策设计[J]. 决策咨询,2012,(1).

[157] 国家发展和改革委员会"十四五"民政事业发展规划[EB/OL]. (2021-06-18),(2022-03-01). http://xxgkmca.gov.cn:8011/gdnps/pc/content.jsp?id=14980&mtype=.

[158] 国家税务总局青海省税务局课题组,袁继军,王巍等. 完善灵活就业人员社会保险制度及征管路径探析[J]. 税务研究,2022,455(12).

[159] 国家统计局. 第七次全国人口普查公报(第五号)[EB/OL]. (2021-05-11),(2022-03-01). http://www.stats.gov.cn.xxgk/sjfb/zxfb2020/202105/t202105111817200.html.

[160] 国家卫生健康委员会全国老龄工作委员会办公室关于开展示范性全国老年友好型社区创建工作的通知[EB/OL]. (2020-12-11), (2022-03-01). http://www.nhc.gov.cn/lljks/zcwj2/202012/d011766c5dae4f9ea9f28ca012461045.shtml.

[161] 国务院办公厅印发关于切实解决老年人运用智能技术困难实施方案的通知[EB/OL]. (2020-11-15), (2022-03-01). http://www.gov.cn/zhengce/content/2020-11/24/content 5563804.htm.

[162] 国务院关于工人、职员退休处理的暂行规定(草案)[J]. 劳动, 1957, 23.

[163] 国务院关于印发国家人口发展规划(2016—2030年)的通知[EB/OL]. (2022-03-01). http://wwwgov.cn/zhengce/content/2017/01/25/content 5163309.htm.

[164] 国务院关于印发国家人口发展"十二五"规划的通知[EB/OL]. (2011-12-23), (2022-03-01). http://www.gov.cngongbao/content/2012/content 2112751.htm.

[165] 国务院关于印发"十三五"国家老龄事业发展和养老体系建设规划的通知[EB/OL]. (2017-02-28), (2022-03-01). http://www.gov.cn/zhengce/content/2017-03/06/content 5173930.htm.

[166] 国务院关于印发中国老龄事业发展"十二五"规划的通知[EB/OL]. (2011-09-17), (2022-03-01). http://www.govcn/gongbao/content/2011/content 1960671.htm.

[167] 国务院关于印发中国老龄事业发展"十五"计划纲要的通知[EB/OL]. (2001-07-22), (2022-03-01). http://www.gov.cn/zhengce/content/2016-09/23/content 5111148.htm.

[168] 韩非, 罗仁朝. 基于可达性测度的城市社区居家养老服务供需匹配研究——以南京为例[J]. 经济地理, 2020, 40(9).

[169] 韩露, 王冠军. 不同养老方式老年人心理健康状况及心理需求的比较研究[J]. 精神医学杂志, 2013, 26(1).

[170] 韩杨, 李红玉. 锦州市老年人医养结合机构养老意愿及其影响因素分析[J]. 中国全科医学, 2018, 21(12).

[171] 何文炯. 长期照护保障制度建设若干问题[J]. 中共浙江省委党校学报, 2017, 33(3).

[172] 何文炯. 论社会保障制度的代际均衡[J]. 社会保障评论, 2021, 5(1).

[173] 何文炯, 徐林荣, 傅可昂等. 基本医疗保险"系统老龄化"及其对策研究[J]. 中国人口科学, 2009, (2).

[174] 何晓群. 应用多元统计分析(第二版)[M]. 中国统计出版社, 2015.

[175] 侯慧丽, 程杰. 老龄化社会中养老金代际代内收入差距与养老金再分配[J]. 人口与发展, 2015, 21(1).

[176] 侯慧丽. 社会养老服务类型化特征与福利提供者的责任定位[J]. 中国人口科学, 2018, (5).

[177] 侯晓娜,穆怀中. 社会保险逃费行为的博弈分析[J]. 财会月刊,2019,(19).

[178] 胡芳肖,李蒙娜,张迪. 农村老年人养老服务方式需求意愿及影响因素研究——以陕西省为例[J]. 西安交通大学学报(社会科学版),2016,36(4).

[179] 胡宏伟,蒋浩琛. 我国现有兜底性长期照护保障制度评价与完善构想[J]. 北京行政学院学报,2020,(6).

[180] 胡宏伟,李佳怿,栾文敬. 美国长期护理保险体系:发端、架构、问题与启示[J]. 西北大学学报(哲学社会科学版),2015,45(5).

[181] 胡锦涛. 坚定不移沿着中国特色社会主义道路前进为全面建成小康社会而奋斗广[M]. 北京:人民出版社,2012.

[182] 胡雯. 健康中国背景下机构改革助力医养结合发展的方案构想[J]. 行政管理改革,2019,(2).

[183] 黄佳豪,孟昉. "医养结合"养老模式的必要性、困境与对策[J]. 中国卫生政策研究,2014,7(6).

[184] 黄润龙. 人口老龄化与我国社会保障财政支出的关系研究[J]. 信访与社会矛盾问题研究,2016,(5).

[185] 黄一坤,许鑫. 从机构照顾到社区居家养老看我国老年福利服务政策的转变[J]. 东北大学学报(社会科学版),2012,14(6).

[186] 吉鹏,李放. 农村老年人市场化居家养老服务的需求意愿及其影响因素分析——基于江苏省的实证数据[J]. 兰州学刊,2020,(11).

[187] 健康中国行动(2019—2030年)[EB/OL]. (2019-07-09),(2022-03-01). http://www.gov.cn/xinwen/2019-07/15/content 5409694.htm.

[188] 健康中国行动(2019—2030年)[EB/OL]. (2019-07-15),(2021-3-10). http://www.nhc.gov.cn/guihuaxxss3585u/201907/e9275fb95d5b4295be8308415d4cd1b2.shtml.

[189] 焦开山. 老年人的健康状况与社会经济因素[M]. 世界图书出版公司. 2014.

[190] 金光照,陶涛,刘安琪. 人口老龄化与劳动力老化背景下中国老年人力资本存量与开发现状[J]. 人口与发展,2020,26(4).

[191] 景日泽,徐婷婷,李晨阳等. 国际经验对我国退休人员医保缴费问题的启示[J]. 中国卫生经济,2016,35(10).

[192] 柯尊清. 城市基层社会治理的社会建构研究[J]. 学术探索,2016,(6).

[193] 孔令磷,张志霞,叶艳胜等. 咸宁市社区居家老年人精神慰藉需求及其影响因素分析[J]. 护理研究,2016,30(34).

[194] 劳动人事部政策研究室. 人事工作文件选编(五)[M]. 劳动人事出版社,1984.

[195] 李兵. 政策体制理论的架构及其对社会服务的意义[J]. 中共福建省委党校学报, 2017, (5).

[196] 李成福, 刘鸿雁, 梁颖等. 健康预期寿命国际比较及中国健康预期寿命预测研究[J]. 人口学刊, 2018, 40(1).

[197] 李冬, 赵丽清, 杨晓亮. 互联网与老年人力资源供给——来自 CFPS 2018 的经验证据[J]. 重庆社会科学, 2021, (9).

[198] 李怀, 张颖, 史彦泽. 美国、日本老龄高智力资源再开发做法及其借鉴[J]. 商业研究, 2018, (5).

[199] 李纪恒. 实施积极应对人口老龄化国家战略[J]. 中国民政, 2020, (24).

[200] 李娟, 吴振云, 韩布新. 老年心理健康量表(城市版)的编制[J]. 中国心理卫生杂志, 2009, 23(9).

[201] 李乐乐, 杜天天. 人口年龄变化、医疗需求行为与医疗费用增长：基于医疗保险结算数据的实证研究[J]. 当代经济管理, 2021, 43(4).

[202] 李连友, 李磊. 构建积极老龄化政策体系释放中国老年人口红利[J]. 中国行政管理, 2020, (8).

[203] 李璐良. 失能老人选择机构养老的影响因素[J]. 护理研究, 2020, 34(14).

[204] 李朋波, 白奔, 张超. 国内老年人力资源开发的研究述评与展望[J]. 中国人力资源开发, 2016, (8).

[205] 李茹, 赵曙明. 数字经济背景下人与环境匹配的新变化及应对策略[J]. 南京社会科学, 2021, (9).

[206] 李森. 关心退离休科技工作者[J]. 学会, 1991, (2).

[207] 李实, 赵人伟, 高霞. 中国离退休人员收入分配中的横向与纵向失衡分析[J]. 金融研究, 2013, (2).

[208] 李舒曼, 王倩云, 熊林平. 国内外老年人医疗保险制度改革进展[J]. 解放军医院管理杂志, 2017, 24(6).

[209] 李婷. 老龄健康研究方法新视角[M]. 中国人口出版社, 2015.

[210] 李文军. 地方政府城乡居民养老保险水平差异性及其优化研究[J]. 求实, 2017, (11).

[211] 李鲜, 章德林, 贾琼等. 南昌市医养结合养老模式与路径探究[J]. 中国卫生事业管理, 2019, 36(8).

[212] 李祥妹, 王慧. 人岗匹配视角下的老年员工人力资源开发策略研究[J]. 中国人力资源开发, 2016, (8).

[213] 李翌萱. 积极老龄化视域下中国老年人经济活动参与研究[J]. 兰州学刊, 2016, (5).

[214] 梁淑雯,李录堂. 低龄老年人力资源再开发方式探究——基于中国老年社会调查数据[J]. 理论导刊,2018,(2).

[215] 廖楚晖. 政府行为影响城镇居民机构养老意愿的实证研究[J]. 财政研究,2014,(8).

[216] 林森,张军涛. 人口老龄化对医疗保险的影响及对策——基于国别比较的视角[J]. 宏观经济管理,2013,(6).

[217] 刘宝彬. 论我国老年智力资源的开发利用[J]. 学术交流,1993,(2).

[218] 刘二鹏,张奇林. 代际关系、社会经济地位与老年人机构养老意愿——基于中国老年社会追踪调查(2012)的实证分析[J]. 人口与发展,2018,24(3).

[219] 刘昊,李强,薛兴利. 双向代际支持对农村老年人身心健康的影响——基于山东省的调查数据[J]. 湖南农业大学学报(社会科学版),2019,20(4).

[220] 刘华山. 心理健康概念与标准的再认识[J]. 心理科学,2001,(4).

[221] 刘慧玲,田奇恒. 社区活动开展视域下老年人心理健康水平提升路径[J]. 中国老年学杂志,2019,39(14).

[222] 刘靓,徐慧兰,宋爽. 老年人孤独感与亲子支持、孝顺期待的关系研究[J]. 中国临床心理学杂志,2009,17(5).

[223] 刘岚,齐良书,王本喜等. 北京市老年人参与家庭生产活动状况及相关因素:一个基于生产性老龄化框架的分析[J]. 南方人口,2017,32(5).

[224] 刘泰佑. 日本老人福利政策及其对中国的启示[J]. 东北大学学报(社会科学版),2012,14(1).

[225] 刘文,杨馥萍. 中国积极老龄化发展水平测度——基于东中西部地区和28个省市的数据研究[J]. 人口学刊,2019,41(2).

[226] 刘稳,徐昕,李士雪. 基于SWOT分析的"医养结合"养老服务模式研究[J]. 中国卫生事业管理,2015,32(11).

[227] 刘晓梅,张昊. 我国长期照护保险可持续运行的机制完善[J]. 学习与实践,2020,(5).

[228] 刘晓雪,钟仁耀. 我国城市"双困"老人护理社会救助的费用估算[J]. 安徽师范大学学报(人文社会科学版),2018,46(5).

[229] 刘远立. 中国老年健康研究报告(2018)[M]. 社会科学文献出版社,2019.

[230] 刘远立. 中国老年健康研究报告(2020—2021)[M]. 社会科学文献出版社,2021.

[231] 陆杰华,汪斌. 长寿社会下全球公共治理新动向研究[J]. 中国特色社会主义研究,2019,(6).

[232] 逯进,王恩泽,郭志仪. 人口视域下中国经济增长路径选择[J]. 中国人口科

学,2019,(5).

[233] 吕国营,韩丽.中国长期护理保险的制度选择[J].财政研究,2014,(8).

[234] 吕林,杨建辉,吕牧轩.不同养老模式对老年人心理健康状况影响调查分析[J].中国老年学杂志,2011,31(17).

[235] 罗国立.人口老龄化背景下老年员工管理研究[J].管理观察,2016,(24).

[236] 罗梦云,梁会刚,董媛媛等.641名上海市老年人机构养老意愿及其影响因素[J].上海交通大学学报(医学版),2017,37(5).

[237] 罗燕.珠三角非公企业高龄职工养老保险实证分析——广州、东莞、中山、珠海2012年数据调查[J].社会保障研究,2013,(5).

[238] 麻宝斌.老年公共政策读本[M].学习出版社,2017.

[239] 马卫红,喻君瑶.何谓基层?——对当前城市基层治理基本概念的拓展[J].治理研究,2020,36(6).

[240] 马颖颖,申曙光.老年医疗保障制度探析[J].中国社会保障,2014,(9).

[241] 马跃如,王清,黄尧.代际支持对老年人机构养老消费选择的影响[J].消费经济,2021,37(2).

[242] 孟庆昉.建立多层次养老保险制度的路径选择[J].今日财富(中国知识产权),2023,416(3).

[243] 米拉依,唐莉,胡莹.不同养老模式下老年人心理健康状况的比较[J].成都医学院学报,2016,11(5).

[244] 苗元江,胡敏,高红英.积极老龄化研究进展[J].中国老年学杂志,2013,10.

[245] 穆光宗.人口老龄化过程中的健康问题[M].中国劳动出版社,1995.

[246] 穆光宗.我国机构养老发展的困境与对策[J].华中师范大学学报(人文社会科学版),2012,51(2).

[247] 倪语初,王长青,陈娜.老龄化背景下我国医养结合机构养老模式研究[J].医学与社会,2016,29(5).

[248] 宁艳,王高翔,殷召雪等.中国空巢老人机构养老意愿及其倾向、使能和需求影响因素分析[J].中国公共卫生,2022,38(10).

[249] 彭惠青.老年人才资源的开发与利用[J].江汉论坛,1996,(2).

[250] 彭淑颖.社区心理卫生服务对老年人抑郁、焦虑、幸福感影响的研究[J].心理月刊,2019,14(19).

[251] 乔晓春.全国有多少人和哪些人住在养老机构?[J].社会政策研究,2022,(4).

[252] 邱皓政.潜在类别模型的原理与技术[M].北京:北京教育科学出版社,2008.

[253] 上海试水"老伙伴"互助养老模式[EB/OL].(2012-06-25),(2022-03-01).ht-

tps://www.chimaews.com.cn/df/201206-25/3984676.shtml.

[254] 申俊龙,申远,王鸿江. 健康老龄化视域下"医养结合"模式研究[J]. 价格理论与实践,2019,(9).

[255] 申曙光,马颖颖. 我国老年医疗保障的制度创新:保险抑或福利?[J]. 社会科学战线,2014,(3).

[256] 申曙光,文曼. 老年医疗保障的国际经验与中国道路[J]. 中国社会保障,2014,(3).

[257] 沈俊. 北京市医养结合养老服务模式分析[J]. 医学与社会,2018,31(3).

[258] 盛见. 社会养老服务有效需求不足的根源分析与破解路径[J]. 中州学刊,2019,(12).

[259] 石发勇. "准公民社区":中国城市基层治理的一个替代模型[J]. 社会科学,2013,(4).

[260] 石园,纪伟,张智勇等. 基于差异化服务内容的社区养老服务需求与供给协调机制研究[J]. 人口与发展,2019,25(3).

[261] 司法部. 中华人民共和国劳动保险条例(1951年2月26日政务院公布1953年1月2日政务院修正公布)[EB/OL]. (2020-12-25),(2022-03-01). http://www.gov.cn/zhengce/2020-12/25/content_5574196.htm.

[262] 宋马林,刘贯春. 增长模式变迁与中国绿色经济增长源泉——基于异质性生产函数的多部门核算框架[J]. 经济研究,2021,56(7).

[263] 宋全成,孙敬华. 我国建立老年人长期照护制度可行吗?[J]. 经济与管理评论,2020,36(5).

[264] 宋卫芳. 积极老龄化面临的问题及其实施途径[J]. 人民论坛,2016,(11).

[265] 宋晓梧. 建国60年我国医疗保障体系的回顾与展望[J]. 中国卫生政策研究,2009,2(10).

[266] 宋悦,吕康银,王丽娜. 新常态下我国养老模式的创新[J]. 税务与经济,2019,(2).

[267] 苏红,周郁秋,王丽娜等. 城市空巢与非空巢老年人孤独感状况及影响因素[J]. 中国老年学杂志,2018,38(15).

[268] 苏晓春,杨志勇. 中国养老保险制度变迁的经济学分析[J]. 财经研究,2007,(9).

[269] 孙健敏,崔兆宁,宋萌. 弹性工作制的研究述评与展望[J]. 中国人力资源开发,2020,37(9).

[270] 孙洁. 长期护理重在筹资争取实现收支平衡[N]. 金融时报,2017-12-27.

[271] 孙洁. 亟须建立统一的老年照护保障制度[N]. 中国经济时报,2016-05-06.

[272] 孙文华,陈建国."低龄老龄化"形势下"以老养老"的机构养老发展模式——针对上海市的实证研究[J]. 城市发展研究,2013,20(11).

[273] 孙小逸,黄荣贵. 再造可治理的邻里空间——基于空间生产视角的分析[J]. 公共管理学报,2014,11(3).

[274] 谭远发,朱明姣,周葵. 平均预期寿命、健康工作寿命与延迟退休年龄[J]. 人口学刊,2016,38(1).

[275] 汤哲,项曼君,Z. Zimmer等. 北京市老年人健康预期寿命及其变化[J]. 中华流行病学杂志,2005,(12).

[276] 唐丹. 简版老年抑郁量表(GDS-15)在中国老年人中的使用[J]. 中国临床心理学杂志,2013,21(3).

[277] 陶建国,时阳. 日本老年人退休后继续雇佣制度的新动向及其启示[J]. 中国人力资源开发,2013,(21).

[278] 陶涛,袁典琪,刘雯莉. 子女支持对城乡老年人养老服务购买意愿的影响——基于2018年中国老年社会追踪调查的分析[J]. 人口学刊,2021,43(1).

[279] 田北海、王彩云. 城乡老年人社会养老服务需求特征及其影响因素——基于对家庭养老替代机制的分析[J]. 中国农村观察,2014,(4).

[280] 田书芹,王东强,宋凡金等. 城镇化进程中农村留守老年人力资源开发的治理策略[J]. 中国老年学杂志,2017,37(11).

[281] 田艳芳. 中国中老年人的健康状况对劳动参与的影响[J]. 山西财经大学学报,2010,32(3).

[282] 田勇. 中国长期护理保险财政负担能力研究——兼论依托医保的长期护理保险制度的合理性[J]. 社会保障研究,2020,(1).

[283] 童玉芬,廖宇航. 健康状况对中国老年人劳动参与决策的影响[J]. 中国人口科学,2017,(6).

[284] 涂永前,金旻禛,张晨等. 城镇低龄老年人力资源开发的影响因素及供需匹配研究——基于北京、天津和济南的调研[J]. 创新,2021,15(1).

[285] 万克德. 中国老年人力资源开发利用程度分析[J]. 人口学刊,1998,(3).

[286] 万谊娜,考亦娜. 社区长期护理服务资源整合逻辑与实现条件——以上海市为例[J]. 北京航空航天大学学报(社会科学版),2021,34(4).

[287] 王爱珠. 退休金实质和形式的矛盾——兼论21世纪退休金改革方向[J]. 复旦学报(社会科学版),1996,(5).

[288] 王大华,佟燕,周丽清,申继亮. 亲子支持对老年人主观幸福感的影响机制[J]. 心理学报,2004,(1).

[289] 王东进. 健全全民医保体系让人民获得更可靠的医疗保障——学习党的十八

大报告体会与思考之三[J].中国医疗保险,2013,(6).

[290] 王海燕.对低龄退休有利于青年就业之说的质疑[J].南京人口管理干部学院学报,2006,(3).

[291] 王红漫.老年人再就业状况及影响因素分析——来自北京大学燕园地区的调查[J].市场与人口分析,2001,(1).

[292] 王佳林.长期护理保险制度构建:国际经验及对我国的启示[J].南方金融,2019,(11).

[293] 王建云,钟仁耀.基于年龄分类的社区居家养老服务需求层次及供给优先序研究——以上海市j街道为例[J].东北大学学报(社会科学版),2019,21(6).

[294] 王晶晶.老年人力量测评研究进展——基于"健康老龄化"背景下的功能发挥视角[J].体育科研,2021,42(2).

[295] 王军,靳雪松,陈玲.不同养老模式对老年人心理健康影响的调查[J].中国卫生产业,2015,12(34).

[296] 王莉莉.基于"服务链"理论的居家养老服务需求、供给与利用研究[J].人口学刊,2013,35(2).

[297] 王孟成,毕向阳.潜变量建模与Mplus应用·进阶篇[M],重庆大学出版社,2018.

[298] 王孟成.潜变量建模与Mplus应用·基础篇[M].重庆大学出版社,2014.

[299] 王麒凯,李志,袁钰.构建具有公平性和激励性的PSP薪酬管理体系——以国有企业重庆GS集团为例[J].中国人力资源开发,2012,(5).

[300] 王桥,张展新.城市老人机构养老意愿调查设计与因素分析——基于长春市中心城四区抽样数据的研究[J].东岳论丛,2018,39(1).

[301] 王庆,于保荣.中国长期照护保险制度试点分析及未来发展的政策建议[J].卫生经济研究,2021,38(2).

[302] 王琼.城市社区居家养老服务需求及其影响因素——基于全国性的城市老年人口调查数据[J].人口研究,2016,40(1).

[303] 王全美,高天.基于"5P"模型的老年人力资源开发策略研究[J].中国西部,2018,(5).

[304] 王珊,陈欧,赵妹等.中国老年人自杀意念发生率的Meta分析[J].护理研究,2020,34(5).

[305] 王胜今,舒莉.积极应对我国人口老龄化的战略思考[J].吉林大学社会科学学报,2018,58(6).

[306] 王石泉.应加快养老服务体系的建设[J].探索与争鸣,2004,(8).

[307] 王淑红,曾朝霞,马佳意等.老年人力资源开发管理现状的调查研究——基于

组织内部管理视角[J]. 中国人力资源开发,2012,11.

[308] 王树新,杨彦. 老年人力资源开发的策略构想[J]. 人口研究,2005,(3).

[309] 王婷,李放. 中国养老保险政策变迁的历史逻辑思考[J]. 江苏社会科学,2016,(3).

[310] 王雯. 推行"医养结合"养老服务模式的必要性、难点和对策[J]. 中国老年学杂志,2016,36(10).

[311] 王晓波,耿永志. 嵌入性视角下老年人养老服务消费影响因素研究[J]. 兰州学刊,2021,(4).

[312] 王晓峰,刘帆,马云博. 城市社区养老服务需求及影响分析——以长春市的调查为例[J]. 人口学刊,2012,(6).

[313] 王兴华,王大华,申继亮. 社会支持对老年人抑郁情绪的影响研究[J]. 中国临床心理学杂志,2006,(1).

[314] 王雪辉,宋靓珺,彭希哲. 退而不休:我国低龄老年人力资源特征及其开发利用的政策应对[J]. 老龄科学研究,2019,7(12).

[315] 王亚华,陈相凝. 探寻更好的政策过程理论:基于中国水政策的比较研究[J]. 公共管理与政策评论,2020,9(6).

[316] 王永梅. 教育如何促进老年人使用社会养老服务?——来自北京的证据[J]. 兰州学刊,2018,(11).

[317] 王媛,杨明光,马晓斐等. 低龄老年人力资源开发的困境及对策:基于余力理论的探讨[J]. 中国人事科学,2021,(3).

[318] 韦小飞,彭蓉,覃娴静. 国家和广西壮族自治区医养结合相关政策[J]. 中国老年学杂志,2019,39(22).

[319] 魏加宁,田小宝,李绍光,养老保险与金融市场——中国养老保险发展战略研究[M],中国金融出版社,2002.

[320] 文化部就加强老年文化工作作出部署[N]. 光明日报,1999-08-03.

[321] 闻玉梅. 健康老龄化发展战略研究[M]. 上海科学技术出版社. 2017.

[322] 乌丹星. 医养结合与老年长期照护的中国思考[J]. 中国社会工作,2017,(26).

[323] 邬沧萍. 积极应对人口老龄化理论诠释[J]. 老龄科学研究,2013,1(1).

[324] 邬沧萍. 健康老龄化的科学涵义和社会意义[M]. 中国劳动出版社,1995.

[325] 邬沧萍,姜向群. "健康老龄化"战略刍议[J]. 中国社会科学,1996,(5).

[326] 邬沧萍,彭青云. 重新诠释"积极老龄化"的科学内涵[J]. 中国社会工作,2018,(17).

[327] 邬沧萍,杨庆芳. "老有所为"是我国积极应对人口老龄化的客观要求[J]. 人口与发展,2011,17(6).

[328] 吴海盛,邓明. 基于村庄内部差异视角的农村居民养老模式选择意愿及其影响因素分析[J]. 中国农村经济,2010,(11).

[329] 吴江. 法律"禁止啃老"不过是一厢情愿[J]. 小康,2011,(2).

[330] 吴捷. 老年人社会支持、孤独感与主观幸福感的关系[J]. 心理科学,2008,(4).

[331] 吴玉韶. 从老龄不是问题到老龄国家战略——新中国老龄事业发展的回顾与启示[J]. 中国社会工作,2021,(20).

[332] 吴玉韶,赵新阳. 中国老龄政策二十年:回顾与启示[J]. 老龄科学研究,2021,9(10).

[333] 吴振云. 老年心理健康的内涵、评估和研究概况[J]. 中国老年学杂志,2003,(12).

[334] 吴宗辉,吴江. 跨区域养老,面临的挑战与机遇[J]. 人民论坛,2020,28.

[335] 伍小兰,李晶,王莉莉. 中国老年人口抑郁症状分析[J]. 人口学刊,2010,(5).

[336] 习近平对老龄工作作出重要指示强调 贯彻落实积极应对人口老龄化国家战略 让老年人共享改革发展成果安享幸福晚年 在重阳节来临之际向全国老年人致以节日祝福[EB/OL]. (2021-10-13),(2022-03-01). https://www.ccps.gov.cn/xtt/202110/t20211013_150850.shtml?from=groupmessage.

[337] 习近平. 决胜全面建成小康社会 夺取新时代中国特色社会主义伟大胜利在中国共产党第十九次全国代表大会上的报告[M]. 人民出版社,2017.

[338] 夏春萍,郭从军,蔡轶. 湖北省农村中老年人的机构养老意愿及其影响因素研究——基于计划行为理论的个人意志因素[J]. 社会保障研究,2017,(2).

[339] 向运华,姚虹. 养老服务体系创新:智慧养老的地方实践与对策[J]. 西安财经学院学报,2016,29(6).

[340] 肖刚. 工作场所老龄化问题的影响与对策[J]. 劳动保障世界,2016,(4).

[341] 肖云,吕倩,漆敏. 高龄老人入住养老机构意愿的影响因素研究——以重庆市主城九区为例[J]. 西北人口,2012,33(2).

[342] 谢立黎,汪斌. 积极老龄化视野下中国老年人社会参与模式及影响因素[J]. 人口研究,2019,43(3).

[343] 新华社. 中共中央关于制定国民经济和社会发展第十四个五年规划和二〇三五年远景目标的建议[EB/OL]. (2020-11-03),(2022-03-01). http://www.gov.cn/zhengce/2020-11/03/content 5556991.htm.

[344] 熊必俊,董之鹰. 健康老化——跨世纪的金秋工程[J]. 医学与社会,1995,(2).

[345] 熊波. 老龄化如何成功?——国外成功老龄化研究的取向与评述[J]. 国外社会科学,2018,(2).

[346] 徐俊,朱宝生. 养老机构床位使用率及其影响因素研究——以北京市为例[J].

人口与经济,2019,(3).

[347] 薛金坤,张大蔚,程武军. 要重视老年人才资源的开发和利用[J]. 人才开发,1994,(8).

[348] 薛伟玲,陆杰华. 基于医疗保险视角的老年人医疗费用研究[J]. 人口学刊,2012,(1).

[349] 阎志强. 城市老年人的机构养老意愿及其影响因素——基于2017年广州老年人调查数据的分析[J]. 南方人口,2018,33(6).

[350] 阳义南. 更多更快增强我国养老财富储备[J]. 中国人力资源社会保障,2020,(10).

[351] 阳义南. 结构方程模型及Stata应用[M]. 北京大学出版社,2021.

[352] 阳义南,肖建华. 参保职工真的都反对延迟退休吗?——来自潜分类模型的经验证据[J]. 保险研究,2018,(11).

[353] 阳义南,肖建华,岑敏华. 养老金与照护支出"以养节医"的经济绩效研究[J]. 金融经济学研究,2019,34(3).

[354] 阳义南,肖建华,黄秀女. 我国养老金不平等对家庭代际经济交换的影响[J]. 社会保障研究,2019,(4).

[355] 阳义南. 养老服务的"梗阻"及破解对策[J]. 中国民政,2021,(3).

[356] 杨菊华,杜声红. 人口老龄化背景下的医养结合:理念、挑战与对策思考[J]. 武汉科技大学学报(社会科学版),2018,20(4).

[357] 杨玲,宋靓珺. 基于多维健康指标的老年人口健康状况变动研究——来自2002~2014CLHLS纵向数据的证据[J]. 西北人口,2020,41(4).

[358] 杨茜,黄荣惠,冯莉等. 社区失能老人对居家医养护需求及影响因素分析[J]. 护理研究,2020,34(21).

[359] 杨庆芳. 居家养老服务需求研究:现状、问题和展望[J]. 兰州学刊,2020,(6).

[360] 杨团. 从"负担"到"财富"[J]. 人力资源,2013,(3).

[361] 杨彦. 北京市老年人力资源开发研究[D]. 首都经济贸易大学,2004.

[362] 杨贞贞,米红. 我国"医养结合"的顶层制度设计与政策仿真研究[C]. 中国老年学和老年医学学会2015年年会,2015.

[363] 姚俊,张丽. 嵌入性促进、个体性感知与农村居家养老服务需求——基于三省868名农村老人的问卷调查[J]. 贵州社会科学,2018,(8).

[364] 姚远. 从财富论到资源论:对老年人力资源问题的再认识[J]. 学海,2004,(1).

[365] 姚兆余,陈日胜,蒋浩君. 家庭类型、代际关系与农村老年人居家养老服务需求[J]. 南京大学学报(哲学·人文科学·社会科学),2018,55(6).

[366] 易丹辉. 结构方程模型方法与应用[M],中国人民大学出版社,2008.

[367] 应天煜,唐婧怡,王开帅等. 家庭权力关系视角下的老年人商业养老服务消费决策模式研究[J]. 浙江大学学报(人文社会科学版),2020,50(4).

[368] 于凌云,廖楚晖. 养老金待遇差别与机构养老意愿研究——基于城乡调查样本的实证分析[J]. 财贸经济,2015,(6).

[369] 于泽浩. 中国城乡老年人志愿服务参与意愿的影响因素分析——以2015年第四次中国城乡老年人生活状况抽样调查数据为基础[J]. 西北人口,2019,40(3).

[370] 余央央,封进. 我国老年健康的动态变化及对健康老龄化的含义[J]. 世界经济文汇,2017,(3).

[371] 袁文全,王志鑫. 老年人社会参与的法权建构及制度回应——基于积极老龄化框架的分析[J]. 吉林大学社会科学学报,2021,61(4).

[372] 原新,金牛,刘旭阳. 中国人口红利的理论建构、机制重构与未来结构[J]. 中国人口科学,2021,(3).

[373] 原新,金牛,石航. 医养结合机构效率评价与提升研究——基于天津调查数据的三阶段DEA模型分析[J]. 西北人口,2021,42(1).

[374] 原新,金牛. 中国老龄社会:形态演变、问题特征与治理建构[J]. 中国特色社会主义研究,2020,(Z1).

[375] 原新. 21世纪我国老年人口规模与老年人力资源开发[J]. 南方人口,2000,(1).

[376] 曾毅,冯秋石,T. Hesketh等. 中国高龄老人健康状况和死亡率变动趋势[J]. 人口研究,2017,41(4).

[377] 曾毅. 中国老年健康影响因素跟踪调查(1998—2012)及相关政策研究综述(上)[J]. 老龄科学研究,2013,1(1).

[378] 翟绍果,马丽,万琳静. 长期护理保险核心问题之辨析:日本介护保险的启示[J]. 西北大学学报(哲学社会科学版),2016,46(5).

[379] 张广科. 行政机关公务员薪酬公平及其影响因素研究[J]. 统计研究,2012,29(1).

[380] 张航空,姬飞霞. 养老机构开展医养结合服务能提高入住率吗?——以北京市为例[J]. 中国卫生政策研究,2020,13(3).

[381] 张浩淼. 人口老龄化、老年贫困风险和老年社会救助[J]. 武汉科技大学学报(社会科学版),2022,24(5).

[382] 张红凤,罗微. 养老服务资源对老年人社会养老服务需求的影响研究[J]. 中国人口·资源与环境,2019,29(4).

[383] 张昆. 乌鲁木齐市企业缴纳社会保险费影响因素分析[D]. 新疆大学,2018.

[384] 张良文,曾雁冰,王丽霞等. 基于Andersen模型的"医养结合"型机构养老需求

的影响因素研究[J]. 中国卫生统计,2019,36(3).

[385] 张玲,徐勇,聂宏伟. 2000～2010 年中国老年人抑郁患病率的 meta 分析[J]. 中国老年学杂志,2011,31(17).

[386] 张敏. 年长员工对企业绩效的影响研究——基于深市上市公司面板数据的实证研究[J]. 山东大学学报(哲学社会科学版),2017,(2).

[387] 张瑞玲. 城市老年人机构养老意愿研究——基于河南省 12 个地市的调查[J]. 调研世界,2015,(12).

[388] 张瑞. 中国长期护理保险的模式选择与制度设计[J]. 中州学刊,2012,(6).

[389] 张思锋,张园,王立剑. 适度普惠型老年人社会福利制度探索——以陕西省为例[J]. 西安交通大学学报(社会科学版),2010,30(6).

[390] 张韬. 健康老龄化背景下医养结合服务模式探析——以中国红十字会医养护"三位一体"实践为例[J]. 中国特色社会主义研究,2017,(2).

[391] 张文娟,李念. 现金或服务:长期照护保险的给付制度分析[J]. 中国卫生政策研究,2020,13(2).

[392] 张文娟,王东京. 中国老年人口的健康状况及变化趋势[J]. 人口与经济,2018,(4).

[393] 张文娟,魏蒙. 城市老年人的机构养老意愿及影响因素研究——以北京市西城区为例[J]. 人口与经济,2014,(6).

[394] 张祥晶. 积极老龄化战略下老年人政治参与状况及影响因素[J]. 中国老年学杂志,2018,38(20).

[395] 张戌凡. 老年人力资源开发的结构动因、困境及消解路径[J]. 南京师大学报(社会科学版),2011,(6).

[396] 张翼. "强关系网"与退休老年人口的再就业[J]. 中国人口科学,2000,(2).

[397] 张媛. 人口老龄化对医疗保险的影响[J]. 中国卫生经济,2006,25(4).

[398] 赵曼,韩丽. 长期护理保险制度的选择:一个研究综述[J]. 中国人口科学,2015,(1).

[399] 赵梦晗,杨凡. 中国老年人的主观年龄及影响因素分析[J]. 人口学刊,2020,42(2).

[400] 赵娜,周明洁,张建新. 孤独感在老年人心理健康与幸福感之间的调节作用[J]. 中国老年学杂志,2016,36(22).

[401] 赵一红,聂倩. 供需与结构:中国社会养老服务体系建构的逻辑——基于六城市养老机构的实证调查[J]. 社会学研究,2022,37(6).

[402] 郑秉文. "十四五"时期医疗保障可持续性改革的三项任务[J]. 社会保障研究,2021,(2).

[403] 郑伟,姚奕,刘子宁等.长期护理保险制度的评估框架及应用:基于三个案例的分析[J].保险研究,2020,(10).

[404] 中共中央关于完善社会主义市场经济体制若干问题的决定[EB/OL].(2008-08-13),(2022-03-01).http://www.gov.cn/test/2008-08/13/content_1071062.htm.

[405] 中共中央 国务院关于加强新时代老龄工作的意见[EB/OL].(2021-11-24),(2022-03-01).http://www.gov.cn/zhengce/2021-11/24/content_5653181.htm.

[406] 中共中央 国务院关于优化生育政策促进人口长期均衡发展的决定[EB/OL].(2021-07-20),(2022-03-01).htp://www.gov.cn/zhengce/2021-07/20/content_5626190.htm.

[407] 中共中央 国务院印发《国家积极应对人口老龄化中长期规划》[EB/OL].(2020-10-29),(2022-03-01).http://www.gov.cn/zhengce/2019-11/21/content_5454347.htm.

[408] 中共中央印发《深化党和国家机构改革方案》[EB/OL].(2018-03-21),(2022-03-01).http://www.gov.cn/zhengce/2018-03/21/content_5276191.htm#1.

[409] 中共中央政治局就我国人口老龄化的形势和对策举行第三十二次集体学习[EB/OL].(2016-05-28),(2022-03-01).http://www.gov.cn/xinwen/201605/28/content_5077706.htm?/www.gov.cn/govweb/xhtml/favicon.ico.

[410] 中共中央政治局.1956年到1967年全国农业发展纲要(草案)[J].农业科学通讯,1956,(2).

[411] 中共中央组织部关于进一步加强老干部工作的通知[EB/OL].(1990-09-30),(2021-03-01).http://swz.gov.cn.html/sizz/gbbgs/2018-06/14/content_235864.shtml.

[412] "中国长期照护保障需求研究"课题组,唐钧,冯凌等.长期照护:概念框架、研究发现与政策建议[J].河海大学学报(哲学社会科学版),2018,20(1).

[413] 中国共产党第十九届中央委员会第五次全体会议公报[EB/OL].(2020-10-29),(2022-03-01).http://wwwxinhuanet.com/politics/2020-10/29/c_1126674147.htm.

[414] 中国老龄事业发展"十一五"规划[EB/OL].(2006-12-12),(2022-03-01).http://www.scio.gov.cn/xwfbh/xwbfbh/wqfbh/2006/1212/Document/325196/325196.htm.

[415] 中华人民共和国国民经济和社会发展第十三个五年规划纲要[EB/OL].(2016-03-17),(2022-03-01).http://www.gov.cn/xinwen/2016-03/17/content_5054992.htm.

[416] 中华人民共和国国民经济和社会发展第十一个五年规划纲要[EB/OL].(2006-03-14),(2022-03-01).http://wwwgov.cn/gongbao/content/2006/content_268766.htm.

[417] 中华人民共和国老年人权益保障法(最新修订版)[M].中国法制出版社,2013.

[418] 周红云,陈晓华,董叶.社区居家养老服务对城市老年人健康的影响[J].统计与决策,2018,34(17).

[419] 周四娟,原彰. 我国长期护理保险失能等级评定量表的比较研究——以 15 个试点城市为例[J]. 卫生经济研究,2021,38(8).

[420] 周薇,黄道光. 解读新加坡老年社会福利:基于中央公积金制度之外的思考[J]. 东南亚研究,2015,(5).

[421] 周翔,张云英. 农村老年人机构养老意愿及其影响因素——基于长沙、株洲、湘潭 346 份问卷调查数据[J]. 湖南农业大学学报(社会科学版),2015,16(4).

[422] 周晓丽,焦艳会,王冲. 西安市养老机构医养结合服务体系存在的问题及对策[J]. 中国老年学杂志,2019,39(5).

[423] 周延,吴俊谊. 社保模式下的长期护理保险产品设计与定价研究[J]. 上海保险,2018,(1).

[424] 朱波,周卓儒. 人口老龄化与医疗保险制度:中国的经验与教训[J]. 保险研究,2010,(1).

[425] 朱凤梅. 民办养老机构"低入住率"的原因分析:来自市、县两级的证据[J]. 人口学刊,2019,41(1).

[426] 朱荟,陆杰华. 积极应对老龄化国家战略的理念突破、脉络演进与体制再构[J]. 中国特色社会主义研究,2021,(2).

[427] 朱火云,黄雪山. 积极老龄化态度:个体差异、组群效应、时代变迁[J]. 社会保障研究,2020,(3).

[428] 朱孔来,朱孟斐,姜文华. 对医养结合模式的时间探索和对策建议[J]. 山东社会科学,2020,(7).

[429] 祝慧琳,曾湘泉,毛宇飞. 子女租房对老年人就业的影响——来自中国老年社会追踪调查的证据[J]. 学术研究,2019,(6).